Z-KAI

速読速聴・英単語 Daily1500 ver.4

Vocabulary Building×Rapid Reading & Listening

単語1200＋熟語・会話表現300

東京国際大学教授
松本 茂 監修
松本 茂, Gail Oura, Robert Gaynor, Anya Floris 著

はしがき

—文脈主義の伝統を守りつつ，進化し続ける本書—

『速読速聴・英単語』シリーズは，単語を単体で覚えるのではなく，文脈の中で単語に触れながら，その意味と使い方を身につけていくという**文脈主義**にもとづく単語集です。**単語力**，**熟語力**，**速読力**，**リスニング力**，そして**背景知識**の５つを無理なく身につけられるように設計しており，これまでに**180 万人**の皆様にご愛読いただいています。

多様な場面で実践的に使える単語を身につけるには，さまざまなテーマ・種類の文章の中でそれらの単語に巡り合うことが重要です。そうすることで，単語の意味を理解するだけでなく，単語の使い方を理解でき，しかも記憶に残りやすくなると考えています。そのため，本書では幅広いテーマ（**日常の疑問**，**暮らし**，**文化・歴史**，**仕事・転職**など）の，さまざまな種類の文章（**会話**，**スピーチ**，**メール**，**手紙**，**広告**など）を収録しています。前から順番に取り組んでいってもよいですし，気に入ったテーマの章から始めてもよいでしょう。

今回の『Daily 1500 ver. 4』（第４版）では，**会話文**の収録を増やしました。本書を通して，日常会話で用いられる単語・表現・話題を楽しみながら身につけていただけます。また，**日常会話のモデル**にしたり，**話題のヒント**にしたりしていただける内容になっています。本書の英文でまねしてみたいと思える表現に出会ったら，どんどん使ってご自分のものにしていってください。

資格試験で高いスコアを取得しているけれど，いざ話そうとしても話す内容に困ってしまう，どのように話し始めたらよいかわからない，会話の流れに自信が持てない，という方々に特にお勧めです。

今回の改訂版の制作においては，さまざまな工夫を凝らしました。取り上げるテーマについては，読者アンケートをもとに，関心の高かった歴史・文化，仕事・転職，日常の疑問などの章を新設しました。英文も英語を学びたい大人の方にとって身近に感じていただける話題，遭遇する可能性が高そうなシーンを増やしています。

また，アウトプット強化につながる工夫をしています。会話に役立つ表現にはアイコンをつけ，コミュニケーションのコツのコラム **“Tips”** も追加し，会話文には**ロールプレイ**の音声もご用意しました。話者になりきって声に出す練習をしてみてください。

さらに，各英文には，英語を使って何をするのか，何ができるようになるのかを冒頭に提示しました。アウトプットすることをイメージして，本書の英文を聴いて，読んでください。内容の予測や理解の確認がしやすいように，**内容把握のための Q & A** も加えました。

このように進化した『Daly 1500 ver. 4』が，あなたの英語力向上の一助となることを願ってやみません。

最後になりますが，本書の改訂にあたり，監修・執筆をご快諾くださった松本茂氏をはじめ，Gail K. Oura 氏，Robert L. Gaynor 氏，Anya Floris 氏，松本祥子氏には大変お世話になりました。また，全訳の執筆では西田直子氏にお力添えいただきました。ご協力いただいたすべての皆様に，この場をお借りして厚く御礼申し上げます。

2024 年 7 月　編集部

CONTENTS

3 自分・自己分析

4 旅行・海外生活

5　音楽・アート

6　映画・書籍

7 文化・歴史

8 食事・料理

9 健康・スポーツ

10 仕事・転職

本書の構成

本書は単なる「単語集」ではありません。「単語」を断片的に覚えるのではなく，生きた文脈ごと触れることで，発信を支える総合的な英語力を身につけることを目標としています。

英文は 11 のテーマに分かれており，CEFR の A2・B1 レベルの単語を中心に，トピックに関連した単語・熟語・表現を学ぶことができます。英文のスタイルは，会話，スピーチ，メール，手紙，広告などバリエーションに富んでいます。

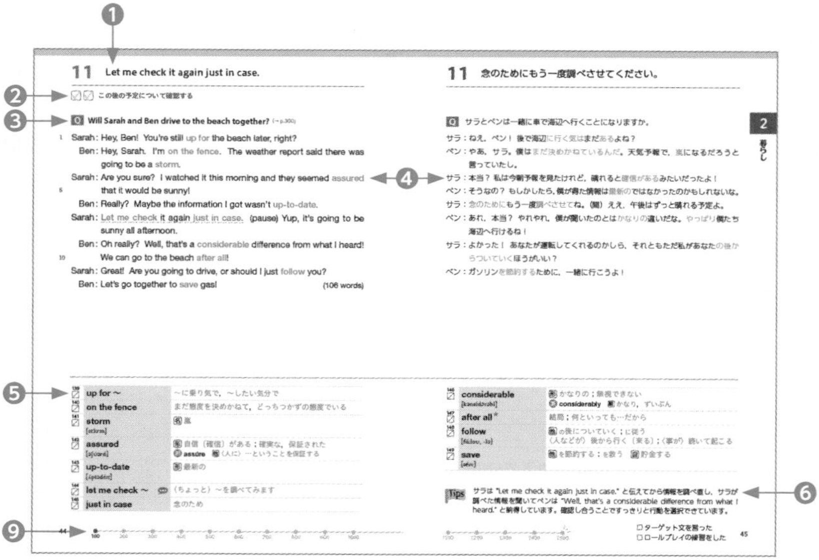

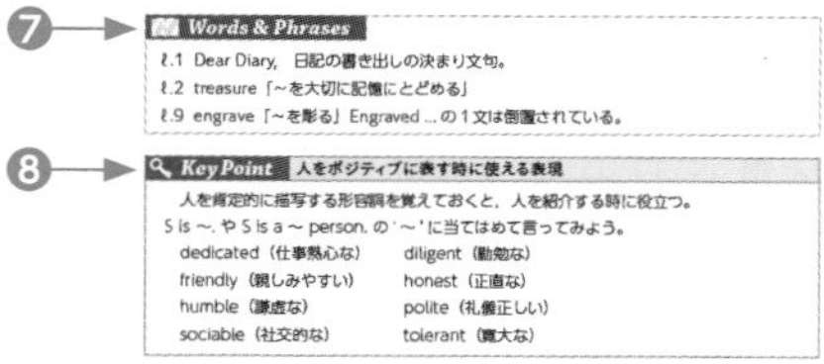

❶ タイトル＝ターゲット文

英文の中から発信に役立つ１文（ターゲット文）を取り上げ，タイトルにしています。学習の仕上げに声に出して言ってみましょう。

❷ 目的・場面

英語を使って何をするのか，何ができるようになるのかを提示しています。

❸ Q

Q で英文内容を予測してから英文を聴いたり読んだりしましょう。解答例は巻末の Answers に提示しています。内容理解の確認にご活用ください。

❹ 英文・和訳

覚えておきたい重要語(見出し語)とその和訳を色太字にしてあります。なお番号の若い英文に登場する重要語をすべてその英文中で見出し語扱いにすると，最初のほうは１英文あたりの単語学習の負担が大きくなるため，後ろのほうの英文にもある程度分散させています。

❺ 単語

見出し語，発音記号，品詞，主な訳語を掲載しています。訳語は，定義の異なるものは「；」で，定義は同じだが訳語が多少異なるものは「,」で区切りました。

TOEIC® L&R TEST や英検® ２級レベルで重要な語には★マークを，会話に役立つ表現に💬マークを付けています。

❻ Tips

会話を続けたり効果的に話したりするために知っておきたい，コミュニケーションのコツをまとめています。英文の該当箇所に下線を引いてあります。

❼ Words & Phrases

難易度が高い箇所（語句や構文）を解説しています。訳を参照すれば大体の意味を推測できると判断したものは，解説を省略しました。

❽ Key Point

英文を読んだり会話をしたりする上で役立つ知識を掲載しています。

❾ 達成度ゲージ

学習した単語数を確認し達成度がわかるように，累積見出し語数を色で表示してあります。

●音声

音声をアプリで再生することができます。また，音声サイトで音声をダウンロードして聞くこともできます。詳細は p. 18 ～ 19 をご参照ください。

英文はナチュラルスピード（150 wpm 程度）で読み上げています。

※収録は英文とその見出し語，基本動詞を使った熟語，ターゲット文，ロールプレイ音声（会話文の場合）です。

● More!

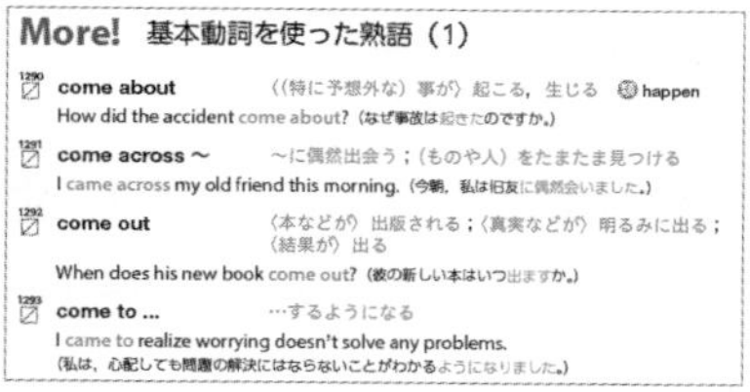

More! 基本動詞を使った熟語（1）

1290 come about　〈（特に予想外な）事が〉起こる，生じる　≒ happen
How did the accident come about?（なぜ事故は起きたのですか。）

1291 come across ～　～に偶然出会う；（ものや人）をたまたま見つける
I came across my old friend this morning.（今朝，私は旧友に偶然会いました。）

1292 come out　〈本などが〉出版される；〈真実などが〉明るみに出る；〈結果が〉出る
When does his new book come out?（彼の新しい本はいつ出ますか。）

1293 come to ...　…するようになる
I came to realize worrying doesn't solve any problems.
（私は，心配しても問題の解決にはならないことがわかるようになりました。）

基本動詞を使った熟語を2回に分けて取り上げています。単語を単体ではなく，意味を持つまとまりで覚えると，表現の幅が広がります。

● Quiz

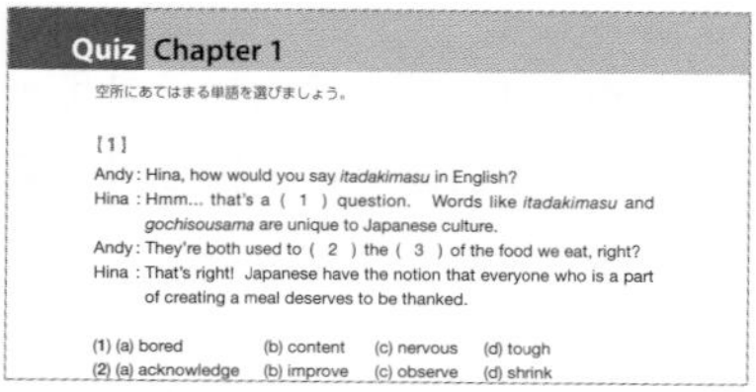

Quiz Chapter 1

空所にあてはまる単語を選びましょう。

【1】

Andy : Hina, how would you say *itadakimasu* in English?
Hina : Hmm... that's a (1) question. Words like *itadakimasu* and *gochisousama* are unique to Japanese culture.
Andy : They're both used to (2) the (3) of the food we eat, right?
Hina : That's right! Japanese have the notion that everyone who is a part of creating a meal deserves to be thanked.

(1) (a) bored　(b) content　(c) nervous　(d) tough
(2) (a) acknowledge　(b) improve　(c) observe　(d) shrink

各章末に，その章で学んだ単語の理解度を確認する Quiz を設けています。空所補充形式で，手軽に取り組むことができます。

本書の効果的活用法

以下，２つの方法をご紹介します。基本編が基本的活用法，応用編は発展的活用ですので，ご自分のレベルに合わせて参考にしてください。なお，この学習方法は選択肢の１つであり，絶対的なものではありません。

【基本編】

目標：英文内容把握＆単語確認

①英文を読む前に，テキストを見ずに音声を２～３回聴く。
②テキストを開いて，英文を読む。
③和訳，Words & Phrases を読みながら，全体の意味を確認する。
④単語欄で，見出し語の意味を確認する。
⑤音声をもう一度聴いてから，音読する。スムーズに読めるようになるまで，何度も音読すると効果的。状況に応じた読み方で練習することも実践的。

【応用編】

目標：速読＆速聴

①音声を聞きながら，英文を黙読する。目的は「英文の内容再確認」と「速読」。耳で聴くスピードで黙読できるようになるまで，何度でも繰り返す。到達度に応じて，音声の再生速度を調整しながら取り組むとよい。
②テキストを見ずに，音声を聴く。目的は，頭の中に話の内容を「絵として思い描く」こと。これにより，速聴の基礎が養われる。

目標：会話練習

①リピーティング，オーバーラッピング，最後にシャドーイングを行う。シャドーイングでついていけない部分は，音声の再生速度を調整したり，テキストで内容を再確認したり，そこだけ繰り返して練習するなどし，無理なく達成感を得られるように工夫して再チャレンジする。
②ロールプレイを行う。本書に収録の会話については，１つの会話につき「話者１のみ」「話者２のみ」の音声を用意しているので，ポーズのところでその話者になりきって声に出して読む。

※リピーティング：英文を見ながら音声を聞いた後に，その音声と同じように声に出して読む。
オーバーラッピング：英文を見ながら流れる音声とほぼ同時に声に出して読む。
シャドーイング：英文を見ないで聞こえてくる音を「追いかける」ように，声に出して読む。

英語を使えるようになるための学習

■ 英語を使えるために必要な学習と体験

英語があなたの人生に加わることで，仕事，旅行，趣味，そして異文化の方々とのやりとりなど，さまざまな可能性が広がります。本書を活用して，一人でも多くの方に英語を楽しんだり使えるようになったりしていただければ嬉しいです。

有名テニス選手のビデオを何百回見るだけではテニスは上手になりません。**実践力**を培うためには，一人の時間に筋トレや素振りや壁打ちをし，試合を念頭に入れた練習を仲間とし，試合を体験することは欠かせません。英語も同じです。

英語を使えるようになるには，以下のように**「個人学習」「集団学習」「実践」**が不可欠です。そして，以下のようなサイクルを回していくことが大切です。このサイクルの習慣化は，学習を楽しみながら変化や達成感を味わい，生活の一部にできれば叶います。

PIC サイクル

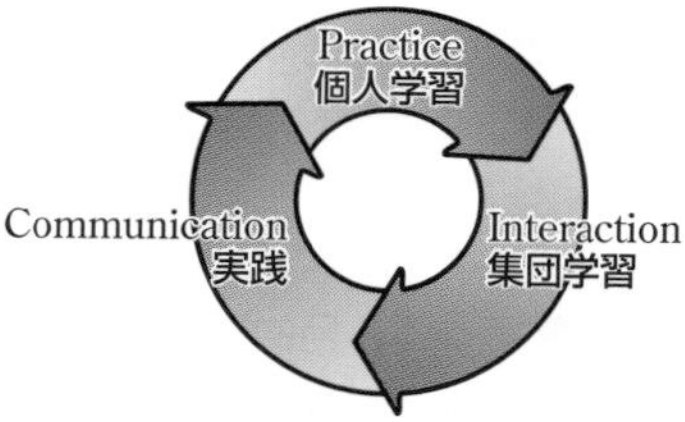

本書は，特に**単語の「個人学習」でご活用いただくために開発された教材**です。豊富な話題や文脈の中で単語を学ぶ本書のスタイルは，個人学習に彩りを加えます。

「個人学習」には，自分のペースでいつでもどこでも取り組めるというよさがあります。たとえば，単語を記憶する，音声を聴く，英文を読む（黙読および音読），音声を聴きながらリピーティング，オーバーラッピングやシャドーイングをする，英文を書き写すなど，バリエーションが豊富です。特に，音読，リピーティングやロールプレイ（役割演習）などをすると，アウトプットのシミュレーションもできます。

そして，インプットしたことを活用するために，本書を使って勉強仲間とともに練習をするとよいでしょう。これが**「集団学習」**のフェーズにあたります。

たとえば，会話文でロールプレイをする，読んだ英文を要約して相手に話す，英文の内容について口頭や文書で意見交換をするといった学習が考えられます。バリエーションに富んでいる本書は，オンラインレッスンの教材，ネタ本としても適しています。さまざまな場面で対応できる単語力や英語力が身につくでしょう。

次は**「実践」**です。実際のコミュニケーションの場面で，本書を使って身につけた英語を使ってみましょう。メールや SNS を使ってやりとりをしたり，日本国内で観光ガイドのボランティアをしたり，海外旅行のための情報収集や問い合わせを英語でしたり…といったことにトライしてみてください。

実践をしてみると，うまくいかないこともあるでしょう。うまく言えなかったことや誤解されてしまったことなどは，課題としてメモをしておきましょう。そのメモに記した課題をクリアするために，新たな気持ちで**「個人学習」**に戻ります。

話題や形式のバリエーションが豊かな本書は，いろいろ試すのに適しています。試した中から，ご自分の好きな話題や楽に話せる分野も見えてくるでしょう。最初は興味が持てなかった話題でも，本書の英文内容をきっかけにおもしろみを感じることも多々あるでしょう。英語のレベルを調整している本書を入り口として，まずは好きなことや得意なことに関連したテーマの動画や英文に触れてみましょう。

質の高い個人学習は，質の高い集団学習と実践を下支えします。本書は質の高い個人学習を保証しますので，安心して学びを進めていってください。

■ 学習素材としての本書の英文

本書は，**初級・中級レベルの学習者**を対象に，**毎日の（daily）生活における会話などの英文**を通して，レベルアップするのに必要な英単語・英熟語を豊富に取り入れた素材を提供します。

毎日（daily），無理なく，楽しく学習できる内容になっており，『Basic 2400』を学習した方にとっては，『Core 1900』への橋渡し教材となります。

英文は，ライターとして経験豊富な英語のネイティブスピーカーが書き下ろしたものです。**日常生活のさまざまな場面や文脈**を想定し，初級・中級レベルの学習者が**単語を増やすのに格好のモデル**となる英文に仕上げています。

英語力の向上のための**学習の基本は，モデルとなる英文をインプットする**ことです。初級・中級レベルの学習者にとっては，できるだけ身近なテーマで日本語でよく話していることから始めると，無理なく学習できます。特に，普段の生活で英語を使う機会がない学習者にとっては，こんな場面でのこんな英語だったら使ってみたい」という目標や希望を持てることは，モチベーション維持に不可欠です。

■ 本書の使い方（FAQs）

本書を「こう使うべき」というものはありませんが，ご参考までに使い方に関してよくいただくご質問にお答えします。

①最初から始めたほうがよいですか？

最初の英文から始める必要はありません。英文や単語の難易度はどこのページを開いていただいてもほぼ同じです。一度学んだ単語は繰り返し登場するように設計されてあります。ですから，11 あるテーマの中で興味のある章から始めても結構です。

②読むことと聴くことの，どちらを先に始めるほうがよいですか？

まずは，テキストを見ないで聴くことをお勧めします。詳細についてはわからなくても心配ありません。

次に英文を目で追いながら音声を聴くとよいでしょう。「なるほどこういう単語だったのか！」という発見を楽しめます。楽しいことは記憶にも残りやすくなります。

③英文を一通り聴いたら，すぐに音読をしたほうがよいですか？

音読の際に大事なことは，その英文の内容を理解していることです。そのために，まずは，黙読をお勧めします。最初から詳細にわたり理解しようとせずに，なるべく速いスピードで概要をつかむように読みましょう。また，Q（質問）の答えを探しながら読むのもよいでしょう。

もちろん，易しいと感じた英文であれば，すぐに音読してみてください。

④どのように音読したらよいですか？

（1）リピーティング（英文の音声を１文ずつ止めての音読），（2）オーバーラッピング（英文を見ながら音声とほぼ同時に声に出す），(3) ロールプレイ（役割練習），(4) シャドーイング（英文を見ずに音声のあとを追いかけるように声に出す）といった練習をしてみてください。その際，日本語よりも息を強く吐くイメージで行いましょう。慣れてきたら，文脈を考え，“Tips” も参考にしながら，感情を込めて音読しましょう。音声の再生速度は遅くしたり，逆に速くしたりして，自分に合った速度に調整して構いません。

公共交通機関やカフェなどで勉強する場合，イメージトレーニングや声を出さずに（口だけを動かして）リピーティング，オーバーラッピングをしたりするのも１つの方法です。しかし，可能な時には短時間でもよいので声を出し，英語で話すための筋肉や瞬発力を養うことをお勧めします。

⑤単語はいつ学習すればよいですか？

英文の概要をつかんだら，英文の中で単語がどのように使われているか，「赤シート」を和文の上に置いて推測しましょう。次に，英文の上に赤シートを置いて，和文を見ながら，どのような単語が使われていたかを考えてみてください。そして仕上げに，単語欄に赤シートを置いて，意味と発音を確認しましょう。単語学習は，シャドーイングの前に行うことをお勧めします。

⑥学習は何周やればよいですか？

①～⑤で挙げた学習を行う場合，だいたいどのくらいの時間がかかるかを計ってみるとよいでしょう。そうすることで，ご自身の生活に学習をどう取り入れることができるかを現実的に検討することができます。状況に応じて必要な学習を取捨選択し，カスタマイズしてください。

何度も繰り返すことで，単語の定着率がさらに高まります。英文数本ごとに繰り返す，章ごとに繰り返す，最初から最後まで終わらせてから繰り返すなど，ご自身が学習を続けやすく達成感を覚えられる方法を工夫してみてください。そして，繰り返すたびにご自身の英語力がどう進化しているかを確認してください。

■学習を「拡張」しましょう

スポーツと同じように英語も一人で行う学習には限界があります。あなたと同じように英語を学習している方と，本書を活用して練習してください。そして，さらに実際に英語を使うさまざまな実践をするとよいでしょう。**「まねする」「使いながら覚える」「覚えたら使う」**ことによって，**結果として使える単語が増えていきます。**

以下に，英語を使う「実践」をどのように展開していくかについて紹介します。

（1）インターネットで情報を収集しよう

本書の中で学んだキーワードを打ち込んで検索するのもよいですし，そのキーワードとご自身の興味関心，問題意識を掛け合わせるのもおもしろいでしょう。英語の動画や音声配信を視聴すれば，リスニングのよい練習にもなります。

（2）会話文をアレンジしよう

音読するだけで終わらせてしまうのはもったいないです。会話の続きを書いてみてはどうでしょうか。あるいは，「自分ならこう言うな」と考えて，会話の一部を変えてみてください。そうすることによって，本書の会話文がより身近に感じられます。

（3）旅行先から感想を発信しよう

旅行先は海外とは限りません。国内旅行でもまったく問題ありません。旅行で訪れた街の様子を友人や世界の人々に SNS などで英語で発信してみましょう。

（4）本や映画のレビューを書こう

本を読んだり映画を観たりしたら，そのあらすじや感想を書いてみましょう。書き方については，book review や film review を検索し，参考にするとよいでしょう。

以上ご説明したことの中で，これなら自分でも楽しんでできそうだな，と思うことがあったら，少しずつ続けてみてはいかがでしょうか。「覚えたら使う」「使いながら覚える」ようにして，英語力を伸ばしてください。

時に休んだり思うように学習できないことがあったり，やる気が湧いてこなかったりするのは，あなただけではありません。ちなみに，覚えた単語を忘れるのも，学びのサイクルのスパイスでしかありません。習慣化の秘訣は，視界に入るところに本書を置いていつでも音声を聴けるようにしておくことです。気楽に前進し続けましょう。

松本　茂

本書で用いた記号

【品詞】

他 他動詞　自 自動詞　名 名詞　代 代名詞
形 形容詞　副 副詞　前 前置詞　接 接続詞

【記号・略語】

★ TOEIC・英検 2 級レベルの重要語　　会話表現
派 派生語　　参 参考にすべき語，関連語
類 類義語（ほぼ同じ意味・用法）　　反 反意語（ほぼ反対の意味・用法）
《米》アメリカ英語　《英》イギリス英語
〔 〕言い換え可　（ ）省略可
～ 名詞（句）の代用　… 動詞や節の代用
to ... to 不定詞　...ing 動名詞または現在分詞
one's 名詞や代名詞の所有格（例：Bob's, his, their など）
※ one's の one の部分は，実際には具体的な名詞などが入ることを意味する。
sth something（物・事）の略　sb somebody（人）の略
※ sth / sb は，英語の定義で出てきます（例 like sth）

【発音記号・アクセント】

原則として米語音。
[ˊ ˋ] ˊが第 1 アクセント，ˋが第 2 アクセント　[*r*] イタリック部分は省略可

音声コンテンツと利用法

◆ダウンロードの場合

下記 URL または二次元コードからアクセスする音声サイトで，ダウンロード用の音声を提供しています。

https://service.zkai.co.jp/books/zbooks_data/dlstream?c=5483

◆アプリの場合

本書の音声は下記のアプリでも再生することができます（無料）。

abceed
AI英語教材エービーシード

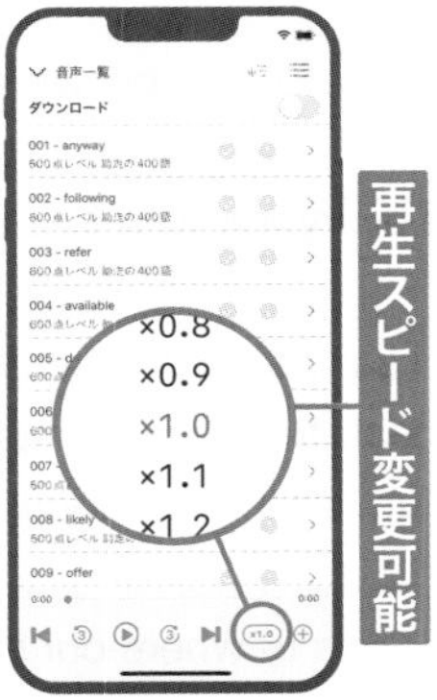

※画面はイメージです。

AI 英語教材 abceed での音声再生方法

STEP 1 下記の二次元コードまたは URL よりスマートフォンにアプリをダウンロード。

https://www.abceed.com
abceedは株式会社Globeeの商品です。

STEP 2 アプリ内の「教材」メニューをタップ。検索バーに書籍名を入力します。

速読速聴・英単語 Daily 1500 ver.4

STEP 3 当該教材の音声ボタンをタップし，再生したい音声を選択します。

mikan

英語アプリ mikan での音声再生方法

STEP 1 英語アプリ mikan を下記の二次元コードまたは URL よりスマートフォンにダウンロード。

https://mikan.link/zkai

STEP 2 アプリ内の教材一覧より検索バーをタップし，書籍名を入力。

速読速聴・英単語 Daily 1500 ver.4

STEP 3 教材詳細画面の音声タブから再生したいチャプターを選択すると，音声が再生されます。

1 How would you say *itadakimasu* in English?

☑☑「いただきます」の表現について話す

Q To whom are *itadakimasu* and *gochisousama* addressed? (→ p.300)

Andy: Hina, how would you say *itadakimasu* in English?

Hina: Hmm... that's a **tough** question. Words like *itadakimasu* and *gochisousama* are unique to Japanese culture.

Andy: They're both used to **acknowledge** the **value** of the food we eat, right?

Hina: That's right! Japanese have the **notion** that everyone who is a part of creating a meal **deserves** to be thanked.

Andy: What a beautiful **sentiment**! So who should I say those phrases to?

Hina: **Generally**, to whoever contributed to the meal, from the farmer to the cook. We say *itadakimasu* before eating, and *gochisousama* after eating.

Andy: I think it's a good **reminder** to **be** more **conscious of** where our food comes from and the people who cook it! (112 words)

1 ☐	**tough** [tʌ́f]	形（仕事などが）骨の折れる；粘り強い
2 ☐	**acknowledge**★ [əknɑ́ːlɪdʒ, æk-]	他 に感謝する；（事実・過失など）を認める
3 ☐	**value**★ [vǽljuː]	名 価値；価値観　他 を尊重する
4 ☐	**notion** [nóuʃən]	名 考え，観念　類 idea, belief, opinion
5 ☐	**deserve**★ [dɪzə́ːrv]	他 に値する；…して当然だ〈to *do*〉

1 「いただきます」を英語で何と言いますか。

Q 「いただきます」と「ごちそうさま」は，誰に向けられていますか。

アンディ：ヒナ，「いただきます」を英語でなんて言う？

ヒナ：うーん…それは難しい質問ね。「いただきます」や「ごちそうさま」のような言葉は日本文化に特有なものだよね。

アンディ：2 つとも，僕たちが食べる食べ物の価値に感謝するために使われているわけだよね？

ヒナ：その通りよ！ 日本人は，食事を作る一端を担う人は誰もが感謝されるに値する，という考えを持っているの。

アンディ：なんて素晴らしい考え方なんだ！ それじゃ，僕はこれらの言葉を誰に向かって言うべきなのかな？

ヒナ：一般的には，食事に貢献してくれた人たちなら誰にでもよ，農家の人から料理をしてくれる人までね。「いただきます」は食べる前に，そして「ごちそうさま」は食べた後に言うの。

アンディ：僕たちの食べ物がどこから来るのかということや，それを料理してくれる人たちのことをもっと意識するのに，その言葉は優れた合図なんだと思うよ。

6 ☐	**sentiment** [séntəmənt]	名（感情をもとにした）意見，考え方，感想；感傷
7 ☐	**generally** [dʒénərəli]	副 一般的に 派 **géneral** 形 概略の；全体的な
8 ☐	**reminder** [rɪmáɪndər]	名（思い出させるための）合図，思い出させるもの〔人〕
9 ☐	**be conscious of ～**	～を意識している；～に気づいている

Tips すぐに答えられない時は，沈黙を避け，“Hmm... that’s a tough question.” と言いながら考えるのも一つの手です。

1100 1200 1300 1400 1500

☐ ターゲット文を言った
☐ ロールプレイの練習をした

2 It really works!

☑☑ 世界の民間療法について話す

Q What did Ann read about in the online article today? (→ p.300)

Ann: Today I read an online article about different **remedies** for a cold in different parts of the world. What do you do when you have a cold?

Billy: For me, I usually have a bowl of chicken noodle soup. It stops a **runny nose** and **soothes** a **sore throat**. How about you?

Ann: Well, my grandmother is **originally** from Mexico. She prepares Mexican tea with cinnamon and honey for our colds. It really works!

Billy: Sounds good. What were other remedies that you read about?

Ann: Some seemed unusual to me. In Japan, people sometimes drink honey and **grated** ginger mixed with hot water when they are getting a cold. In Cambodia, a cold is **treated** by **soaking** one's feet in warm water. In Morocco, they believe eating garlic omelets will **boost** their **immunity**. You know, garlic has natural **healing properties**.

Billy: Whew! There sure are a lot of resourceful people in this world.

(149 words)

10 ☐	**remedy** [rémədi]	名 治療法；解決策
11 ☐	**runny nose** [rʌ́ni nóʊz]	鼻水　have a runny nose（鼻水が出る）
12 ☐	**soothe** [súːð]	他 を和らげる，をなだめる
13 ☐	**sore throat** [sɔ́ːr θróʊt]	喉の痛み　※ sore は「炎症を起こした，ひりひりする」。
14 ☐	**originally** [ərídʒənəli]	副 もとは，最初は 派 **oríginal** 形 最初の；独創的な
15 ☐	**grate** [gréɪt]	他 をすりおろす
16 ☐	**treat** [tríːt]	他 を治療する；を扱う　名 もてなし，楽しみ

2 それは本当に効きます！

Q アンは今日，オンラインの記事で何について読みましたか。

アン：今日，私は世界各地の風邪のさまざまな治し方について，オンラインの記事を読んだの。あなたは風邪の時，何をする？

ビリー：僕の場合は，たいていパスタ入りのチキンスープをボウル 1 杯食べるよ。鼻水を止めてくれるし，喉の痛みを和らげてくれるんだ。君の場合はどうなの？

アン：ええと，私の祖母はもともとメキシコ出身なのだけれど，風邪にはシナモンとハチミツ入りのメキシコ風紅茶を作ってくれるわ。それが本当に効くのよ！

ビリー：いいね。君が読んだ他の治し方って，どんなものだったの？

アン：私には珍しいと思えるようなものもあった。日本では，風邪の引き始めに，お湯にハチミツとすりおろした生姜を混ぜて飲むこともあるの。カンボジアでは，温かいお湯に足を浸けることで風邪を手当てする。モロッコでは，にんにくオムレツを食べると，免疫力を高めると信じられているし。ほら，にんにくには天然の治癒力があるから。

ビリー：へえ！ この世界には，本当に知恵に富んだ人たちがたくさんいるんだな。

17 ☐	**soak** [sóʊk]	他 を浸す 自 浸る
18 ☐	**boost** ★ [búːst]	他 を増進させる
19 ☐	**immunity** [ɪmjúːnəti]	名 免疫（力）
20 ☐	**healing** [híːlɪŋ]	形 治療の，癒しの
21 ☐	**property** ★ [prɑ́ːpərti]	名〈通例複数形で〉特質，特性（a quality or characteristic that sth has）；財産 healing properties（治癒力）

1100 1200 1300 1400 1500

☐ ターゲット文を言った
☐ ロールプレイの練習をした

3 Things are looking up.

☑☑ 迷信について話す

Q How do Mark and Ginny feel about superstitions? (→ p.300)

Ginny: I've been reading about **superstitions** lately. Some people think that finding a four-leaf clover will bring them good **fortune**. Why? It's very **rare** to discover a four-leaf clover. They do occur because of genetic mutations, but not very often.

Mark: Well, these kinds of **beliefs** are not **necessarily** based on facts. I'm very skeptical about them. In fact, I think they are pure **nonsense**.

Ginny: Many people believe in some superstitions. I know that I do. Yesterday I found a **penny** face up on the ground. Have you heard the phrase — "things are **looking up**"? It means that good things will happen now. It's my lucky penny because it was "looking up" when I found it.

Mark: **Are you kidding me?** Well, don't worry if a black cat crosses your path. **I bet** nothing bad will happen **unless** you believe it will.

(139 words)

22 ☑	**superstition** [sùːpərstíʃən]	名 迷信
23 ☑	**fortune** [fɔ́ːrtʃən]	名 幸運 派 **fórtunate** 形 運のよい，幸せな
24 ☑	**rare** [réər]	形 まれな；珍しい　a rare case（まれなケース）
25 ☑	**belief** [bəlíːf, bɪ-]	名 信じること；信念　反 **disbelief**（不信，疑惑） 派 **belíeve** 他 を信じる
26 ☑	**necessarily** [nèsəsérəli]	副〈否定文で〉必ずしも…ない
27 ☑	**nonsense** [náːnsens]	名 ばかげた考え〔行為〕
28 ☑	**penny** [péni]	名《米》1 セント硬貨；《英》1 ペニー銅貨

3 運が上向いてきています。

Q マークとジニーは迷信についてどのように感じていますか。

ジニー：私は近頃，迷信についての本を読んでいるの。四つ葉のクローバーを見つけると，幸運を運んできてくれると考える人もいるよ。どうしてかって？ 四つ葉のクローバーを発見するというのは，すごくまれなことだから。遺伝子変異が理由で起こるけれど，めったにないことよ。

マーク：うーん，この種の信念は，必ずしも事実に基づいているわけではないんだよ。僕はそういうのについては大いに懐疑的だな。実のところ，まったくのたわごとだと思う。

ジニー：たくさんの人たちが何らかの迷信を信じているよ。自分もそうだと思う。昨日，表が上になっている1セント硬貨を地面で見つけたの。「運が上向いてきた」という言い回しを聞いたことがある？ それはいいことがこれから起こるでしょう，という意味なのよ。見つけた時に「表が上を向いて」いたから，それは私の幸運の1セント銅貨なの。

マーク：真面目に言っているの？ それじゃあ，もし黒猫が君の行く道を横切っても，心配しなくていいさ。そうなると信じなければ，きっと何も悪いことなんか起こらないだろうと思うよ。

29 ☐	**look up**	〈見通しなどが〉よくなる，上向く
30 ☐	**Are you kidding me?**	冗談でしょう？ 31 ☐ **kíd** 他 に冗談を言う，をからかう
32 ☐	**I bet ...**	絶対に〔きっと〕…だと思う 33 ☐ **bét** 他 (金など) を賭ける
34 ☐	**unless**★ [ənlés, ʌn-]	接 もし…でなければ，…でない限り

Words & Phrases

ℓ.4 genetic mutation「遺伝子変異」
ℓ.6 skeptical「懐疑的な」
ℓ.6 pure〈名詞を修飾して〉「まったくの」
ℓ.8 face up「表を上にして」

1100 1200 1300 1400 1500

☐ ターゲット文を言った
☐ ロールプレイの練習をした

4 Did you know?

☑☑ 豆知識を紹介する

Q Why are bananas classified as berries? (→ p.300)

Some fun facts about two popular food items

What is the most popular fruit in the world? Not **surprisingly**, the banana is the most **consistently** popular fruit in the world. According to **estimates**, more than 100 **billion** bananas are **consumed globally** every year. But did you know that in **scientific terms**, the banana is **classified** as a berry? Like other berries, bananas contain **seeds** inside their fruit, although the seeds are very **tiny**. By the way, strawberries and raspberries are actually not classified as berries.

Here's another fun fact. What vegetable was once believed to be **poisonous**? If you answered the tomato, you are correct. It is said that tomatoes were introduced to Europe from the Americas in the 16th century as ornamental plants. For a long time they were thought to be **toxic** and **inedible**. That's because they look similar to the deadly nightshade. That plant actually *is* toxic. Of course, tomatoes are very popular today — maybe even more popular than bananas! (163 words)

35 ☐	**surprisingly** [sərpráɪzɪŋli, sə-]	副 驚いたことに 派 **surprísing** 形 驚くべき，驚くような
36 ☐	**consistently** [kənsístəntli]	副 絶えず，いつも変わらず (in a way that does not change and continues for a period of time) 派 **consístent** 形 変わらない，一貫した
37 ☐	**estimate**★ 名 [éstəmət] 動 [éstəmèɪt]	名 概算；見積もり；(印象などによる) 評価 他 を (大まかに) 見積もる；を評価する
38 ☐	**billion** [bíljən]	名 10 億
39 ☐	**consume** [kəns(j)úːm]	他 (サービスや商品) を消費する；(ものや資源) を使い果たす；を食べる
40 ☐	**globally** [glóʊbli]	副 世界的に，地球規模で 派 **glóbal** 形 世界的な
41 ☐	**scientific** [sàɪəntífɪk]	形 科学的な

4　あなたは知っていましたか。

Q　バナナはなぜベリーに分類されているのですか。

2つの人気の食べ物に関するいくつかのおもしろい事実

世界で最も人気のある果物は何でしょうか。驚くほどのことではありませんが，バナナが世界で最も絶えず人気のある果物です。推計によると，1000億（100×10億）本を超えるバナナが，毎年世界で消費されています。しかし，科学用語ではバナナがベリーに分類されているのを知っていましたか。他のベリー同様，バナナはその種はきわめて小さくはありますが，その果実の中に種を含んでいます。ちなみに，イチゴやキイチゴは，実のところベリーに分類されていません。

もうひとつおもしろい事実があります。毒があるとかつて信じられていた野菜は何でしょうか。トマトと答えたなら，正解です。トマトは，16世紀に鑑賞植物としてアメリカ大陸からヨーロッパに持ち込まれたと言われています。長い間，トマトは有毒で食べられないと考えられていました。というのも，トマトはベラドンナに似ていたからです。この植物は実際に有毒なのです。もちろん，トマトは今日では非常に人気があります ― ひょっとするとバナナよりずっと人気があるかもしれませんね！

42 ☐	**term** ★ [tə́ːrm]	名 専門用語；学期
43 ☐	**classify** [klǽsəfàɪ]	他 を分類する
44 ☐	**seed** [síːd]	名 種，種子　他（種）をまく
45 ☐	**tiny** [táɪni]	形 ごく小さい
46 ☐	**poisonous** [pɔ́ɪznəs]	形 有毒な　※特に自然界にある毒のイメージ 派 **póison** 名 毒
47 ☐	**toxic** [tɑ́ːksɪk]	形 有毒な；中毒性の　※特に化学的な毒のイメージ
48 ☐	**inedible** [ɪnédəbl]	形 食べられない　反 **edible**

5 That's why bubbles are round.

☑ ☑ シャボン玉の仕組みを説明する

Q What affects a bubble's shape? (→ p.300)

Use a bubble-blowing wand. Dip it into the bubble liquid. When you pull it out, the hole will **be filled with** a thin film of the liquid. **Blow gently** on this and it will **stretch** into the **shape** of a sphere (round like a ball), creating a bubble. A bubble is actually soapy water filled with a pocket of air. The bubble's shape is created by "**surface** tension." The thin surface wall is pulling in, **while** the air inside of it is pushing out. The bubble tries to **shrink** in size and hold as much air as it can. Which **geometric** shape has the smallest surface area needed to hold a **volume** of air? It is always a sphere. So that's why bubbles are round. (125 words)

49 ☐	**be filled with ～**	～でいっぱいである 50 ☐ **fíll** 他 をいっぱいにする
51 ☐	**blow** [blóʊ]	自 息を吹きかける 他 を吹き動かす
52 ☐	**gently** [dʒéntli]	副 優しく，穏やかに 派 **géntle** 形 優しい，穏やかな
53 ☐	**stretch** [strétʃ]	自 伸びる 他 を伸ばす 名 伸ばすこと
54 ☐	**shape** [ʃéɪp]	名 形，形状 他 を形作る
55 ☐	**surface** [sə́ːrfəs]	名 表面，外観 **surface tension**（表面張力）
56 ☐	**while** [wáɪl]	接 だが一方；…している間に 名 間 **a short while**（少しの間）
57 ☐	**shrink** [ʃríŋk]	自 縮む，小さくなる 他 を縮ませる
58 ☐	**geometric** [dʒìːəmétrɪk]	形 幾何学（上）の

5　そういうわけでシャボン玉は丸いのです。

Q 何がシャボン玉の形に影響を与えますか。

シャボン玉の吹き棒を使いましょう。それをシャボン玉液に浸けてください。取り出すと，穴は液体の薄い膜で塞がれることになります。これに優しく息を吹きかけると，（ボールのように丸い）球体の形に伸び広がって，シャボン玉を作るのです。シャボン玉は，実際にはいくばくかの空気で満たされた，石鹸水です。このシャボン玉の形は「表面張力」によって作られます。薄い表面の膜は収縮し，一方で，内部の空気は外側に押そうとしています。シャボン玉は縮もうとしながら，できるだけ多くの空気を保持しようとするのです。どの幾何学上の形が，ある量の空気を閉じ込めるのに必要となる，最小の表面積を持つのでしょうか。それは必ず球体です。そういうわけで，シャボン玉は丸いのです。

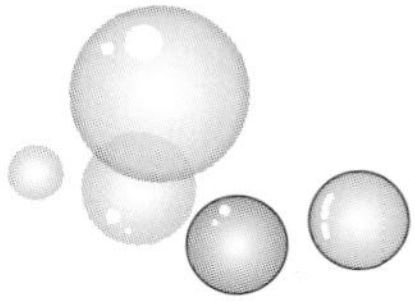

59 ☐	**volume** [vɑ́:ljəm]	名 量　※アクセントに注意。

Words & Phrases

- ℓ.1 bubble-blowing「シャボン玉を吹く」
- ℓ.1 wand「（魔法の）杖；棒」ここではシャボン玉を作る棒のこと。
- ℓ.1 dip ~ into ...「～を…に浸す」
- ℓ.1 pull ~ out「～を取り出す」
- ℓ.4 soapy water「石鹸水」
- ℓ.6 pull in「収縮する」内側へ引っ張る力を表す。
- ℓ.6 push out「外側に押す」外側へ広がる力を表す。
- ℓ.7 in size「サイズの点で」
- ℓ.7 Which geometric shape ... air?　つまり「ある量の空気を含む場合，必要な表面積が最小となるのはどの形ですか」ということ。

1100　1200　1300　1400　1500

□ターゲット文を言った

6 Why do people get goose bumps?

☑☑ 鳥肌が立つ理由を説明する

Q **Can people control having goose bumps?** (→ p.300)

Goose bumps appear when people experience strong emotions. **For instance**, it is **common** for a person to **break out in** goose bumps if they feel fear or they sense something **awful** is about to happen. Goose bumps can also **occur** in a moment of surprise, or if a person feels cold. But why do people get goose bumps? It's because the brain sends **signals** to a person's **muscles** that make them tense up. The tensed muscles that **are attached to** body hairs pull the hairs and the skin up. Goose bumps appear as a reflex action. **Therefore**, a person cannot control having goose bumps. (104 words)

60 ☐	**goose bumps**	鳥肌
61 ☐	**for instance** ★	例えば
62 ☐	**common** [kɑ́:mən]	形 よく起こる，普通の；共通の
63 ☐	**break out in ～**	〈人・体の一部が〉～（吹き出物・発疹など）でいっぱいになる
64 ☐	**awful** [ɔ́:fl]	形 恐ろしい，ひどい awful taste（ひどい味） 派 **áwfully** 副 非常に；ひどく
65 ☐	**occur** ★ [əkə́:r]	自 生じる，起こる 類 happen, take place
66 ☐	**signal** [sígnl]	名 信号，合図
67 ☐	**muscle** [mʌ́sl]	名 筋肉

6 どうして鳥肌が立つのでしょうか。

Q 人は鳥肌が立つのを制御することができますか。

鳥肌は，人が激しい感情を覚える時に現れます。例えば，恐怖を感じたり，何か恐ろしいことが起こりそうだと感じた際に，鳥肌が出るのはよくあることです。鳥肌は，驚いた瞬間や，または寒いと感じた時にも現れることがあります。それにしても，どうして鳥肌が立つのでしょうか。それは脳が人の筋肉に信号を送って，筋肉を緊張させるからなのです。体毛にくっついている緊張した筋肉が，その体毛と皮膚を引っ張り上げます。鳥肌は反射作用として現れます。したがって，人は鳥肌が立つのを制御することはできないのです。

68 ☐	**be attached to ～**	～にくっついている；～に愛着を持っている
69 ☐	**therefore** [ðéərfɔːr]	副 したがって 類 thus

Words & Phrases

- ℓ.3 sense「～を感じる」
- ℓ.3 be about to happen「起こりそうである」
- ℓ.4 in a moment of ～「～の瞬間」
- ℓ.6 tense up「緊張する」
- ℓ.6 tensed「緊張した」
- ℓ.8 reflex action「反射作用」

1100 1200 1300 1400 1500

☐ ターゲット文を言った

7-1 A cat's eyes are very revealing.

☑ ☑ 猫の気持ちを知る

Q **Do cats experience a wide range of emotions like us?** (→ p.300)

Is it sometimes difficult for you to **comprehend** your cat's **behavior**? Like **humans**, cats experience a wide **range** of emotions. They feel happy or unhappy, **bored** or excited, **content** or **upset**, **and so on**.

Since cats can't **express** themselves **verbally**, it is **up to** us to **learn to recognize** the many **physical** expressions that show how they are feeling. **You can tell** a lot about how your cat is feeling just by **observing** its facial expression. A cat's eyes are very **revealing**. (82 words)

70 ☐	**comprehend** [kàmprɪhénd]	他 を理解する 類 understand 派 **comprehénsion** 名 理解力；包括 派 **comprehénsive** 形 包括的な
71 ☐	**behavior** [bɪhéɪvjər, bə-]	名 行動，態度 派 **beháve** 自 ふるまう 他 〈behave oneself で〉行儀よくふるまう
72 ☐	**human** [hjúːmən]	名 人間 形 人間の 派 **humánity** 名（集合的に）人類；人間性
73 ☐	**range** ★ [réɪndʒ]	名 範囲，幅 a wide range of ～（幅広い範囲の～） 自（年齢・範囲などが）及んでいる
74 ☐	**bored** [bɔ́ːrd]	形 退屈した 派 **bóre** 他 を退屈させる 派 **bóring** 形（人を）うんざり〔退屈〕させる，退屈な
75 ☐	**content** ★ [kəntént]	形 満足した 76 ☐ **content with ～** ～に満足して
77 ☐	**upset** [ʌpsét]	形 心を乱した 他 の心を乱す
78 ☐	**and so on**	～など

7-1 猫の目はとても多くを語ります。

Q 猫も私たちと同じように幅広い感情を感じますか。

飼い猫の行動を理解するのが時に難しいことがありませんか。人間と同じく，猫が感じる感情の範囲は幅広いのです。うれしかったり悲しかったり，退屈したり興奮したり，満足したり動揺したりなどします。

猫は言葉で自分を表現することができませんから，猫の気持ちを表す多くの身体的表現を見分けることを学ぶのは私たち次第なのです。顔の表情を観察するだけでも飼い猫の気持ちの多くがわかります。猫の目はとても多くを語ります。

79 ☐	**express**★ [ɪksprés, eks-]	他 を表す，を述べる 類 **convey** 派 **expréssion** 名 表現 派 **expréssive** 形 表情豊かな
80 ☐	**verbally** [və́ːrbli]	副 言葉で，口頭で 派 **vérbal** 形 言葉の
81 ☐	**up to ～**	〈be up to ～で〉～次第である； ～まで up to now（今まで）
82 ☐	**learn to ...**	…の仕方を習う；…できるようになる
83 ☐	**recognize**★ [rékəgnàɪz]	他 を識別する 派 **recognítion** 名 認識；承認
84 ☐	**physical** [fízɪkl]	形 身体の 反 **mental, spiritual**
85 ☐	**You can tell ...**	…がわかる
86 ☐	**observe** [əbzə́ːrv]	他 を観察する；に気づく 自 観察する 派 **observátion** 名 観察 派 **obsérver** 名 観察者，立会人
87 ☐	**revealing** [rɪvíːlɪŋ]	形（隠されていた真相などを）明らかにする；〈衣服が〉肌を露出した

7-2 Your cat is usually in a good mood.

☑ ☑ 猫の気持ちを知る

Q What does it mean if the cat's ears are pointed up? (→ p.300)

When your cat is content and relaxed, the eyes blink slowly and the pupils are of **normal** size. If the eyes are wide open with large pupils, something may be **causing** your cat to feel afraid. This can also mean that your cat is just being very attentive — like at feeding time.

If your cat's ears are pointed up, this means he or she is ready for **affection** and play. When the ears are lower, your cat is feeling less **comfortable**. If the ears are very close to the head, your cat is probably feeling **aggressive** and is **warning** you to back off. Another body part to **notice** is the cat's tail. When the tail is **raised** high, your cat is usually **in a good mood**. If the tail is moving **back and forth rapidly**, your cat may be feeling **nervous** or angry.

I hope that knowing these basic signals will help you to **improve** your relationship with your wonderful **companion**! (161 words)

88 ☐	**normal** [nɔ́ːrml]	形 普通の，正常な 反 abnormal 名 標準，正常
89 ☐	**cause** [kɔ́ːz]	他 の原因となる（to make sth happen） 名 原因 for a good cause（大義のために）
90 ☐	**affection** [əfékʃən]	名 愛情，好意 類 love affection for animals（動物に対する愛情）
91 ☐	**comfortable** [kʌ́mftəbl, -fərt-]	形 くつろげる，快適な comfortable distance（心地よい距離） 派 **cómfort** 名 快適さ
92 ☐	**aggressive** [əgrésɪv]	形 攻撃的な 反 defensive aggressive behavior（攻撃的なふるまい） 派 **aggréssiveness** 名 攻撃性
93 ☐	**warn** [wɔ́ːrn]	他 に警告する 自 警告する 94 ☐ **warn that ...** …と警告する 派 **wárning** 名 警告 形 警告の
95 ☐	**notice** [nóutəs]	他 に注目する，に気づく（to see or become conscious of sth） 名 注目；通知 96 ☐ **without notice** 予告なしに

7-2 あなたの猫はたいていご機嫌です。

Q 猫の耳がピンと立っていると，それは何を意味しますか。

あなたの猫が満足してくつろいでいる時，ゆっくりとまばたきをし，瞳孔は普通の大きさです。瞳孔が広がって目が大きく開いていると，何かが猫を怖がらせている可能性があります。この様子は，食事の時のように，飼い猫がとても用心深くなっているだけとも考えられます。

飼い猫の耳がピンと立っていると，愛情や遊びを受け入れる準備ができていることを表します。耳が寝ている時はあまり心地がよくない状態です。耳が頭にかなり近づいていたら，おそらく攻撃的になっていて，近づくなと警告していると思われます。注目すべきもう一つの身体の部位は尻尾です。尻尾を高く上げている時は，たいてい機嫌がよいです。前後にすばやく動いている場合は，不安に感じるあるいは怒っているかもしれません。

こうした基本的な信号を知ることで，あなたの素晴らしい相棒との関係をよくすることにつながればと思います。

97 ☐	**raise** [réɪz]	他 を上げる，を高める；を育てる 名 昇給
98 ☐	**in a good mood**	気分がよい，機嫌がよい 反 **in a bad mood**
99 ☐	**back and forth**	前後に ※日本語と逆の順になる。
100 ☐	**rapidly** [rǽpɪdli]	副 急速に rapidly growing company（急成長している会社）
101 ☐	**nervous** [nə́ːrvəs]	形 不安な；神経の nervous breakdown（ノイローゼ）
102 ☐	**improve** [ɪmprúːv]	他 を改善する（to make sth better） 自 よくなる 反 **worsen** 派 **impróvement** 名 改善
103 ☐	**companion** [kəmpǽnjən]	名 仲間；話し相手

8 Rabbits are best known for their distinctive long ears.

☑☑ ウサギの耳の役割を説明する

Q **Can rabbits turn their ears to check for sounds in different directions?** (→ p.300)

Rabbits are best known for their **distinctive** long ears. It may seem **odd** that their ears are so long, but **as a matter of fact** they play important **roles** in the animals' lives.

First, long ears **allow** rabbits to hear their **enemies**, even when they are a long **distance** away. Rabbits can even turn their ears to check for sounds in different directions.

The other main role for the ears is to control **body temperature**. The normal body temperature for a rabbit is about 39 **degrees**. When it gets too hot or too cold, the **blood vessels** in the ears change in size. Therefore, those long ears can **maximize** not only hearing, but also the transfer of heat to and from the outside environment.

(124 words)

104 ☐	**distinctive** [dɪstíŋ*k*tɪv]	形 特徴のある，明確に区別できる
105 ☐	**odd** [ɑ́ːd]	形 奇妙な
106 ☐	**as a matter of fact**	実際のところ，実は
107 ☐	**role** [róʊl]	名 役割　※ roll（筒状のもの）と発音は同じ。
108 ☐	**allow** [əláʊ]	他 を可能にする；を許す（to give permission for sb/sth to do sth or for sth to happen）類 let
109 ☐	**enemy** [énəmi]	名 敵
110 ☐	**distance** [dístəns]	名 距離，遠方　long-distance call（長距離電話） 派 **dístant** 形 遠い
111 ☐	**body temperature**	体温
112 ☐	**degree** [dɪgríː]	名（温度などの単位）度；程度；学位　a matter of degree（程度の問題）
113 ☐	**blood vessel**	血管

8　ウサギはその特徴のある長い耳で，最もよく知られています。

Q ウサギは耳の向きを変えて，異なる方向の音を確かめることができますか。

ウサギはその特徴のある長い耳で，最もよく知られています。耳がとても長いというのは，奇妙なことに思われるかもしれませんが，実際のところ，この動物の生活において耳は重要な役割を果たしているのです。

何よりもまず，長い耳は敵までかなりの距離がある場合でも，ウサギが敵の音を聞くことを可能にします。ウサギは，異なる方向の音を確かめるために，耳の向きを変えることもできるのです。

この耳が持つもう一つの主な役割は，体温を調節することです。ウサギの正常な体温はおよそ39度です。暑すぎたり寒すぎたりする時は，耳の中の血管の大きさが変わります。したがって，このような長い耳は，音を聞くことだけではなく，外部環境との熱の移動をも最大限にすることができるのです。

114 ☐ **maximize** [mǽksəmàɪz]
他 を最大限にする　反 **minimize**
派 **máximum**　形 最大の　名 最大量

Words & Phrases

ℓ.9 in size「大きさが，サイズが」
ℓ.10 not only ~ , but also ...「~だけでなく…も」
ℓ.10 the transfer of heat to and from the outside environment「外部環境への，および外部環境からの熱の伝導」

Key Point　温度を表す摂氏と華氏

日本で使用される温度の単位は摂氏（Celsius）だが，英米では華氏（Fahrenheit）が通例用いられている。摂氏は水の凝固点0度，沸点100度とする温度の単位で，華氏は水の凝固点32度，沸点212度とする温度の単位。海外に行ったり，外国人の方と話したりする時には注意しよう。参考までに換算式は以下の通り。

華氏 (℉) ＝摂氏 (℃) × 1.8 ＋ 32
摂氏 (℃) ＝ (華氏 (℉) −32) ÷ 1.8

9 What keeps the ocean moving?

☑ ☑ 海の波ができる理由を説明する

Q What creates waves? (→ p.300)

The ocean is always moving. On board a boat, you see ocean wave **movement all the way** to the **horizon**. At the beach, the waves **crash** in. Or peaceful small waves simply ebb and flow.

What keeps the ocean moving? Scientists have found that it is energy that **powers** the waves. The most common type of wave is wind-**driven**. When the wind hits the water, energy is created. Waves are formed as this energy passes through the water.

Other types of waves are driven by the energy of **severe** weather. Weather conditions, such as hurricanes, can cause possibly **hazardous** waves. Underwater disturbances from earthquakes or **erupting volcanoes**, can also create very long waves known as tsunamis.

And finally, the energy from the gravitational pull of the sun and the moon also creates waves. These are the **tides**, which periodically rise and fall.

(142 words)

115 ☐	**movement** [múːvmənt]	[名] 動き，動作 [派] **móve** [自] 動く [他] を動かす
116 ☐	**all the way**	ずっと，最後まで
117 ☐	**horizon** [hərάɪzn]	[名] 水平線，地平線 [派] **horizóntal** [形] 水平線の；水平な [反] **vertical**
118 ☐	**crash** [kræʃ]	[自] 衝突する；墜落する [他] を激突させる；を墜落させる [名] 墜落，衝突
119 ☐	**power** [páʊər]	[他] に動力を供給する [名] 権力；力
120 ☐	**-driven** [drívn]	〈複合語で〉～によって動く，～主導の wind-driven（風によって動く）
121 ☐	**severe** [sɪvíər]	[形] 厳しい；ひどい severe punishment（厳しい罰）
122 ☐	**hazardous** [hǽzərdəs]	[形] 危険な，有害な

9 何が海を動かし続けているのでしょうか。

Q 何が波を作り出しますか。

海は絶えず動いています。船に乗ると，海の波の動きが水平線までずっと見えます。浜辺では波が砕けます。あるいは，穏やかな小さな波がただ引いたり満ちたりします。

何が海を動かし続けているのでしょうか。科学者は波に動力を供給しているのはエネルギーであることを発見しました。最も一般的なタイプの波は風によって動きます。風が水にぶつかるとエネルギーが生み出されます。このエネルギーが水の中を通る時，波が形成されるのです。

別のタイプの波は厳しい気象のエネルギーによって引き起こされます。ハリケーンなどの気象条件が，場合によっては危険な波を起こすことがあります。地震や噴火する火山によって生じる海底の地殻変動も，津波として知られる非常に（周期の）長い波を引き起こしかねません。

そして最後に，太陽と月の引力に由来するエネルギーもまた波を作り出します。その波とは潮で，周期的に満ちたり引いたりします。

123 ☐	**erupt** [ɪrʌ́pt]	自 噴火する；爆発する　他 を噴出させる，（感情など）を爆発させる
124 ☐	**volcano** [vɑːlkéɪnoʊ]	名 火山
125 ☐	**tide** [táɪd]	名 潮，潮の流れ

Words & Phrases

ℓ.1 on board a boat「船上で」on board は「～に乗って」という意味。
ℓ.3 ebb「引く」 名 引き潮，干潮
ℓ.3 flow「満ちる」 名 上げ潮
ℓ.10 disturbance「地殻変動；かく乱」
ℓ.12 gravitational pull「引力，重力」
ℓ.13 periodically「周期的に」

1100 1200 1300 1400 1500

☐ ターゲット文を言った

Quiz Chapter 1

空所にあてはまる単語を選びましょう。

【1】

Andy : Hina, how would you say *itadakimasu* in English?

Hina : Hmm... that's a (1) question. Words like *itadakimasu* and *gochisousama* are unique to Japanese culture.

Andy : They're both used to (2) the (3) of the food we eat, right?

Hina : That's right! Japanese have the notion that everyone who is a part of creating a meal deserves to be thanked.

(1) (a) bored (b) content (c) nervous (d) tough
(2) (a) acknowledge (b) improve (c) observe (d) shrink
(3) (a) property (b) seed (c) value (d) volume

【2】

Ginny : I've been reading about superstitions lately. Some people think that finding a four-leaf clover will bring them good (1). Why? It's very (2) to discover a four-leaf clover. They do occur because of genetic mutations, but not very often.

Mark : Well, these kinds of beliefs are not (3) based on facts. I'm very skeptical about them. In fact, I think they are pure nonsense.

(1) (a) degree (b) fortune (c) remedy (d) term
(2) (a) awful (b) physical (c) rare (d) severe
(3) (a) globally (b) gently (c) necessarily (d) rapidly

Answers

【1】No.1 参照

(1) (d) (2) (a) (3) (c)

【2】No.3 参照

(1) (b) (2) (c) (3) (c)

【3】

What is the most popular fruit in the world? Not surprisingly, the banana is the most consistently popular fruit in the world. According to (1), more than 100 billion bananas are (2) globally every year. But did you know that in scientific terms, the banana is (3) as a berry?

(1) (a) behaviors	(b) estimates	(c) reminders	(d) roles
(2) (a) comprehended	(b) consumed	(c) deserved	(d) observed
(3) (a) boosted	(b) classified	(c) erupted	(d) grated

【4】

If your cat's ears are pointed up, this means he or she is ready for affection and play. When the ears are lower, your cat is feeling less (1). If the ears are very close to the head, your cat is probably feeling aggressive and is warning you to back off. Another body part to (2) is the cat's tail. When the tail is (3) high, your cat is usually in a good mood. If the tail is moving back and forth rapidly, your cat may be feeling nervous or angry.

(1) (a) comfortable	(b) common	(c) odd	(d) scientific
(2) (a) affect	(b) allow	(c) notice	(d) occur
(3) (a) crashed	(b) raised	(c) recognized	(d) warned

【3】 No.4 参照

(1) (b) (2) (b) (3) (b)

【4】 No.7-2 参照

(1) (a) (2) (c) (3) (b)

10 That's all for the weather!

☑☑ 天気予報を聞く

Q What is the chance of precipitation today? (→ p.300)

Good morning. This is the 6 o'clock **weather report**.

Today in Tokyo, we can **expect a high of** 25 degrees, and **a low of** 17 degrees later in the evening. This morning will be mostly **cloudy**, with a 30 percent **chance of precipitation** until early afternoon. After the rain **clears up**, we are expecting **sunny** skies for the **rest** of the day.

Please be aware that windy conditions may continue through the rest of this week. Fortunately, **daytime** temperatures should not fall below 22 degrees. Evening temperatures will drop significantly this weekend, so we suggest keeping a jacket **handy**. **That's all for** the weather! (104 words)

126 ☐	**weather report** [wéðər rɪpɔ̀ːrt]	天気予報
127 ☐	**expect a high〔low〕of ～**	予想最高〔最低〕気温は～である
128 ☐	**cloudy** [kláʊdi]	形 曇った，曇りの；(論点などが) あいまいな
129 ☐	**chance of ～**	～の可能性，～の見込み
130 ☐	**precipitation** [prɪsìpɪtéɪʃən]	名 降水；降水量
131 ☐	**clear up**	晴れ上がる，(雨が) 上がる；(病気が) よくなる (物・場所) を片付ける；(問題など) を解決する
132 ☐	**sunny** [sʌ́ni]	形 晴天の，明るく日が照る，日当たりのよい
133 ☐	**rest** [rést]	名 残り the rest of the day（その日の残り時間）

100 200 300 400 500 600 700 800 900 1000

10　お天気は以上です！

Q 今日の降水確率はどれくらいですか。

おはようございます。6時の天気予報です。

今日の東京は，最高気温25度，夕方遅くには最低気温17度となることが予想されます。今日の午前中はおおむね曇りで，昼過ぎまで30パーセントの降水確率でしょう。雨が上がると，今日この後は，よく晴れた空が期待できるでしょう。

今週いっぱいはずっと，風の強い状況が続く可能性があることにご注意ください。幸い，日中の気温は22度を下回ることはないでしょう。今週末は夕方の気温が非常に下がりますので，上着をお持ちになることをお勧めします。お天気は以上です！

134 ☐	**Please be aware that ...**	…（that以下）にご注意〔留意〕ください be aware that ...（…であることに気づいている，…であることを認識している）
135 ☐	**windy** [wíndi]	形 風の強い
136 ☐	**daytime** [déɪtàɪm]	形 日中の　名 昼間，日中
137 ☐	**handy** [hǽndi]	形〈物が〉手元にある，すぐ手が届く；使いやすい
138 ☐	**That's all for ～**	～は以上（ここまで）です

Words & Phrases

ℓ.5 skies「(気象上の) 空模様，天候」

ℓ.7 daytime temperatures should not fall below 22 degrees「日中の気温は22度を下回ることはないでしょう」should は'推量・可能性'を表す。fall below ～ は「～を下回る」。

1100　1200　1300　1400　1500

☐ターゲット文を言った

11 Let me check it again just in case.

☑ ☑ この後の予定について確認する

Q Will Sarah and Ben drive to the beach together? (→ p.300)

Sarah: Hey, Ben! You're still **up for** the beach later, right?

Ben: Hey, Sarah. I'm **on the fence**. The weather report said there was going to be a **storm**.

Sarah: Are you sure? I watched it this morning and they seemed **assured** that it would be sunny!

Ben: Really? Maybe the information I got wasn't **up-to-date**.

Sarah: **Let me check** it again **just in case.** (pause) Yup, it's going to be sunny all afternoon.

Ben: Oh really? Well, that's a **considerable** difference from what I heard! We can go to the beach **after all**!

Sarah: Great! Are you going to drive, or should I just **follow** you?

Ben: Let's go together to **save** gas! (106 words)

139 ☐	**up for ～**	～に乗り気で，～したい気分で
140 ☐	**on the fence**	まだ態度を決めかねて，どっちつかずの態度でいる
141 ☐	**storm** [stɔ́ːrm]	名 嵐
142 ☐	**assured** [əʃúərd]	形 自信〔確信〕がある；確実な，保証された 派 **assúre** 他〈人に〉…ということを保証する
143 ☐	**up-to-date** [ʌ́ptədéit]	形 最新の
144 ☐	**let me check ～**	（ちょっと）～を調べてみます
145 ☐	**just in case**	念のため

11 念のためにもう一度調べさせてください。

Q サラとベンは一緒に車で海辺へ行くことになりますか。

サラ：ねえ，ベン！ 後で海辺に行く気はまだあるよね？

ベン：やあ，サラ。僕はまだ決めかねているんだ。天気予報で，嵐になるだろうと言っていたし。

サラ：本当？ 私は今朝予報を見たけれど，晴れると確信があるみたいだったよ！

ベン：そうなの？ もしかしたら，僕が得た情報は最新のではなかったのかもしれないな。

サラ：念のためにもう一度調べさせてね。（間）ええ，午後はずっと晴れる予定よ。

ベン：あれ，本当？ やれやれ，僕が聞いたのとはかなりの違いだな。やっぱり僕たち海辺へ行けるね！

サラ：よかった！ あなたが運転してくれるのかしら，それともただ私があなたの後からついていくほうがいい？

ベン：ガソリンを節約するために，一緒に行こうよ！

146 ☐	**considerable** [kənsídərəbl]	形 かなりの；無視できない 派 **consíderably** 副 かなり，ずいぶん
147 ☐	**after all** ★	結局；何といっても…だから
148 ☐	**follow** [fá:loυ, -lə]	他 の後についていく；に従う 自〈人などが〉後から行く〔来る〕；〈事が〉続いて起こる
149 ☐	**save** [séɪv]	他 を節約する；を救う　自 貯金する

Tips サラは "Let me check it again just in case." と伝えてから情報を調べ直し，サラが調べた情報を聞いてベンは "Well, that's a considerable difference from what I heard." と納得しています。確認し合うことですっきりと行動を選択できています。

1100　1200　1300　1400　1500

☐ ターゲット文を言った
☐ ロールプレイの練習をした

12 It's better for me mentally.

☑☑ 目標について話す

Q **Why does Asami prefer to set smaller and more realistic goals?** (→ p.300)

Mark and Asami are chatting just before winter vacation.

Mark: **Out of curiosity**, do Japanese people make New Year's **resolutions**?

Asami: Some people do. I used to, but I've decided to **skip** them this year.

Mark: Oh, why? Don't you think they're a good way to change our behavior and improve our **well-being**?

Asami: The problem is that they're not really **sustainable**. I read that the **majority** of people **give up on** their resolutions by February.

Mark: Yeah, I know not everyone **sticks to** them. But don't you think just **making an effort** is **worthwhile**?

Asami: I'd rather set smaller and more realistic goals **throughout the year**. It's better for me **mentally**, because I'm less likely to **fail**.

Mark: **I see what you mean.** Maybe the best idea is to find a balance between making resolutions and working on **continuous** improvement.

(134 words)

150 ☐	**out of curiosity**	〈文頭で〉ちょっとお聞きしたいのですが；好奇心から ※ Just out of curiosity, ... のように just を付けることもある。
151 ☐	**resolution** [rèzəlú:ʃən]	名 決意；決議　New Year's resolution（新年の決意）
152 ☐	**skip** [skíp]	他 を省く；をやめておく　自 スキップする
153 ☐	**well-being** [wèlbí:iŋ]	名 幸福（な状態），健康（な状態）
154 ☐	**sustainable** [səstéɪnəbl]	形 持続できる
155 ☐	**majority**★ [mədʒɔ́:rəti]	名 大多数；過半数　反 minority
156 ☐	**give up on 〜**	〜をあきらめる，〜に見切りをつける

12 私には精神的にそのほうがいいのです。

Q なぜアサミは，より小さく，より現実的な目標を設定するほうを好むのでしょうか。

マークとアサミは冬期休暇の直前におしゃべりをしています。

マーク：ちょっと聞いてみたかったのだけど，日本の人たちは新年の決意をするの？

アサミ：する人もいるよ。私は以前はしていたけれど，今年はやめておくことにしたの。

マーク：へえ，どうして？ 新年の決意って自分たちの行動を変えて，幸福感を高めるのにいい方法だと思わない？

アサミ：問題は，その決意があまり持続できるわけではない，ということね。大多数の人は２月までに自分たちの決意をあきらめる，と何かで読んだよ。

マーク：そうだね，誰もが決意を貫き通すわけではないのはわかっているよ。だけど，努力をするだけでも価値があると思わない？

アサミ：私はむしろ，１年を通してもっと小さくてもっと現実的な目標を設定するほうがいいな。私には精神的にそのほうがいいんだ，だって失敗しそうにないから。

マーク：君の言いたいことはわかるよ。たぶん一番いい考え方は，決意をすることと絶え間ない改善に取り組むことの，バランスを見いだすことだろうね。

157 ☐	**stick to ～**	～を最後までやり遂げる；～に固執する
158 ☐	**make an effort**	努力する，頑張る
159 ☐	**worthwhile** [wə́ːrθwáɪl]	形 価値がある，むだではない
160 ☐	**throughout the year**	１年を通して，１年中
161 ☐	**mentally** [méntli]	副 精神的に 反 **physically** 派 **méntal** 形 精神の
162 ☐	**fail** [féɪl]	自 失敗する 派 **fáilure** 名 失敗
163 ☐	**I see what you mean.**	あなたが言いたいことはよくわかります。
164 ☐	**continuous** [kəntínjuəs]	形 絶え間ない，連続した

1100 1200 1300 1400 1500

☐ターゲット文を言った
☐ロールプレイの練習をした

13 Have a nice trip!

☑☑ 外国人に声をかけられて，手助けをする

Q Who should Adam ask if a reserved seat costs more? (→ p.300)

Emi is helping a tourist at the train station.

Adam: Excuse me, do you speak English?

Emi: Yes, I do. Can I help you with something?

Adam: Yes, please. I'm a little lost. I need to **transfer** to a bullet train to go to Osaka. Can I buy a ticket on the platform?

Emi: **Unfortunately**, no. You can get a ticket at a **ticket counter**. Should I take you there?

Adam: Thank you. **That would be great.**

Emi: **Here we are.** Tell the staff that you want a ticket for the Nozomi train to Osaka.

Adam: OK. No-zo-mi.

Emi: Yes, and it can be crowded at this time of day, so **you might want to** get a **reserved seat**.

Adam: Is it expensive?

Emi: I think it's about 1,000 yen more than a **non-reserved seat**, but I'm not really sure. Please ask them.

Adam: OK. Thank you for your help!

Emi: Oh, **be sure to** buy something to eat before you get on the train. It takes more than two hours. Have a nice trip!

Adam: I'm sure I will. Thank you! (169 words)

165 ☐	**transfer** ★ [trænsfə́ːr, ⌐–]	自 乗り換える；転任する；移る 他 を転任させる；を移す
166 ☐	**unfortunately** [ʌnfɔ́ːrtʃənətli]	副 残念ながら，不運にも 反 **fortunately** 派 **unfórtunate** 形 不運な
167 ☐	**ticket counter** [tíkət kàuntər]	切符売り場
168 ☐	**That would be great.**	そうしてもらえるとありがたい。，それはいいね。 ※ would を使うことで「そうしてくれたら，そうなったら」という仮定のニュアンスを出している。
169 ☐	**Here we are.**	さあ，着きました。

13 楽しい旅を！

Q 指定席にもっと費用がかかるかどうか，アダムは誰に聞けばよいですか。

エミは鉄道の駅で旅行者の手助けをしています。

アダム：すみません，あなたは英語を話しますか。
エミ：ええ，話しますよ。何かお手伝いしましょうか。
アダム：ええ，お願いします。ちょっと迷ってしまって。大阪へ行くのに新幹線に乗り換える必要があるのです。プラットホームで切符を買うことはできますか。
エミ：残念ながら，買えません。切符は切符売り場で買えますよ。そこへお連れしましょうか。
アダム：ありがとうございます。そうしてもらえるとありがたいです。
エミ：さあ，着きました。大阪行きの「のぞみ」号の切符が欲しいと係員に言ってください。
アダム：わかりました。の，ぞ，み，ですね。
エミ：そうです，それからこの時間帯だと混雑することもあるので，指定席を買ったほうがいいかもしれません。
アダム：それは高いですか。
エミ：自由席よりも 1,000 円くらい高いと思いますが，はっきりとはわかりません。係員に聞いてください。
アダム：わかりました。助けていただいてありがとうございます！
エミ：ああ，新幹線に乗車する前に，必ず何か食べるものを買ってください。2 時間以上かかりますからね。楽しい旅を！
アダム：きっとそうします。ありがとうございました！

170	**you might want to ...**	…したほうがいいかもしれません **※相手の自主性を尊重した提案や依頼をする際に用いる。**
171	**reserved seat** [rɪzə́ːrvd síːt]	指定席，予約席
172	**non-reserved seat** [nàːnrɪzə́ːrvd síːt]	自由席
173	**Be sure to ...**	必ず〔忘れずに〕…してください

Tips はっきりとわからない時は，断言しないで “but I'm not really sure” と添えたほうが相手に親切です。

1100 1200 1300 1400 1500

☐ ターゲット文を言った
☐ ロールプレイの練習をした

14 They're even cheaper than wholesale.

☑☑ 買い物に行こうと説得する

Q Are outlet malls' regular prices equivalent to sale prices at retail shops?

(→ p.300)

Courtney: Can we go shopping today? I really want to get some designer jeans.

Mom: Why do you want to **waste** money? Just so you can be **trendy**?

Courtney: What do you mean? The **quality** is much better than **ordinary** jeans. **Besides**, all my friends will **envy** me!

Mom: Well, **I'm afraid** we just can't **afford** them **right now**.

Courtney: **How about if** we go to the outlet mall**?** Their regular prices are **equivalent to** sale prices at **retail** shops. And their sale prices are really a **bargain**. They're even cheaper than **wholesale**.

Mom: Well, that sounds reasonably **economical**. I guess I could **agree** to that.

(100 words)

174 ☐	**waste** [wéɪst]	他 を浪費する 名 廃棄物；浪費
175 ☐	**trendy** [tréndi]	形 最新流行の
176 ☐	**quality** [kwɑ́:ləti]	名 質；特性
177 ☐	**ordinary** [ɔ́:rdənèri]	形 普通の 名 普通の状態
178 ☐	**besides** [bɪsáɪdz]	副 さらに，その上 前 ～に加えて
179 ☐	**envy** [énvi]	他 をうらやむ 名 羨望 類 jealousy
180 ☐	**I'm afraid ...**	残念ながら…のようだ ※相手にとってよくないことを言う時の前置きの表現。
181 ☐	**afford** [əfɔ́:rd]	他 (物) を買う〔持つ〕(経済的・時間的) 余裕がある ※通例否定文・疑問文で can, could, be able to を伴う。
182 ☐	**right now**	ちょうど今，ただ今は

14 それらは卸売り店よりもさらに安いです。

Q アウトレットモールの通常価格は，小売店のセール価格と同等ですか。

コートニー：今日，買い物に行ける？ 私，どうしてもブランドもののジーンズを何本か買いたいのよ。

ママ：どうしてお金をむだにしたがるの？ そうすれば流行の最先端を行けるから？

コートニー：どういう意味よ。品質は普通のジーンズよりずっといいんだから。それに，友達がみんな私をうらやましがるだろうし！

ママ：へえ，悪いけど，今のところそういうものを買う余裕は私たちにないわ。

コートニー：アウトレットモールに行くっていうのはどう？ あそこの通常価格は，小売店のセール価格と同等なのよ。だからそこのセール価格は，本当にお買い得ってわけ。卸売り店よりさらに安いんだから。

ママ：そう，それならかなり経済的なようね。その案には賛成できそうよ。

183 ☐	**How about if ...?**	…しませんか。，…したらどうですか。 ※提案する時に使う表現。
184 ☐	**equivalent to 〜**	〜と同等である，〜に相当する
185 ☐	**retail**★ [ríːtèɪl]	形 小売りの　名 小売り
186 ☐	**bargain** [bɑ́ːrgən]	名 安い買い物，特価品　自 商談〔交渉〕をする
187 ☐	**wholesale** [hóʊlsèɪl]	名 卸売り　形 卸の　副 卸で
188 ☐	**economical** [èkənɑ́ːmɪkl]	形 経済的な，節約になる　economical person（倹約家） 派 **ecónomy**　名 経済
189 ☐	**agree** [əgríː]	自 合意する　他 に同意する 派 **agréement**　名 取り決め

Words & Phrases

ℓ.1 designer jeans「ブランドもののジーンズ」

ℓ.3 Just so you can be trendy?「そうすれば流行の先端を行けるから？」前の文を受けて，「お金をむだにして流行の最先端を行きたいの？」と批判的に尋ねている。

1100 – 1200 – 1300 – 1400 – 1500

☐ ターゲット文を言った
☐ ロールプレイの練習をした

15 Can you show me something suitable?

☑☑ 買い物の交渉をする

Q How old is the car they are talking about? (→ p.300)

Man: I need to buy another car. Mine is in **terrible condition**, and it isn't going to **last** much longer. Can you show me something suitable?

Salesperson: Sure. How about this one? This **particular automobile** is only four years old, and is still **in** amazingly great **shape**. It has a lot of great features that you would like.

Man: It's very nice, but how much does it **cost**?

Salesperson: I could sell it to you for only $9,000.

Man: $9,000? Oh no, that **figure** is a little too high for me. Is there any way I could **negotiate** a better deal with you if I **pay in cash**?

Salesperson: Well, perhaps I could talk to my boss to see if we could **work something out**. (119 words)

190 ☐	**terrible** [térəbl]	形 ひどい，恐ろしい 派 **térribly** 副 ひどく，恐ろしく
191 ☐	**condition** [kəndíʃən]	名 状態，状況 類 **situation**；条件 192 ☐ **on (the) condition (that) ...** …という条件で 派 **condítional** 形 条件つきの
193 ☐	**last**★ [lǽst]	自 耐える，続く 派 **lásting** 形 永続する
194 ☐	**particular** [pərtíkjələr, pə-]	特定の；特別の this particular ～（他にもあるのに）特にこの～
195 ☐	**automobile**★ [ɔ̀:təmoubí:l, ˊ−−ˋ]	名 自動車
196 ☐	**in ～ shape**	～の状態で ※この shape は condition と同じ意味で，「〈修飾語を伴って〉状態，調子，体調」の意味。
197 ☐	**cost** [kɔ́:st]	他（金額・労力・時間など）がかかる 名 費用 198 ☐ **at no cost** 費用をかけずに 199 ☐ **at all costs / at any cost** どんな犠牲を払っても 派 **cóstly** 形 値段の高い

15　何か適当なものを見せてくれませんか。

Q 彼らが話している車は何年前のものですか。

男性：もう 1 台車を買わなくてはならないんです。今乗っている車はひどい状態なので，そう長くはもたなそうです。何か適当なものを見せてくれませんか。

販売員：もちろんです。こちらの車はいかがでしょうか。この車に限ってはまだほんの 4 年落ちですし，今でも驚くほど良好な状態です。気に入っていただけると思われる素晴らしい機能がたくさんついています。

男性：すごくいいですね。でもいくらかかりますか。

販売員：わずか 9,000 ドルでご提供できます。

男性：9,000 ドルですか。ああ, だめですね。その価格は私にはちょっと高すぎます。もし現金で支払えば，よりよい契約を取り決めることができますか。

販売員：そうですね，もしかしたら何とかできないか上司に相談できるかもしれません。

200 ☐	**figure** [fígjər]	名 価格，数字；図形　他 を計算する 201 ☐ **figure out ～**　～とわかる
202 ☐	**negotiate** [nəgóuʃièɪt]	他（～と交渉して）を取り決める〈with〉 自（人と）交渉する〈with〉
203 ☐	**pay in cash**	現金で支払う
204 ☐	**work something out**	何とか解決策を見出す

Words & Phrases

ℓ.1 Mine is in terrible condition　Mine は my car の意味。in ~ condition で「～の状態にある」ということ。

ℓ.8 sell ~ for ...（金額）「～を…で売る」

ℓ.9 Is there any way I could ...?　way の後に that が省略されている。

1100　1200　1300　1400　1500

☐ ターゲット文を言った
☐ ロールプレイの練習をした

16 Come early and beat the crowd.

☑ ☑ 店内放送を聞く

Q **What time does the shop offer "early bird" specials?** (→ p.300)

Attention shoppers:

Welcome to "March Madness," our biggest sale of the year! We offer "Early Bird" specials every morning from 9-11, so come early and **beat the crowd**! For tomorrow's "Early Bird" special, all **electronic** goods and **household appliances** will be 20 percent off the marked price. Remember, if we **run out of** any advertised item, you can always request a **rain check**.

We want to **remind** shoppers that we can **no longer** give cash **refunds** without a receipt. We will be glad to exchange any item for one of **equal** value, or provide credit towards a future purchase.

For your information, smoking is now **banned** throughout the building, **including** the store restaurant. Please **refrain from** smoking inside.

(118 words)

205 ☐	**beat the crowd**	人でいっぱいになる前に（店などに）行く 206 ☐ **crówd** 名 人ごみ；観客 自 群がる 他 に群がる 派 **crówded** 形 混雑した
207 ☐	**electronic** ★ [ɪlèktrɑ́ːnɪk, ìːlek-]	形 電子の，電子工学の
208 ☐	**household** [háʊshòʊld]	形 家の，家事の household expenses（家計費）
209 ☐	**appliance** ★ [əpláɪəns]	名 電気器具，装置
210 ☐	**run out of ～**	～を切らす
211 ☐	**rain check**	後日購入券；雨天順延券 I'll take a rain check.（また今度にします。）
212 ☐	**remind** [rɪmáɪnd]	他 に思い出させる，に注意する 213 ☐ **remind ～ of ...** ～に…を思い出させる
214 ☐	**no longer ...**	もはや…ではない
215 ☐	**refund** ★ 名 [ríːfʌnd] 動 [rɪfʌ́nd]	名 返金，払い戻し 他 を払い戻す

16 早めに来て混雑を避けよう。

Q その店は何時に「早朝」割引を提供していますか。

ご来店中のお客様にご案内申し上げます。

当店今年一番の大セール,「マーチ・マッドネス」へようこそお越しくださいました！ 当店は毎日午前 9 時から 11 時の間,「早朝」割引をご提供しております。人ごみを避けるためにもお早めにお越しください！ 明日の「早朝」割引といたしましては，すべての電化製品と家庭用電気器具を表示価格から 20 パーセント割引きいたします。欠品している広告の品がございましたら，いつでも後日購入券をご請求いただけます。

お客様にご案内申し上げます。当店ではレシートがない場合,現金による返金は現在行っておりません。どの商品でも喜んで，等価格の品と引き換えさせていただくか，その金額を今後のお買い物の支払いに充当させていただきます。

ご参考までに，現在，店内レストランを含め，全館禁煙となっております。店内での喫煙はご遠慮くださいますようお願い申し上げます。

216 ☐	**equal** [í:kwəl]	形 等しい equal in height（高さが同じ） 類 equivalent
217 ☐	**for your information**	ご参考までに ※略語で FYI。
218 ☐	**ban** [bǽn]	他 を禁止する 類 prohibit, forbid
219 ☐	**including** [ɪnklú:dɪŋ]	前 ～を含めて
220 ☐	**refrain from ...ing**	…するのをやめる

Words & Phrases

ℓ.2 March Madness「3 月の狂乱」毎年 3 月に米国の大学バスケットボールの決勝リーグが行われ，人々が熱狂することから生まれた表現。ここではこの時期に行われるセールを指す。

ℓ.3 early bird「早起きの人」

17 Welcome to our Midnight Madness Sale.

☑☑ 店内放送を聞く

Q When are the bargain prices in effect? (→ p.300)

Good evening, shoppers! Welcome to our Midnight Madness Sale. For those of you **seeking** good bargains, we have a **huge selection** of products that have been **marked down** significantly. These sales prices are **in effect** today only from 6 p.m. to midnight. So **hurry up** and get these great deals while they last.

In our home goods **department**, we have **slashed** the prices on most kitchen appliances. Toasters and electric blenders are being offered at 50 percent off, **to name a few**. Free dish towels and matching pot holders are being **given away** to the first 50 people who make kitchen purchases.

In our **clothing** department, you will find popular styles by **leading** designers **on sale** tonight only — all for unbelievably low prices. These prices are **by far** the best you will find this year! (135 words)

221 ☐	**seek**★ [síːk]	他 を探し求める (to try to find or get sth)
222 ☐	**huge** [hjúːdʒ]	形 莫大な；巨大な
223 ☐	**selection** [səlékʃən]	名 品揃え 派 **seléct** 他 を選ぶ
224 ☐	**mark down ～**	～を値下げする
225 ☐	**in effect**	有効で，効力のある
226 ☐	**hurry up**	急ぐ
227 ☐	**department**★ [dɪpáːrtmənt]	名 (百貨店の) 売り場；部門

17 当店のミッドナイト・マッドネス・セールへようこそ。

Q 割引価格はいつ有効ですか。

お買い物中のお客様，こんばんは！ 当店のミッドナイト・マッドネス・セールへようこそ。お買い得品をお探しのお客様のために，大幅に値下げした商品を，豊富な品揃えでご用意しております。この販売価格は，本日の午後6時から夜12時までのみ有効です。ですから，お買い得品があるうちに急いでお求めください。

家庭用品売り場におきまして，ほとんどの台所器具の値段を大幅に引き下げております。いくつか例を挙げますと，トースターと電動ミキサーは，50パーセント引きでご提供中です。台所用品をお買い上げの方先着50名様に，ふきんとおそろいの鍋つかみを無料で差し上げております。

衣料品売り場におきましては，一流のデザイナーによる流行のスタイルを今夜のみ特価にて販売中です。すべての商品が，信じられないほどの低価格となっております。この価格は断然，今年最も得な価格です！

228 ☐	**slash** [slǽʃ]	他（価格など）を大幅に切り下げる 自 切りつける 名 切り傷
229 ☐	**to name a few**	いくつか例を挙げると ※いくつか例を挙げた後に用いる。
230 ☐	**give away ～**	～をただであげる；（賞品など）を配る
231 ☐	**clothing** [klóuðiŋ]	名 衣類，衣服 food, clothing, and shelter（衣食住）
232 ☐	**leading** [líːdiŋ]	形 一流の
233 ☐	**on sale**	特価で，セールで
234 ☐	**by far**	はるかに，とても ※比較級・最上級を強めるのに使われる。

1100 1200 1300 1400 1500

☐ ターゲット文を言った

18 It was well worth it.

☑ ☑ 片付けについてのブログを読む

Q **What was the first downsizing tip given by Donna?** (→ p.300)

Donna's Blog on Downsizing Tips

Do you have too much **clutter** in your home? Is it hard to find things when you need them? Over the years, the items my family possessed just kept increasing. So, as "Mom-in-charge," I made an important **decision**. It was time to **downsize** our **belongings** to get back **in control of** our lives. This took time and **patience**, but I did it. **In the end**, it was well **worth** it.

I'd like to share what I learned with you. My first tip is: **Take it slow**. Do one room, one closet, or one drawer **at a time**. It took you time to **acquire** these things. So, it's going to **take time to get rid of** them, too. Tomorrow I'll explain the four-box method that I used to **sort through** things.

Please post any **comments** below. (140 words)

235 ☐	**clutter** [klʌ́tər]	[名] 散らかった物，がらくたの山 [他]（場所）を散らかす
236 ☐	**decision** ★ [dɪsíʒən]	[名] 決断，決定 [派] **decíde** [他] と決める [類] **determine, conclude**
237 ☐	**downsize** [dáʊnsàɪz]	[他] の数〔量〕を削減する；を小型化する
238 ☐	**belonging** ★ [bəlɔ́ːŋɪŋ]	[名]〈複数形で〉所持品，身の回り品；〈単数形で〉所属，帰属意識
239 ☐	**in control of 〜**	〜を管理〔支配〕して，自在に操って
240 ☐	**patience** [péɪʃəns]	[名] 忍耐（力），我慢 [派] **pátient** [形] 忍耐強い
241 ☐	**in the end**	最終的に，結局
242 ☐	**worth** ★ [wə́ːrθ]	[形] 〜の価値があって [名] 価値 243 ☐ **be worth ...ing** …する価値がある
244 ☐	**take it slow**	ゆっくりやる，のんびりやる

100 — 200 — 300 — 400 — 500 — 600 — 700 — 800 — 900 — 1000

18 そうする価値が十分にありました。

Q ドナが教えた，物を減らす最初のヒントは何でしたか。

ドナのブログ―物を減らすこつについて

あなたの家には余計ながらくたの山がありますか。物が必要なときに，探すのは大変ですか。長い年月を経て，私の家族が所有する物は，ひたすら増え続けました。そこで，「担当ママ」として，私は重要な決断をしました。自分たちの生活を管理している状態に戻すため，持ち物を減らす時が来たのです。これには時間がかかり，忍耐も必要でしたが，私はやり遂げました。最終的に，そうする価値が十分にあったのです。

私は自分が学んだことを，皆さんに伝えたいと思います。私の最初のこつは：ゆっくり進めましょう，です。一度に一部屋か，クローゼット１つ，あるいは引き出し１つずつやりましょう。これらの物をあなたが手に入れるのには，時間がかかったのです。ですから，それらを処分するのにも時間がかかるでしょう。明日は，物を分類するのに私が利用した，４箱方式について説明するつもりです。

どんなご意見でも，下記にご投稿ください。

245 ☐	**at a time**	一度に
246 ☐	**acquire**★ [əkwáɪər]	他 を手に入れる；を習得する 派 **acquisítion** 名 獲得，習得
247 ☐	**take time to ...**	…するのに時間がかかる
248 ☐	**get rid of ～**	（不要なもの）を捨てる；～を取り除く
249 ☐	**sort through ～**	（整理したり探すために）～を分類する，～をかきわけて調べる (look for sth among a number of things in order to put them in order)
250 ☐	**comment** [ká:ment]	名 意見，批評　自 意見を述べる，批評する 他 を批評する

Words & Phrases

ℓ.3 over the years「長年にわたって，年月を経るにつれて」
ℓ.4 in-charge「～を任されて，～を担当して」

1100 1200 1300 1400 1500

□ターゲット文を言った

19 Let me know how it goes.

☑☑ 老後の備えについて話す

Q What has Jim been thinking about lately? (→ p.300)

Two employees are taking a break together.

Jim: I've been thinking a lot lately.① I may not be doing enough to **ensure financial** security upon **retirement**.

Bob: That's something that cannot be **ignored**.② What do you do now for **savings**?

Jim: Well, my wife and I have a **monthly budget** for **daily living expenses**. We also have an **emergency fund** that we make automatic contributions to. And of course, I've already **invested** in our company's **retirement account**.

Bob: You're actually pretty well **prepared**! If you still have **concerns** though, a financial advisor could suggest some low-risk **investments** to **gradually** grow your retirement savings **over time**.

Jim: Good idea! I'll try to find someone.

Bob: Well, **let me know how it goes.**③ (115 words)

251 ☐	**ensure**★ [ɪnʃúər, en-, -ʃɔ́ːr]	他 を確実にする，を保証する
252 ☐	**financial**★ [fənǽnʃəl, faɪ-]	形 財政上の，金融の，金銭的な 派 **fínance** 名 財政，財務
253 ☐	**retirement** [rɪtáɪərmənt, rə-]	名 退職，引退 派 **retíre** 自 退職する，引退する
254 ☐	**ignore** [ɪgnɔ́ːr]	他 を無視する 類 **neglect**
255 ☐	**savings** [séɪvɪŋz]	名 貯金，積み立て 派 **sáve** 他 を貯める save money（貯金する）
256 ☐	**monthly** [mʌ́nθli]	形 月1回の，毎月の
257 ☐	**budget**★ [bʌ́dʒət]	名 予算

19 どうなったか私に教えてください。

Q 最近ジムは何を考えていますか。

2 人の従業員が一緒に休憩しています。

ジム：近頃あれこれ考えているんだよ。退職にあたり経済的な安定を確保するために，十分なことをやっていないのかもしれない，とね。

ボブ：それは無視できないことだね。今現在，貯金のために何をしているの？

ジム：いやまあ，妻と僕には毎日の生活費のために月々の予算があるよ。非常時の資金もあって，そこに自動的に積み立てているんだ。それから当然だけど，すでにうちの会社の退職金口座に投資してきたしね。

ボブ：君は実際，結構ちゃんと準備ができているじゃないか！ それでもまだ心配があるというなら，ファイナンシャルアドバイザーが，時間をかけて君の退職後の蓄えを徐々に増やすために，何かリスクの低い投資を提案してくれるんじゃないかな。

ジム：いい考えだね！ 誰か探してみることにしよう。

ボブ：そうだな，その後どうなったか僕に教えてね。

258 ☐	**daily living expenses** [déɪli lívɪŋ ɪkspénsɪz]	日々の生活費　※略語は DLE。
259 ☐	**emergency fund** [ɪmə́ːrdʒənsi fʌ́nd]	非常時の資金〔基金〕 260 ☐ **emérgency** 名 緊急〔非常〕事態 emergency hospital（救急病院）
261 ☐	**invest** [ɪnvést]	自 投資する　他 を投資する
262 ☐	**retirement account** [rɪtáɪərmənt əkàunt]	退職金口座
263 ☐	**prepared** [prɪpéərd]	形 準備ができて
264 ☐	**concern** [kənsə́ːrn]	名 心配；関心　他 に関係する
265 ☐	**investment** [ɪnvéstmənt]	名 投資

1100　1200　1300　1400　1500

☐ ターゲット文を言った
☐ ロールプレイの練習をした

266 ☐	**gradually** [grǽdʒuəli]	副 徐々に，次第に 派 **grádual** 形 段階的な，ゆるやかな
267 ☐	**over time**	時間をかけて，時とともに
268 ☐	**Let me know how it goes.**	その後どうなったか教えてください。

Words & Phrases

ℓ.7 an emergency fund that we make automatic contributions to　that 以下が an emergency fund を修飾している。make automatic contributions to ~ は「~に自動的に積み立てる，自動拠出する」ということ。

ℓ.11 a financial advisor could suggest ...　この could は過去ではなく近い未来の可能性を表している。「確かではないけれど…かもしれない」というニュアンス。

ℓ.12 savings「貯金，蓄え」

Tips ジムとボブは気持ちや関心を次のように表現しています。

①ジムは "I've been thinking a lot lately." と，自分にとって重要な問題だということを伝えています，これにより，ボブの聞く態度が変わる可能性があります。

②ボブは "That's something that cannot be ignored." という表現で，ジムの話が重要だと受け止めていることを伝えています。

③最後にボブは "Well, let me know how it goes." と言って，話の続きに関心があることを伝えて話を締めくくっています。

MEMO

Quiz Chapter 2

空所にあてはまる単語を選びましょう。

【1】

Mark : Oh, why? Don't you think they're a good way to change our behavior and improve our (1)?

Asami : The problem is that they're not really (2). I read that the majority of people give up on their resolutions by February.

Mark : Yeah, I know not everyone sticks to them. But don't you think just making an effort is (3)?

Asami : I'd rather set smaller and more realistic goals throughout the year. It's better for me mentally, because I'm less likely to fail.

(1) (a) precipitation	(b) rest	(c) selection	(d) well-being
(2) (a) continuous	(b) daytime	(c) handy	(d) sustainable
(3) (a) equal	(b) household	(c) leading	(d) worthwhile

【2】

Courtney : What do you mean? The quality is much better than ordinary jeans. Besides, all my friends will (1) me!

Mom : Well, I'm afraid we just can't afford them right now.

Courtney : How about if we go to the outlet mall? Their regular prices are equivalent to sale prices at (2) shops. And their sale prices are really a bargain. They're even cheaper than wholesale.

Mom : Well, that sounds reasonably (3). I guess I could agree to that.

(1) (a) envy	(b) save	(c) transfer	(d) waste
(2) (a) appliance	(b) figure	(c) refund	(d) retail
(3) (a) considerable	(b) economical	(c) huge	(d) up-to-date

Answers

【1】No.12 参照

(1) (d) (2) (d) (3) (d)

【2】No.14 参照

(1) (a) (2) (d) (3) (b)

【3】

Do you have too much (1) in your home? Is it hard to find things when you need them? Over the years, the items my family possessed just kept increasing. So, as "Mom-in-charge," I made an important decision. It was time to downsize our (2) to get back in control of our lives. This took time and patience, but I did it. In the end, it was well (3) it.

(1) (a) budget	(b) clutter	(c) precipitation	(d) retirement
(2) (a) belongings	(b) concerns	(c) investments	(d) savings
(3) (a) assured	(b) ordinary	(c) terrible	(d) worth

【4】

Jim : Well, my wife and I have a monthly (1) for daily living expenses. We also have an emergency fund that we make automatic contributions to. And of course, I've already (2) in our company's retirement account.

Bob : You're actually pretty well prepared! If you still have concerns though, a financial advisor could suggest some low-risk investments to (3) grow your retirement savings over time.

(1) (a) automobile	(b) budget	(c) condition	(d) refund
(2) (a) downsized	(b) invested	(c) negotiated	(d) skipped
(3) (a) besides	(b) gradually	(c) mentally	(d) unfortunately

【3】 No.18 参照

(1) (b) (2) (a) (3) (d)

【4】 No.19 参照

(1) (b) (2) (b) (3) (b)

20 What characteristic do you admire most in a person?

☑☑ インタビューに答える

Q Does Norma Martinez admire showing compassion for others most? (→ p.300)

People on the street were asked the following **survey** question: "What characteristic do you **admire** most in a person?" Here are some of the answers received.

Norma Martinez, **psychologist**:
"I think it's showing **compassion** for others. When I listen to other people's problems, I **realize** how much people want others to understand their feelings."

Paul Robinson, **office administrator**:
"I would say **diligence** and hard work. A person who is **industrious** can **accomplish** so much at the office."

Mel Smith, parking **attendant**:
"I like a person who has **optimism** and looks on the bright side of things. When I'm parking cars, I don't want to hear customers **complain** too much."

(109 words)

269 ☐	**survey** 名 [sə́ːrveɪ] 動 [sərvéɪ]	名 調査 under survey（調査中） 他 を調査する
270 ☐	**admire** [ədmáɪər]	他 に感心する，を称賛する（to respect and like sb） 派 **admirátion** 名 感嘆
271 ☐	**psychologist** [saɪkɑ́ːlədʒɪst]	名 心理学者 派 **psychólogy** 名 心理学 派 **psychológically** 副 心理的に
272 ☐	**compassion** [kəmpǽʃən]	名 思いやり，同情 派 **compássionate** 形 思いやりのある
273 ☐	**realize** [ríːəlàɪz]	他 がよくわかる，をはっきり理解する 派 **realizátion** 名 認識
274 ☐	**office administrator**	秘書
275 ☐	**diligence** [dílɪdʒəns]	名 勤勉（さ） 派 **díligent** 形 勤勉な 派 **díligently** 副 勤勉に

20 あなたは人のどのような資質に最も感心しますか。

Q ノーマ・マルティネスは他人に思いやりを示すことを最も称賛していますか。

道行く人々に調査のため次の質問をした。「あなたは人のどのような資質に最も感心しますか。」回答の一部を以下に紹介する。

ノーマ・マルティネス，心理学者：
「人に思いやりを示すことだと思うわ。他の人の悩みを聞くと，人々がどれだけ自分の気持ちを他人に理解してもらいたがっているかがよくわかるのよ。」

ポール・ロビンソン，秘書：
「勤勉さと仕事熱心なことでしょうね。よく働く人は仕事で多くのことを成し遂げられますからね。」

メル・スミス，駐車場係員：
「楽観的な考えを持っていて，ものごとの明るい面を見る人が好きだな。車を駐車している時，お客さんが文句を言うのはあまり聞きたくないよ。」

276 ☐	**industrious** [ɪndʌ́striəs]	形 勤勉な 類 **diligent, hardworking** ※ industrial（産業の）と意味が違うので注意する。
277 ☐	**accomplish** [əkɑ́ːmplɪʃ]	他 を成し遂げる 派 **accómplishment** 名 成果
278 ☐	**attendant** [əténdənt]	名 係員；接客係 派 **atténdance** 名 出席者数
279 ☐	**optimism** [ɑ́ːptəmìzm]	名 楽天〔楽観〕主義 反 **pessimism** 派 **óptimist** 名 楽天主義者 反 **pessimist** 派 **optimístic** 形 楽観主義の 反 **pessimistic**
280 ☐	**complain** [kəmpléɪn]	自 不平を言う 他 と不平を言う 派 **compláint** 名 不平

21 What is your dream job?

☑☑ インタビューに答える

Q What does Judy want to be? (→ p.300)

Some elementary school children were asked this question: “What is your dream job?” Here are some of their answers.

Tom: I want to **invent** something special that makes life better for people. My invention will change the world.

Judy: I want to be the **chief** of police. That way I can **arrest** all the bad guys who try to **harm** others.

Michael: I want to be an **entertainer** who is the main attraction of the night at Carnegie Hall. People will love me.

Daniel: I want to be a **novelist** who writes all kinds of stories — exciting ones that keep you on the edge of your seat and sad ones that make you **weep**.

Sarah: I want to be a **defense attorney** just like my mother. I would help **innocent** people who need **justice** in this world. (132 words)

281 ☐	**invent** [ɪnvént]	他 を発明する 派 **invéntion** 名 発明（品） Necessity is the mother of invention.（必要は発明の母）
282 ☐	**chief** [tʃíːf]	名 長，責任者
283 ☐	**arrest** [ərést]	他 を逮捕する 名 逮捕 arrest a suspect（容疑者を逮捕する）
284 ☐	**harm** [hάːrm]	他 を傷つける（to cause injury or damage） 類 hurt, injure, damage 名 害，損害 類 damage, hurt 反 benefit 285 ☐ **do harm to ～** ～に害を及ぼす 派 **hármful** 形 有害な 派 **hármless** 形 害のない
286 ☐	**entertainer** [èntərtéɪnər]	名 エンターテイナー，芸能人 派 **entertáin** 他 をもてなす，を楽しませる 派 **entertáining** 形 おもしろい 派 **entertáinment** 名 娯楽

21 あなたの理想の仕事は何ですか。

Q ジュディは何になりたいですか。

小学校の児童数名に次のような質問をしました。「あなたの理想の仕事は何ですか？」児童たちの答えをいくつか紹介します。

トム：僕は人々の生活をもっとよいものにするような，何か特別なものを発明したいんだ。僕の発明が世界を変えるのさ。

ジュディ：私は警察署長になりたいな。そうすれば人を傷つけようとする悪い人たちをみんな逮捕できるもんね。

マイケル：僕はエンターテイナーになって，カーネギー・ホールでの夜の部の最大の呼び物になりたいんだ。人気者になるよ。

ダニエル：僕は小説家になって，いろいろな物語を書きたいな。興奮のあまり身を乗り出させるようなスリルのある話とか，泣いてしまうような悲しいお話とかね。

サラ：私はうちのお母さんのような被告側弁護士になりたいの。世の中で正義を必要としている無実の人たちを助けてあげるの。

287 ☐	**novelist** [nɑ́:vəlɪst]	名 小説家 派 **nóvel** 名 小説
288 ☐	**weep** [wí:p]	自 涙を流す 類 **cry, sob** weep for〔with〕joy（うれしさに泣く）
289 ☐	**defense** [dɪféns]	名（被告側の）弁護；守備 派 **defénd** 他 を守る，を擁護する
290 ☐	**attorney** [ətə́:rni]	名 弁護士 類 **lawyer**
291 ☐	**innocent** [ínəsənt]	形 無実の；無邪気な 派 **ínnocence** 名 無実；無邪気
292 ☐	**justice** [dʒʌ́stɪs]	名 正義 反 **injustice** bring ～ to justice（～を裁判にかける）

22 Who is your ideal partner?

☑☑ 理想のパートナーについて話す

Q Have Judy and Mary found their ideal partners yet? (→ p.300)

Judy: So, who is your ideal partner?

Mary: Well… I guess he should be good-looking and extremely funny.

Judy: Yes, being able to laugh together is definitely important.

Mary: Also, he needs to **be capable of** hav**ing** a conversation. I want him to be a good listener, too.

Judy: Totally. It's not **attractive** if he just talks about himself. I find that so **arrogant** and **annoying**.

Mary: **I agree.** Being **talkative** is certainly an **advantage**, but he shouldn't **monopolize** the conversation.

Judy: I'd like him to be able to **get along with** my friends, too. If they **approve of** him, it's a **sign** that I picked a good one!

Mary: Very true! I guess we should start looking for our ideal partners, then.

(115 words)

293 ☐	**be capable of ...ing**	…することができる 294 ☐ **capable** 形 有能な capable mechanic（有能な技師） 派 **capability** 名 能力，才能 295 ☐ **beyond one's capability** ～の能力を超えて
296 ☐	**attractive** [ətrǽktɪv]	形 魅力的な 類 charming 派 **attráct** 他 を引きつける，を魅了する 反 distract 派 **attráction** 名 引きつけること
297 ☐	**arrogant** [ǽrəgənt]	形 傲慢な，横柄な 派 **árrogance** 名 傲慢，横柄
298 ☐	**annoying** [ənɔ́ɪɪŋ]	形 いら立たせるような；迷惑な annoying habit（人をいらいらさせる癖）
299 ☐	**I agree.**	同感です。
300 ☐	**talkative** [tɔ́ːkətɪv]	形 おしゃべりの，話し好きな

22 あなたの理想の相手はどんな人ですか。

Q ジュディとメアリーはもう理想の相手を見つけましたか。

ジュディ：それで，あなたの理想の相手はどんな人なの？

メアリー：そうねえ…。格好よくて，すごくおもしろい人でないとね。

ジュディ：そうね，一緒に笑うことができるのは，間違いなく大事なことよ。

メアリー：それから，会話ができる人でないとね。それに聞き上手な人がいいわね。

ジュディ：その通りね。自分のことばかり話す人だったら，魅力的ではないもの。そういうのはとても傲慢ではた迷惑だと思うわ。

メアリー：同感。話し好きっていうのは，確かに強みだけど，会話を独占したらだめよね。

ジュディ：私の友達と仲良くすることができる人でもあってほしいわ。友達が彼のことを認めてくれたら，それは私がいい人を選んだという証拠よ！

メアリー：まさにそうね！ さて私たち，理想の相手を探し始めたほうがいいわね。

301 ☑	**advantage** [ədvǽntɪdʒ]	名 強み，利点
302 ☑	**monopolize** [mənɑ́ːpəlàɪz]	他 を独占する 派 **monópoly** 名 独占（権）
303 ☑	**get along with ～**	～とうまくやっていく
304 ☑	**approve of ～**	～を承認する 305 ☑ **appróve**★ 他 を承認する（to agree formally to sth） 自 賛成する 類 **agree** 派 **appróval** 名 承認 類 **agreement**
306 ☑	**sign** [sáɪn]	名 しるし，証拠；標識；合図

Tips メアリーの "I agree." の後に注目。「話し好きであること」の強みを認めたうえで，その否定的な面について言及しています。一つのことを，強み，弱みの両面から見ることができると，説得力が増すでしょう。

1100 1200 1300 1400 1500

□ターゲット文を言った
□ロールプレイの練習をした

23 John and I are getting married.

☑☑ 日記を書く

Q **When did John propose to Emma?** (→ p.300)

Dear Diary,

Great news! John and I are getting **married**. And I'll always treasure the moment he **proposed** to me. We were walking along the beach, **holding hands** and enjoying the beautiful sunset. Suddenly he **dropped to his knee**, and proposed: "Will you marry me?" Of course, I said "Yes."

Over the past few years, my love for him has grown deeper and deeper. He is **intelligent**, **kind-hearted**, and very **broad-minded**. I trust him and know that I can always **count on** him. We **communicate** well with each other, sharing our dreams and **aspirations** for the future. Engraved on the ring he gave me are these words: "**Enduring** Love."

Sincerely,
Emma

(111 words)

307 ☐	**married** [mérid]	形 結婚した，既婚の 反 **unmarried** 308 ☐ **márry** 他 と結婚する 派 **márriage** 名 結婚（生活）
309 ☐	**propose** [prəpóuz]	自 結婚を申し込む；申し込む 他 を提案する 派 **propósal** 名 申し込み；提案
310 ☐	**hold hands**	手をつなぐ
311 ☐	**drop to one's knee**	片膝をつく drop to one's knees（両膝をつく）
312 ☐	**intelligent** [ɪntélɪdʒənt]	形 頭のよい 派 **intélligence** 名 知能；情報 Use your intelligence.（頭を使いなさい。）
313 ☐	**kind-hearted** [káɪnd hάːrtəd]	形〈人・態度などが〉心優しい，思いやりのある
314 ☐	**broad-minded** [brɔ́ːd máɪndɪd]	形 寛大な
315 ☐	**count on ～**	～を頼りにする 類 **rely on ～**
316 ☐	**communicate** [kəmjúːnəkèɪt]	自 理解し合う；連絡をとる 派 **communicátion** 名 コミュニケーション

23 ジョンと私は結婚します。

Q ジョンがエマにプロポーズしたのはいつですか。

親愛なる日記さま,

大ニュースよ！ ジョンと私，結婚するの。それから，彼が私にプロポーズした瞬間を，いつまでも大切に心に留めておくわ。私たち，手をつないで美しい夕暮れを楽しみながら，海辺を歩いていたの。彼ったら突然片膝をついて，結婚を申し込んだの。「僕と結婚してくれますか？」って。もちろん私は「はい」って言ったわ。

この数年間で，ジョンへの愛はどんどん深まってきているの。彼は聡明で，心が優しくて，それにとても寛容でもあるのよ。信用しているし，いつも彼を頼りにすることができるって確信してるわ。お互いによく理解し合っていて，将来への夢や望みを共有しているの。彼がくれた指輪に彫られているのは，この言葉よ。「変わらぬ愛」

心をこめて
エマ

317 ☐	**aspiration** [æspəréɪʃən]	名 高い望み，熱望
318 ☐	**enduring** [ɪnd(j)ʊ́ərɪŋ]	形 長続きする

Words & Phrases

ℓ.1 Dear Diary, 日記の書き出しの決まり文句。
ℓ.2 treasure「～を大切に記憶にとどめる」
ℓ.9 engrave「～を彫る」Engraved ... の 1 文は倒置されている。

Key Point 人をポジティブに表す時に使える表現

人を肯定的に描写する形容詞を覚えておくと，人を紹介する時に役立つ。
S is ～. や S is a ～ person. の‘～’に当てはめて言ってみよう。

dedicated（仕事熱心な）	diligent（勤勉な）
friendly（親しみやすい）	honest（正直な）
humble（謙虚な）	polite（礼儀正しい）
sociable（社交的な）	tolerant（寛大な）

24-1 This personality questionnaire will astonish you!

☑☑ アンケートに答える

Q Is this questionnaire about animals? (→ p.300)

This personality **questionnaire** will **astonish** you!
Follow the **directions** very carefully. **Complete** each exercise as you scroll down. Don't look ahead!

(1) Put the **following** five animals in order of **preference**:
Cow, Tiger, Sheep, Horse, Pig
(2) Write one word that **describes** each of the following:
Dog, Cat, Rat, Music, Sea
(3) Think of people who are **significant** in your life, and **relate** each of them to one of the following colors. Name one person for each color:
Yellow, Orange, Red, White, Green

FINISHED?

(84 words)

319 ☐	**questionnaire** ★ [kwèstʃənéər]	名 アンケート，アンケート用紙
320 ☐	**astonish** [əstɑ́:nɪʃ]	他 をびっくりさせる，を驚かす 321 ☐ **be astonished at〔by〕～** ～にとても驚く 派 **astónishing** 形 驚くばかりの，目ざましい
322 ☐	**direction** [dərékʃən, daɪ-]	名〈通例複数形で〉指示；方向 323 ☐ **in all directions** 四方八方へ 派 **diréct** 他 を指図する 形 直接の；まっすぐな 派 **diréctly** 副 まっすぐに；直接に
324 ☐	**complete** ★ [kəmplí:t]	他 を完了する 類 **finish, achieve** 形 完全な 類 **perfect** 反 **incomplete** 派 **complétion** 名 完成，達成
325 ☐	**following** [fɑ́:loʊɪŋ]	形 以下の；次の following day（翌日）

100 200 300 400 500 600 700 800 900 1000

24-1 この性格アンケートはあなたをびっくりさせます！

Q このアンケートは動物についてのものですか。

この性格アンケートはあなたをびっくりさせます！
極めて慎重に指示に従ってください。下にスクロールしながら，各問題を終えてください。先を見てはいけません！

(1) 以下の５種類の動物を好みの順に並べ替えてください：
ウシ，トラ，ヒツジ，ウマ，ブタ
(2) 以下のそれぞれを説明する言葉を一つ書いてください：
イヌ，ネコ，ネズミ，音楽，海
(3) 自分の人生において重要な意味を持つ人物を思い浮かべ，それぞれを以下の色の一つと結びつけてください。１色につき１人の名前を当てはめてください：
黄色，オレンジ，赤，白，緑

終了しましたか。

326 ☐	**preference**★ [préfərəns]	名 好み 327 ☐ **in preference to ～**　～に優先して 派 **prefér** 他 をより好む 328 ☐ **prefer ～ to ...**　…よりも～を好む 派 **préferable** 形 好ましい
329 ☐	**describe** [dɪskráɪb]	他 を説明する，を描写する 派 330 ☐ **descríption** 名 説明，描写
331 ☐	**significant** [sɪgnífɪkənt]	形 重要な 派 **signíficance** 名 重大さ 派 **signíficantly** 副 著しく
332 ☐	**relate** [riléɪt]	他 を（～に）関係づける〈to〉 派 **relátion** 名 関係，関連

1100　1200　1300　1400　1500

□ターゲット文を言った

24-2 This defines your priorities in life.

☑ ☑ アンケートの解説を読む

Q What does the description of the rat imply? (→ p.300)

Please be **certain** that your answers are what you REALLY **INTEND**.
Look at the **interpretations** below:
ANSWERS:

(1) This **defines** your **priorities** in life.
Cow = CAREER   Tiger = PRIDE   Sheep = LOVE
Horse = FAMILY   Pig = MONEY

(2) Your description of the dog **implies** your own personality **traits**.
Your description of the cat implies the personality traits of your good friend.
Your description of the rat implies the personality traits of your enemies or competitors.
Your description of music implies how sociable you are.
Your description of the sea implies how you view your own life.

(3) Colors
Yellow: Someone you want to forget   Orange: Your most **loyal** friend
Red: Someone you really love   White: Your twin soul   Green: Someone who will always **remain** in your **memory**

(129 words)

333 ☐	**certain** [sə́ːrtn]	[形] 確信して；確実な 334 ☐ **make certain that ...** …を確かにする (派) **cértainly** [副] 確かに；もちろん
335 ☐	**intend** [ɪnténd]	[他] を意図する 336 ☐ **intend to ...** …するつもりである
337 ☐	**interpretation** [ɪntə̀ːrprətéɪʃən]	[名] 解釈；通訳 (派) **intérpret** [他] を解釈する；を通訳する [自] 通訳する (派) **intérpreter** [名] 通訳者
338 ☐	**define** [dɪfáɪn]	[他] を明示する，を定義する (派) **definítion** [名] 定義
339 ☐	**priority** [praɪɔ́ːrəti]	[名] 優先順位 (派) **príor** [形] 優先する；前の (類) **previous** 340 ☐ **prior to ～** ～より前に
341 ☐	**imply** [ɪmpláɪ]	[他] を示唆する (類) **hint** (派) **implicátion** [名] 含意，暗示

24-2 これは人生におけるあなたの優先順位を表しています。

Q ネズミの説明は何を示唆していますか。

あなたの答えが自分が本当に意図しているものになっているかを確認してください。
以下の解説をご覧下さい：
解答：
(1) これは人生におけるあなたの優先順位を明示しています。
ウシ＝仕事　トラ＝誇り　ヒツジ＝愛　ウマ＝家族　ブタ＝お金
(2) イヌに関する説明は，あなた自身の性格の特徴を示唆しています。
ネコに関する説明は，あなたの良き友人の性格の特徴を示唆しています。
ネズミに関する説明は，あなたの敵あるいは競争相手の性格の特徴を示唆しています。
音楽に関する説明は，あなたがどれくらい社交的かを示唆しています。
海に関する説明は，あなたが自分自身の人生をどのように見ているかを示唆しています。
(3) 色
黄色：忘れたい人　オレンジ：最も忠実な友人　赤：心から愛する人
白：双子の魂　緑：記憶の中にいつまでも残ることになる人

342 ☐	**trait** [tréɪt]	名（性格上の）特徴，特性　類 **characteristic**
343 ☐	**loyal** [lɔ́ɪəl]	形 忠実な 派 **lóyalty** 名 忠実，忠誠
344 ☐	**remain** [rɪméɪn]	自 残る　名 残り 派 **remáinder** 名〈通例複数形で〉残り
345 ☐	**memory** [méməri]	名 記憶；思い出 派 **mémorize** 他 を記憶する，を暗記する

Words & Phrases

ℓ.1 REALLY INTEND　大文字にして強調している。
ℓ.7 personality trait「性格の特徴」

1100　1200　1300　1400　1500

☐ターゲット文を言った

25 What's your take on it?

性格診断テストについて話す

Q What does Mary say Adam gains from the test? (→ p.300)

1 Adam: Hey Mari, I heard the '16 types' **personality** test is becoming a **trend** these days. **What's your take on it?**

Mari: Yeah, it is! A lot of people are really serious about the **outcome** of the test.

Adam: I was wondering if I should try taking it....

Mari: You haven't taken it yet? I'm really **curious about** your type, you know, **considering** your personality.

Adam: Wait — you're not going to change your **impression** of me **based on** the result, right?

Mari: Of course not. I think what you gain from the test is the ability to understand yourself more **deeply**.

Adam: Oh, that's a good way to think about it. Thanks, Mari!

Mari: No problem. I do think you're **definitely** '**Ambitious**', **though**!

(116 words)

346	**personality** [pə̀ːrsənǽləti]	名 性格，個性，人柄 類 character 派 **pérsonal** 形 個人的な
347	**trend** ★ [trénd]	名 流行；傾向 自（～に）向かう傾向がある
348	**What's your take on it?**	それについてあなたの見解はどうですか。 ※ take は「(個人の) 見解，意見」の意味。
349	**outcome** [áutkʌ̀m]	名（最終的な）結果 類 result
350	**curious about ～**	～に興味がある 351 **cúrious** 形 好奇心が強い 派 **curiósity** 名 好奇心
352	**considering** [kənsídəriŋ]	前 ～を考えると；～の割には

100 200 300 400 500 600 700 800 900 1000

25 それについてあなたはどう考えますか。

Q メアリーは，アダムが診断から何を得ると言っていますか。

アダム：やあ，マリ，最近，「16 タイプ」性格診断が流行になりつつあるらしいね。それについて君の見解は？

マリ：ええ，そうなのよ！ たくさんの人たちが，その診断の結果をとても真剣にとらえているの。

アダム：僕はそれを受けてみるべきかどうか考えていたんだよ…。

マリ：まだ受けたことがなかったの？ 私，あなたのタイプについてとても関心があるわ，ほら，あなたの性格を考えるとね。

アダム：待ってよ，君は診断の結果をもとに，僕に対する印象を変えるつもりじゃないだろうね。

マリ：もちろん違うわ。あなたが診断から得るものは，あなた自身をさらに深く理解する力だと私は思う。

アダム：なるほど，そういうふうに考えればいいんだね。ありがとう，マリ！

マリ：いいのよ。あなたはきっと間違いなく「野心的」だと思うけれどね！

353 ☐	**impression** [ɪmpréʃən]	名 印象 派 **impréss** 他 を感動させる（to make somebody feel admiration or respect）
354 ☐	**based on ～**	～に基づいて
355 ☐	**deeply** [díːpli]	副 深く，完全に；非常に
356 ☐	**definitely**★ [défənətli]	副 確かに，明確に 派 **définite** 形 明確な
357 ☐	**ambitious** [æmbíʃəs]	形 野心的な，大志を抱いた 派 **ambítion** 名 大望，野心
358 ☐	**though** [ðóʊ]	副 でも，けれども 接 …であるけれども

1100 1200 1300 1400 1500

□ターゲット文を言った
□ロールプレイの練習をした

26 What's your favorite beverage?

☑ ☑ アンケートに答える

Q Does Paula often indulge in some hot cocoa before departing for work?

(→ p.300)

People were asked this question: What's your favorite **beverage** and when do you like to drink it? Here are their answers.

Mark: Every morning before I depart for work, I must have my cup of coffee to be able to complete all the day's **tasks**.

Joe: I usually **feel like** drink**ing** a cold beer when I'm at a **party** with my friends.

Sue: Without **hesitation**, I can say the only **fluid** I ever drink is **plain** water. It'**s supposed to** be **pure** and natural, so I drink it **all day long**.

Paula: Before going to bed, I often **indulge** in some hot cocoa. When I drink it, I feel **thoroughly** relaxed and can **fall asleep** better.

(117 words)

359 ☐	**beverage** ★ [bévərɪdʒ]	名 飲み物　類 **drink**（飲み物，アルコール飲料）
360 ☐	**task** [tǽsk]	名（やるべき）仕事，任務
361 ☐	**feel like ...ing**	…したい気がする
362 ☐	**party** [pɑ́ːrti]	名 パーティー　**farewell party**（送別会）
363 ☐	**hesitation** [hèzətéɪʃən]	名 ためらい 派 **hésitate** 自 ためらう
364 ☐	**fluid** [flúːɪd]	名 飲み物；液体　形 流動体の　類 **liquid**　反 **solid**
365 ☐	**plain** [pléɪn]	形 混ぜ物のない；わかりやすい　**plain Japanese**（わかりやすい日本語）　名 平原
366 ☐	**be supposed to ...**	…のはずだろう，…することになっている 367 ☐ **suppóse** 他 と思う
368 ☐	**pure** [pjúər]	形 純粋な，混じりけのない

100 200 300 400 500 600 700 800 900 1000

26 お気に入りの飲み物は何ですか。

Q ポーラは仕事に出かける前によくホットココアを楽しみますか。

次のような質問をしました。お気に入りの飲み物は何ですか。そして，どのような時にその飲み物を飲みたいですか。回答は以下の通りです。

マーク：私はその日の仕事をこなすには，毎朝仕事へ出かける前にいつものコーヒーを飲まないとダメなんです。

ジョー：僕はたいてい友人同士のパーティーで冷えたビールが飲みたい気分になります。

スー：ためらうことなく，私がいつも飲む飲み物といったら，何も加えていないただの水くらいでしょう。混じりけがなくて天然であるはずなので，私は一日中水を飲むんですよ。

ポーラ：私は寝る前に温かいココアを楽しむことが多いですね。温かいココアを飲むとすっかりリラックスして，いつもよりよく眠りにつくことができます。

369 ☐	**all day long**	一日中
370 ☐	**indulge** [ɪndʌ́ldʒ]	自（～を）満喫する〈in〉
371 ☐	**thoroughly** [θə́:roʊli, θə́:rə-]	副 すっかり，徹底的に 類 372 ☐ **complétely** 副 完全に，すっかり 派 **thórough** 形 徹底的な
373 ☐	**fall asleep**	眠りにつく 374 ☐ **fáll** 自（の状態）になる；落ちる 名 落下

Words & Phrases

- ℓ.3 depart for ～「～に出発する」
- ℓ.3 I must have my cup of coffee「いつものコーヒーを飲まないとダメなんです」
- ℓ.7 without hesitation「ためらうことなく，ものおじすることなく」
- ℓ.7 the only fluid I ever drink is ～「私がいつも飲む（唯一の）飲み物といったら～」
- ℓ.7 plain water「何も加えていないただの水」

1100 1200 1300 1400 1500

☐ ターゲット文を言った

27 I was a little skeptical at first.

☑☑ 診断テストの結果を紹介する

Q What was the online personality test based on? (→ p.301)

Hey, I tried this online personality test. The **analysis** was based on my favorite colors. I was a little **skeptical** at first, but it was amazingly **accurate**. Here are my results:

· YOUR SITUATION
You like activities that provide excitement or stimulation. You want to feel inspired.

· YOUR MAIN STRESSES
You sometimes experience feelings of **emptiness** and **loneliness**. You enjoy **competition**, but other people may think you are too competitive. You have a **tendency** to be **pessimistic**.

· YOUR GOALS
You believe that life has a lot more to offer. You hope to achieve great things and you pursue your goals **fiercely**. You seek close relationships in which there is **intense** love and deep **mutual trust**.

Try it and let me know what you think! (126 words)

375 ☐	**analysis** [ənǽləsɪs]	名 分析 類 **study, review** 派 **ánalyze** 他 を分析する
376 ☐	**skeptical** [sképtɪkl]	形 懐疑的な 類 **doubtful**
377 ☐	**accurate** ★ [ǽkjərət]	形 正確な accurate information（正確な情報） 派 **áccuracy** 名 正確さ 反 **inaccuracy**
378 ☐	**emptiness** [ém*p*tinəs]	名 虚しさ；何もないこと〔状態〕 派 **émpty** 形〈容器などが〉からの,〈場所などが〉人のいない
379 ☐	**loneliness** [lóʊnlinəs]	名 孤独；寂しさ 派 **lónely** 形 寂しい
380 ☐	**competition** [kɑ̀ːmpətíʃən]	名 競争；試合 派 **compétitive** 形 競争的な；競争力のある 派 **compéte** 自 競争する 派 **compétitor** 名 競争相手；出場選手

27 最初はちょっと懐疑的でした。

Q そのオンラインの性格テストは何に基づいていますか。

ねえ，インターネットでこの性格診断をしてみたよ。分析は自分の好きな色に基づいていたんだ。最初はちょっと懐疑的だったけれど，驚くほど正確だよ。以下が僕の結果。

- 今の状態
  あなたは興奮や刺激を与えてくれる活動が好きです。気持ちを駆り立ててほしいのです。
- 主なストレス
  あなたは虚しさや孤独感を感じることがあります。競争を好みます。しかし，他の人はあなたがあまりにも競争心が強いと思っているかもしれません。あなたには悲観的になる傾向があります。
- 目標
  あなたは人生がもっと多くのことを与えてくれると考えています。素晴らしいことを成し遂げたいと望んでおり，自分の目標を猛烈に追い求めます。激しい愛情と深いお互いの信頼がある親密な関係を求めています。

君もやってみて，どう思うか教えて！

381 ☐	**tendency** [téndənsi]	名 傾向 382 ☐ **have a tendency to ...** …する傾向がある 383 ☐ **tend to ...** …する傾向がある
384 ☐	**pessimistic** [pèsəmístɪk]	形 悲観的な 反 **optimistic**
385 ☐	**fiercely** [fíərsli]	副 猛烈に 派 **fíerce** 形 激しい
386 ☐	**intense** [ɪnténs]	形 激しい
387 ☐	**mutual** [mjúːtʃuəl]	形 相互の，互いの mutual understanding（相互理解）
388 ☐	**trust** [trʌ́st]	名 信頼，信用 他 を信頼する 反 **distrust**

28 Why not join your local Speechmasters club?

☑☑ 広告を読む

Q According to the advertisement, are better speakers more successful?

(→ p.301)

Are you **anything but eager to** give a speech in front of an audience? Do you feel you **lack** what it takes to be interesting and **persuasive**? Why not join your local Speechmasters Club? By **participating** in a fun and friendly Speechmasters group, you will not only become a more skillful speaker but also develop your leadership qualities and the confidence you need to succeed in your chosen field.

Speechmasters offers proven **methods** to help you improve your communication skills, deliver excellent presentations, and lead meetings effectively. You will also learn to be a better listener and to give and receive **constructive evaluations**. **It is a known fact that** better speakers are more successful — and that's not **debatable**! (118 words)

389 ☐	**be eager to ...**	…したがる 390 ☐ **éager** 形 熱心な
391 ☐	**anything but ～**	決して～ではない
392 ☐	**lack** [lǽk]	他 を欠いている 自 不足している 名 欠如，不足 類 **shortage, want**
393 ☐	**persuasive** [pərswéɪsɪv]	形 説得力のある
394 ☐	**participate** [pɑːrtísəpèɪt]	自 (～に) 参加する〈in〉 派 **partícipant** 名 参加者 派 **participátion** 名 参加
395 ☐	**method** [méθəd]	名 方法 teaching method (指導法)
396 ☐	**constructive** [kənstrʌ́ktɪv]	形〈助言・議論などが〉建設的な
397 ☐	**evaluation** [ivæ̀ljuéɪʃən]	名 評価 派 **eváluate** 他 を評価する 類 **estimate**

28 地元のスピーチマスターズ・クラブへ加わってみてはいかがですか。

Q この宣伝によると，話し上手な人ほど成功しますか。

あなたは人前でスピーチをしたがるなんてとんでもないと思っていませんか。自分にはおもしろく，説得上手になるために必要な資質が欠けていると感じますか。地元のスピーチマスターズ・クラブへ加わってみてはいかがでしょうか。楽しく，親しみやすいスピーチマスターズのグループに参加すれば，いっそう上手な話し手になるだけでなく，指導者の資質や，あなたが選んだ分野で成功するために必要な自信を育むことになるでしょう。

スピーチマスターズはすでに実績のある方法を提供することで，コミュニケーション・スキルを改善し，素晴らしいプレゼンテーションを行い，会議を効果的に進行する手助けをします。さらに，いっそう優れた聞き手にもなれますし，建設的な評価を与えたり，あるいは受け取ったりするようにもなるでしょう。優れた話し手であればあるほど成功するというのは周知の事実であり，そのことに議論の余地はありません！

398 ☐	**It is a known fact that ...**	…というのは周知の事実である
399 ☐	**debatable** [dɪbéɪtəbl]	形 議論の余地がある 派 **debáte** 名 ディベート，討論

Words & Phrases

- ℓ.1 in front of ~「~の前で」
- ℓ.2 it takes ~ to ...「…するのに~を必要とする」
- ℓ.2 Why not ...?「…してはいかがですか」相手に提案するカジュアルな表現。
- ℓ.4 you will not only become ~ but also develop ...「~になるだけでなく，…を育むことになるでしょう」
- ℓ.6 in your chosen field「あなたが選択した分野で」in the field you have chosen とも言い換えられる。

29 A mistake is an opportunity to learn something new.

☑☑ 仕事の休憩中に同僚と話す

Q What did their boss say in the staff meeting? (→ p.301)

During a **coffee break** in the **employee** lounge

Sarah: I liked what our boss said in today's meeting. "A mistake is an **opportunity** to learn something new."

Paul: I believe that. **Here's why.** One evening I walked into my living room holding the TV's remote control and a full glass of milk. I **meant to toss** the remote onto the sofa. But instead, I tossed the glass of milk.

Sarah: Oh no, sounds like quite a **mess**.

Paul: It really was. Since then, I'm very **attentive whenever** I'm carrying a beverage.

Sarah: Here's my "lesson-learned" story. I sent an email to Mike who **handles** office supplies. I wrote: "We need new ink cartridges for our printer. Please order some for us. No rush. We can still use the printer for a whale."

Paul: (He's laughing) "For a whale?"

Sarah: Yeah, it was my mistake. So, I quickly wrote back: "Not 'for a whale', but '**for a while**.' Now, I always **doublecheck** my emails before sending them.

(159 words)

400 ☐	**coffee break** [kɔ́ːfi brèɪk]	休憩 ※（職場での）短い休憩のこと。
401 ☐	**employee** ★ [èmplɔɪíː, ɪmplɔ́ɪiː]	名 従業員，社員 派 **emplóy** 他 を雇う 類 **hire** 反 **dismiss, fire**（を解雇する） 派 **emplóyer** 名 雇い主
402 ☐	**opportunity** [ɑ̀ːpərt(j)úːnəti]	名 機会，好機 at the earliest opportunity（機会があり次第）
403 ☐	**Here's why.**	その理由はこうです。 ※このフレーズの後に，理由を述べる。
404 ☐	**mean to ...**	…するつもりである
405 ☐	**toss** [tɔ́ːs, tɑ́ːs]	他 を軽く投げる，を放る 名 コイン投げ，放り投げること

29 間違いは新しいことを学ぶ機会です。

Q 従業員の打ち合わせで，主任は何と言いましたか。

従業員休憩室での休憩中に

サラ：今日の打ち合わせで主任が言ったこと，私はいいなと思った。「間違いは新しいことを学ぶ機会である」って。

ポール：それは確かだと思う。その理由はこうだよ。ある夕方に，僕はテレビのリモコンとミルクがいっぱい入ったコップを持って，居間に足を踏み入れたんだ。僕はソファの上にリモコンを放り投げるつもりだった。だけどその代わりに，ミルクが入ったコップを投げちゃったんだよ。

サラ：あら大変，かなりめちゃくちゃって感じね。

ポール：実際にそうだったのさ。その時以来，僕は飲み物を運んでいる時はいつでも，すごく注意深いんだ。

サラ：私の「学んだ教訓」の話はこうよ。事務用品を扱っているマイクに，電子メールを送ったの。こう書いたのよ。「こちらのプリンター用に，新しいインクのカートリッジが必要です。いくつか注文してください。急ぎません。まだプリンターはクジラのために使えますから」と。

ポール：(笑っている)「クジラのために？」

サラ：そうなの，間違えたのよ。それで，すぐに書いて送り直したの「『クジラのために』ではなくて，『しばらくの間』です」って。今では，電子メールを送る前に，いつも二重に確認しているよ。

406 ☐	**mess** [més]	名 散らかっている状態，ひどいありさま 他 を散らかす
407 ☐	**attentive** [əténtɪv]	形 注意深い，慎重な；気配りのある
408 ☐	**whenever** [wenévər]	接 …する時はいつも
409 ☐	**handle**★ [hǽndl]	他 を取り扱う；をこなす　自 操縦できる　名 取っ手
410 ☐	**for a while**	しばらくの間
411 ☐	**doublecheck** [dʌ́bltʃék]	他 を再確認する　名 再確認，再点検

1100　1200　1300　1400　1500

☐ ターゲット文を言った
☐ ロールプレイの練習をした

Quiz Chapter 3

空所にあてはまる単語を選びましょう。

【1】

People on the street were asked the following survey question: "What characteristic do you admire most in a person?" Here are some of the answers received.

Norma Martinez, psychologist:
"I think it's showing (1) for others. When I listen to other people's problems, I realize how much people want others to understand their feelings."

Paul Robinson, office administrator:
"I would say (2) and hard work. A person who is industrious can (3) so much at the office."

(1) (a) analysis	(b) compassion	(c) hesitation	(d) justice
(2) (a) diligence	(b) preference	(c) priority	(d) tendency
(3) (a) accomplish	(b) arrest	(c) define	(d) imply

【2】

Judy : Totally. It's not attractive if he just talks about himself. I find that so (1) and annoying.

Mary : I agree. Being (2) is certainly an advantage, but he shouldn't monopolize the conversation.

Judy : I'd like him to be able to (3) my friends, too. If they approve of him, it's a sign that I picked a good one!

(1) (a) accurate	(b) arrogant	(c) broad-minded	(d) kind-hearted
(2) (a) enduring	(b) innocent	(c) loyal	(d) talkative
(3) (a) describe	(b) get along with	(c) invent	(d) propose

Answers

【1】 No.20 参照

(1) (b) (2) (a) (3) (a)

【2】 No.22 参照

(1) (b) (2) (d) (3) (b)

【3】

Adam : Hey Mari, I heard the '16 types' personality test is becoming a trend these days. What's your take on it?

Mari : Yeah, it is! A lot of people are really serious about the (1) of the test.

Adam : I was wondering if I should try taking it...

Mari : You haven't taken it yet? I'm really (2) about your type, you know, considering your personality.

Adam : Wait — you're not going to change your (3) of me based on the result, right?

(1) (a) competition (b) outcome (c) task (d) trait
(2) (a) attractive (b) curious (c) intense (d) significant
(3) (a) aspiration (b) competition (c) impression (d) tendency

【4】

Sarah: I liked what our boss said in today's meeting. "A mistake is (1) to learn something new."

Paul : I believe that. Here's why. One evening I walked into my living room holding the TV's remote control and a full glass of milk. I meant to toss the remote onto the sofa. But instead, I tossed the glass of milk.

Sarah: Oh no, sounds like quite a (2).

Paul : It really was. Since then, I'm very (3) whenever I'm carrying a beverage.

(1) (a) a chief (b) an interpretation (c) a method (d) an opportunity
(2) (a) beverage (b) fluid (c) mess (d) sign
(3) (a) attentive (b) innocent (c) persuasive (d) skeptical

【3】No.25 参照

(1) (b) (2) (b) (3) (c)

【4】No.29 参照

(1) (d) (2) (c) (3) (a)

3 Quiz

30 You will cherish the special moments you spend here.

☑☑ 広告を読む

Q Where is the hotel? (→ p.301)

Do you want to be truly **inspired** by **sheer** beauty?
See the **breathtaking views** from the top of the mountains ...
Explore the **deserted** sandy beaches ...
Hear the waves come crashing onto the **shore** ...
Even take a swim with the dolphins ...
You will **cherish** the special moments you spend here.
Come join us at ABC **Resort**, your **exotic** paradise on the island of Kauai.
Five-star deluxe hotel with world-class restaurants, golf course and full-service health spa.
For **reservations**, call (808) 555-1234.

ABC Resort
12-345 Hanapepe Lagoon Drive
Hanapepe, HI 96793
www.resortabc.com

Your special paradise **awaits** you. (99 words)

412 ☐	**inspire** [ɪnspáɪər]	他 を感激させる 派 **inspirátion** 名 インスピレーション；ひらめき
413 ☐	**sheer** [ʃíər]	形 真の，まったくの；混じりけのない sheer luck（まったくの幸運）
414 ☐	**breathtaking** [bréθtèɪkɪŋ]	形 息をのむような
415 ☐	**view** ★ [vjúː]	名 景色，眺め 他 を（～であると）考える；を眺める
416 ☐	**explore** [ɪksplɔ́ːr, eks-]	他 を探検する 派 **explorátion** 名 探検
417 ☐	**deserted** [dɪzə́ːrtɪd]	形 人けのない 派 **desért** 他（人・場所など）を捨てる 派 **désert** 名 砂漠
418 ☐	**shore** [ʃɔ́ːr]	名 岸辺

30 ここで過ごす特別な時間は心に残ることでしょう。

Q ホテルはどこにありますか。

あなたは真の美しさに心底感動したいですか。
山々の頂上から息をのむような景色を眺め…
人けのない砂浜を散策し…
波が打ち寄せて岸辺に砕ける音を聞き…
イルカとともにひと泳ぎすることも…
ここで過ごす特別な時間は心に残ることでしょう。
カウアイ島にある魅惑的な楽園，ABC リゾートへぜひお越しください。
世界一流のレストラン，ゴルフコース，そしてあらゆるサービスを完備したフィットネス施設を備えた 5 つ星の高級ホテルです。
ご予約は (808) 555-1234 までお電話ください。

ABC リゾート
ハナペペ・ラグーン・ドライブ　12-345
ハナペペ，ハワイ州　96793
www.resortabc.com

あなたのための特別な楽園があなたをお待ちしています。

419 ☐	**cherish** [tʃérɪʃ]	他 を長い間心に抱く，を大事にする
420 ☐	**resort** [rɪzɔ́ːrt]	名 リゾート，行楽地
421 ☐	**exotic** [ɪgzɑ́ːtɪk, egz-]	形 魅惑的な；異国風の
422 ☐	**reservation** [rèzərvéɪʃən]	名 予約 423 ☐ **make a reservation**　予約をする 派 **resérve**　他 を予約する　名 蓄え　類 **book**（を予約する）
424 ☐	**await** [əwéɪt]	他 を待つ　類 **wait for ～**

31 They are sure to delight your children.

☑☑ ガイドブックを読む

Q When were the La Brea Tar Pits discovered? (→ p.301)

If you're in Los Angeles with your family, be sure to visit the La Brea Tar Pits. They were first discovered in 1869 by explorers who found bubbling pools **containing** water and a **thick** black **substance**. This **turned out** to be the first **indication** of oil in western America. The **fossils** of many **extinct species** are on **display** at the nearby George C. Page Museum. These are from unlucky animals that were **trapped** in the tar pits thousands of years ago. Visitors can actually watch the removal, cleaning and repair of real bones. Outside the museum, in Hancock Park, there are many **life-size** models of **ancient** animals, which are sure to **delight** your children.

(114 words)

425 ☐	**contain** ★ [kəntéɪn]	他 を含む，が入っている 派 **contáiner** 名 入れ物
426 ☐	**thick** [θík]	形 濃い；厚い
427 ☐	**substance** [sʌ́bstəns]	名 物質 派 **substántial** 形 実のある；相当な 派 **substántially** 副 実質上
428 ☐	**turn out ～**	結局～になる；～であるとわかる Everything turned out fine.（すべてがうまくいった。）
429 ☐	**indication** [ìndəkéɪʃən]	名（何かを）指し示すもの；兆候，しるし
430 ☐	**fossil** [fɑ́:sl]	名 化石
431 ☐	**extinct** [ɪkstíŋkt, eks-]	形 絶滅した 派 **extínction** 名 絶滅
432 ☐	**species** [spí:ʃi:z]	名 種　類 **kind**
433 ☐	**display** [dɪspléɪ]	名 展示　on display（展示されて） 他 を展示する

31 子どもたちを喜ばせること間違いなしです。

Q ラ・ブレア・タールピットはいつ発見されましたか。

家族とロサンゼルスに来たなら，ラ・ブレア・タールピットを必ず訪れてください。1869年，初めてこの池を発見した探検家たちは，水と濃くて黒い物質を含んだ，泡立つ池を見つけたのです。この発見は，アメリカ西部に石油があることを初めて示唆するものとなりました。多くの絶滅種の化石が，この近くにあるジョージ・C・ペイジ博物館に展示されています。こうした化石は，何千年も前にこのタールピットに閉じ込められてしまった不運な動物たちのものなのです。来館者は，本物の骨を（池から）除去，洗浄，および修復する作業を実際に見学することができます。ハンコックパーク内にある博物館の外には，古代の動物の実物大モデルが展示されており，皆様のお子さんたちを喜ばせること請け合いです。

4

旅行・海外生活

434 ☐	**trap** [trǽp]	他（人・動物）を（～に）閉じ込める〈in〉；をわなで捕える
435 ☐	**life-size** [láɪf sáɪz]	形 実物大の，等身大の
436 ☐	**ancient** [éɪnʃənt]	形 古代の 反 **modern** 名 古代人，（ギリシヤ人・ローマ人などの）古代文明人
437 ☐	**delight** [dɪláɪt]	他 を大喜びさせる 自 大喜びする 名 大喜び 派 **delíghted** 形 喜んでいる 438 ☐ **be delighted at〔by, with〕～** ～を喜ぶ 439 ☐ **be delighted to ...** 喜んで…する

Words & Phrases

ℓ.1 tar pits「タールピット」地中からタール（天然アスファルト）が湧き出す池を指す。タールはねっとりとしていて重いため，はまると抜け出すことができない。池に足をとられた動物は，長い年月をかけて化石化する。動物以外にも，植物や虫の化石が発掘される。

ℓ.2 bubbling pool「泡立つ池」pool は「水のたまった場所，池」の意味。

ℓ.6 These are from unlucky animals that ...　These は化石を指す。that 以下で unlucky animals の説明をしている。

1100　1200　1300　1400　1500

☐ターゲット文を言った

32-1 Here are some tips for airline passengers.

☑☑ 旅行前のアドバイスを読む

Q When should travelers get foreign currency? (→ p.301)

It is important to **plan ahead** for international travel. Here are some **tips** for airline **passengers** who will be flying **abroad**:

- Apply for a passport, if needed. Check the **expiration date** on an existing passport.
- Get a small amount of **foreign currency** from the bank before leaving.
- Pack wisely. Don't **include** any **prohibited items**. Put needed items, like **prescription medicine**, in your **carry-on baggage**.
- Be sure to get to the airport **on time**. Allow at least two and a half hours for international flights. (88 words)

440 ☐	**plan ahead**	前もって計画を立てる
441 ☐	**tip** [típ]	名 アドバイス，こつ 他 に情報を渡す
442 ☐	**passenger** [pǽsəndʒər]	名 旅客，乗客　passenger seat（乗客席；助手席）
443 ☐	**abroad** [əbrɔ́:d]	副 外国に〔へ，で〕
444 ☐	**expiration date**	有効期限，消費期限 445 ☐ **expirátion** 名（期間・任期などの）満了
446 ☐	**foreign currency**	外国通貨 447 ☐ **cúrrency** 名 通貨，貨幣
448 ☐	**include** [ɪnklú:d]	他 を入れる，を含める　反 **exclude**
449 ☐	**prohibited item**	禁止品目 450 ☐ **prohíbit** 他〈法や団体が〉を禁止する 類 **forbid**〈個人が〉（私的なこと）を禁止する 451 ☐ **ítem** 名 項目，品目

32-1 飛行機に乗るお客様に向けたアドバイスを以下にご紹介します。

Q 旅行者はいつ外国通貨を手に入れるべきですか。

海外旅行の計画は，前もって立てておくことが大切です。海外へ飛行機で行かれる予定の乗客の方々に向けたアドバイスを，ここでいくつかご紹介します。

- 必要であれば，パスポートの申請を行う。現在のパスポートの有効期限を確認しておく。
- 出発前に銀行で少額の外国通貨を手に入れておく。
- 荷造りは手抜かりなく行う。禁止されている品を中に入れないようにする。機内持ち込み手荷物には，処方薬のような必要なものを入れる。
- 空港には必ず時間通りに着くようにする。国際線には，最低でも 2 時間半の余裕をみておく。

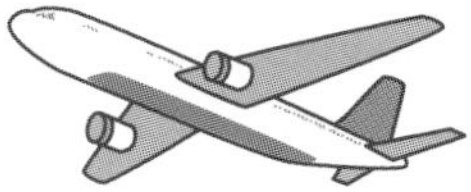

452 ☐	**prescription medicine**	処方薬 453 ☐ **prescríption** 名 処方箋
454 ☐	**carry-on baggage**	機内持ち込み手荷物 455 ☐ **bággage** 名《主に米》手荷物 参 456 ☐ **lúggage** 名《主に英》手荷物
457 ☐	**on time**	時間通りに 参 458 ☐ **in time** 時間内に

Words & Phrases

ℓ.1 here are ~「~を紹介する，以下が~です」
ℓ.3 existing「現在の，既存の」
ℓ.8 get to ~「~に到着する」
ℓ.9 international flight「国際線」参 domestic flight「国内線」

32-2 Have your passport and ticket readily available.

☑☑ 旅行前のアドバイスを読む

Q When should travelers go to their boarding gate? (→ p.301)

What can you do to make your check-in **procedure** smoother and more enjoyable?

- Have your passport and ticket readily **available** for check-in.
- **Make sure** you do not have any prohibited items in your hand baggage.
- Identify your bags by **attaching baggage claim** tags to them.
- **Comply with** airport security measures at immigration and customs. If your bags are **inspected**, be cooperative with officials.
- **Anticipate** crowded airports, long lines, and **delays**. If you plan to do some shopping at duty free, allow enough time.
- Check you have local currency, and **exchange** money at the airport if **necessary**.
- Head to the boarding gate at least 30 minutes before the flight **is due to depart**.

(119 words)

459 ☐	**procedure** [prəsíːdʒər]	名 手続き，手順
460 ☐	**available**★ [əvéɪləbl]	形 利用できる；手に入る easily available（簡単に入手できる） 派 **availabílity** 名 入手可能なこと
461 ☐	**make sure ...**	必ず〔忘れずに〕…する
462 ☐	**attach**★ [ətǽtʃ]	他（～に）をくっ付ける；を添付する〈to〉
463 ☐	**baggage claim**	手荷物引渡し所
464 ☐	**comply with ～**	～に従う
465 ☐	**inspect** [ɪnspékt]	他 を検査する（to look at sth closely or in great detail） 類 examine 派 **inspéction** 名 検査
466 ☐	**anticipate** [æntísəpèɪt]	他 を予期する 派 **anticipátion** 名 予想
467 ☐	**delay**★ [dɪléɪ]	名 遅延 他 を遅らせる 類 **postpone, put off** 自 遅れる

32-2 パスポートと航空券をすぐに出せるようにしておきましょう。

Q 旅行者はゲートにはいつ行くべきですか。

搭乗手続きをもっと順調で楽しいものにするために，何ができるでしょうか。

- 搭乗手続きのために，パスポートと航空券をすぐに出せるようにしておきましょう。
- 手荷物の中には，いかなる機内持ち込み禁止品目も入っていないことを確認しましょう。
- 手荷物引換証を付けて自分のバッグを識別できるようにしましょう。
- 出入国管理カウンターや税関では，空港の安全対策に従いましょう。自分のバッグが検査される場合は，職員に協力するようにしましょう。
- 混雑した空港や長い列，遅延を見込んでおきましょう。免税品店で何か買い物をする予定がある場合，十分な時間の余裕をみておきましょう。
- 現地通貨があるか確かめ，必要であれば空港で両替しましょう。
- 飛行機が出発する予定時刻の少なくとも 30 分前に，搭乗口に向かいましょう。

468 ☐	**exchange** [ɪkstʃéɪndʒ, eks-]	他 を両替する；を交換する　自 交換する 名 交換；両替 469 ☐ **in exchange for ～**　～と引き換えに
470 ☐	**necessary** [nésəsèri]	形 必要な
471 ☐	**be due to ...**	…する予定である
472 ☐	**depart** [dɪpáːrt]	自 出発する　他 を出発する 派 **depárture**　名 出発

Words & Phrases

ℓ.1 smoother「より順調に」smooth の比較級。
ℓ.3 readily「すぐに」
ℓ.5 identify「～を確認する」
ℓ.6 immigration「(空港の) 出入国管理 (カウンター)」
ℓ.6 customs「税関」
ℓ.7 be cooperative with ～「～と協力する」

1100 1200 1300 1400 1500

☐ ターゲット文を言った

33 I'm going to Wales.

☑☑ 夏休みの予定について話す

Q What will James learn about on Day 4? (→ p.301)

Melanie: What are you doing for the summer holidays?
James: I'm going to Wales.
Melanie: Really! Isn't Wales **quite rural**?
James: Yes. I'm going to walk the **coastal path**. I heard the **landscape** is beautiful.
Melanie: Wow! That definitely sounds like fun.
James: I can't wait to smell the sea air.
Melanie: Will you do anything else?
James: Yes. Actually, I have a very busy **itinerary**.

Day 1	Walk the Anglesey coastal path and visit castle **ruins**
Day 2	Drive around Snowdonia National Park
Day 3	Free time or take a **wildlife** boat trip to see dolphins and seals
Day 4	Stay at a Celtic village and learn about folk **legends**
Day 5	Visit a food fair and sample plenty of Welsh food

(115 words)

473 ☐	**quite** [kwáɪt]	副 かなり，とても 474 ☐ **quite a few** かなり多くの
475 ☐	**rural** [rúərəl]	形 田舎の 反 urban
476 ☐	**coastal** [kóustl]	形 海岸の，沿岸の
477 ☐	**path** [pǽθ]	名 小道，進路 the path of a typhoon（台風の進路）
478 ☐	**landscape** [lǽn*d*skèɪp]	名 風景，眺望
479 ☐	**itinerary**★ [aɪtínərèri]	名 旅程
480 ☐	**ruin** [rúːɪn]	名 遺跡，廃墟 castle ruins（城跡） 他 を台なしにする 自 破滅する

100 200 300 400 500 600 700 800 900 1000

33 ウェールズに行く予定です。

Q ジェームズは4日目に何を学ぶでしょうか。

メラニー：夏休みには何をするの？
ジェームズ：ウェールズへ行くことになっているんだ。
メラニー：そうなの！ ウェールズはかなり田舎よね？
ジェームズ：そうだよ。海岸の小道を歩くつもりなんだ。景色が美しいそうだよ。
メラニー：わあ！ それは間違いなく楽しそうだわ。
ジェームズ：海辺の空気をかぐのが待ち切れないよ。
メラニー：他に何かするつもりなの？
ジェームズ：うん。実は旅程はかなり忙しいんだ。

1日目	アングルシー島の小道を歩き，城跡を訪問する
2日目	スノードニア国立公園をドライブして回る
3日目	自由行動，もしくはイルカやアザラシを見る野生生物の遊覧船ツアーに行く
4日目	ケルト族の村に滞在し，民間伝説について学ぶ
5日目	フードマーケットに出かけて，ウェールズの食品をたくさん試食する

481 ☐	**wildlife** [wáɪldlàɪf]	名 野生生物
482 ☐	**legend** [lédʒənd]	名 伝説；伝説的人物 **folk legend（民間伝説）** 派 **légendary** 形（伝説に残るように）有名な；伝説上の

Words & Phrases

ℓ.2 Wales「ウェールズ」英国（United Kingdom of Great Britain and Northern Ireland）を構成する4つの国（イングランド，アイルランド，スコットランド，ウェールズ）のうちの一つ。公用語は英語とウェールズ語。

ℓ.11 Snowdonia National Park「スノードニア国立公園」ウェールズ北西部に位置する。スノードン山を中心とした山岳地帯にある国立公園。

ℓ.13 Celtic village「ケルト族の村」ヨーロッパ先住民族の村。

ℓ.13 folk「民俗の，民間伝承の」

ℓ.14 sample「～を試食する；～を試す」

1100 1200 1300 1400 1500

☐ ターゲット文を言った
☐ ロールプレイの練習をした

34 I'd like to book a wildlife boat tour.

☑☑ 観光ツアーの申し込みをする

Q **Are there seats available for the wildlife boat tour?** (→ p.301)

Receptionist: **How can I help you?**

Guest: **I'd like to book** a wildlife boat tour.

Receptionist: Okay. How many people would you like to book for?

Guest: Just two people.

Receptionist: Which day would you like to go?

Guest: Is tomorrow **possible**?

Receptionist: **At the moment** there are three seats available tomorrow. Would you like to make a reservation?

Guest: Yes.

Receptionist: Could I have your name and room number, please?

Guest: It's James Brett and I'm in room 209.

Receptionist: Okay. The boat leaves at 7 a.m. tomorrow morning. The tour costs 65 pounds **per person** for a three-hour trip. Come down to reception just before 7 and the **person in charge** will take you down to the pier.

Guest: Sounds good. Thank you. (119 words)

483 ☐	**How can I help you?**	どのようなご用件ですか。，いらっしゃいませ。
484 ☐	**I'd lilke to ...**	…したい
485 ☐	**book** [búk]	他 を予約する 類 reserve 自 予約する
486 ☐	**possible** [pá:səbl]	形 可能な；起こり得る 487 ☐ **as ～ as possible** できるだけ～に 派 **pόssibly** 副 ひょっとしたら 派 **possibílity** 名 可能性
488 ☐	**at the moment**	現在（のところ）
489 ☐	**per person**	一人あたり，一人につき
490 ☐	**person in charge**	係の者，担当者 ※略語で PIC

34 野生生物の遊覧船ツアーを予約したいです。

Q 野生生物の遊覧戦ツアーに空席はありますか。

受付係：どのようなご用件ですか。
客：野生生物の遊覧船ツアーを予約したいのですが。
受付係：承知しました。ご予約は何名様でしょうか。
客：2人だけです。
受付係：どの日をご希望ですか。
客：明日の予約は可能でしょうか。
受付係：今のところ，明日は3名様の空きがございます。予約なさいますか。
客：ええ。
受付係：お客様のお名前とお部屋番号を教えていただけますか。
客：ジェームズ・ブレット，209号室です。
受付係：承知しました。船は明日の朝7時に出航します。このツアーは3時間の旅で，お一人様あたり65ポンドの費用がかかります。7時少し前に受付に下りてきていただければ，係の者が桟橋までお客様をご案内いたします。
客：よさそうですね。ありがとうございます。

Words & Phrases

ℓ.7 available「空いている，利用できる」
ℓ.8 make a reservation「予約する」
ℓ.10 Could I ...?「…していただけますか。」Can I ...? よりも丁寧な表現。
ℓ.13 a three-hour trip「3時間の旅」時間・期間を形容詞的に表すため，three-hour とハイフンでつなぎ，hour は単数形のまま表す。
例）a ten-minute break（10分間の休憩）
ℓ.15 pier「桟橋」

1100 1200 1300 1400 1500

□ターゲット文を言った
□ロールプレイの練習をした

35-1 I hear you just got back from Bangkok.

☑ ☑ 旅行の話をする

Q Were Betty's blouses expensive? (→ p.301)

John: I hear you just got back from Bangkok. How was it?

Betty: It was very interesting, and **not at all** what I **expected**.

John: Really?

Betty: Yeah, I was surprised at how **developed** Bangkok is. There were so many **modern** buildings. In the downtown **area**, there were many large department store **complexes**. In fact, I bought several Thai silk blouses there at **reasonable** prices.

John: **Sounds** great.

Betty: It was. And I **was amazed at** how **convenient** it was to **get around**. There were many different forms of **transportation**. You could catch a taxi, a monorail line, a boat, a motorcycle taxi, or even a "tuk tuk."

(105 words)

491 ☐	**not at all**	少しも～でない
492 ☐	**expect** [ɪkspékt, eks-]	他 を予想する，を期待する 493 ☐ **as expected** 予想した通り 派 **unexpécted** 形 予期しない 派 **expectátion** 名 期待；予想
494 ☐	**developed** [dɪvéləpt]	形 発展した，先進の developed country（先進国） 派 **devélop** 他 を開発する 自 発達する 派 **devéloping** 形 発展途上の developing country（発展途上国） 派 **devélopment** 名 発展；展開
495 ☐	**modern** [mɑ́:dərn]	形 近代的な
496 ☐	**area** [éəriə]	名 地域；領域
497 ☐	**complex**★ 名 [kɑ́:mpleks] 形 [ˌ ˊ, ˊ –]	名 総合施設，複合体；コンプレックス 形 複合の，複雑な
498 ☐	**reasonable**★ [rí:znəbl]	形 手頃な 反 unreasonable 派 **réasonably** 副 適度に 派 **réason** 名 理由 他 を推論する

35-1 バンコクから帰ってきたばかりだと聞きました。

Q ベティのブラウスは高額でしたか。

ジョン：バンコクから帰ってきたばかりなんだってね。どうだった？

ベティ：とてもおもしろくて，予想していたものとまったく違っていたわ。

ジョン：本当に？

ベティ：ええ，バンコクがとても発展しているのに驚いたわ。近代的なビルがものすごくたくさんあったの。中心街の地域には大きなデパートの総合施設がたくさんあったしね。実は，そこでタイシルクのブラウスを数枚手頃な値段で買ったの。

ジョン：よさそうだね。

ベティ：ええ。それにあちこち移動するのがとても便利なのに驚いたわ。いろんな種類の交通手段がたくさんあったのよ。タクシーやモノレール，船，オートバイタクシー，他にも「トゥクトゥク」だって利用できるわ。

499 ☐	**sound** [sáʊnd]	自 と思われる
500 ☐	**be amazed at ～**	～に驚く
501 ☐	**convenient** [kənvíːnjənt]	形 便利な 派 **convéniently** 副 便利に 派 **convénience** 名 便利 502 ☐ **at your earliest convenience** 都合がつき次第
503 ☐	**get around**	いろいろなところへ行く，動き回る
504 ☐	**transportation** [trænspərtéɪʃən]	名 交通手段，交通機関

Words & Phrases

ℓ.1 I hear ... 「…だってね。」「(確かではないですけど) …だそうですね。」と噂話など，確かではない情報を伝える時に使う表現。

ℓ.8 Sounds great. It sounds great. の It が省略されて Sounds で始まっている。

1100 1200 1300 1400 1500

☐ターゲット文を言った
☐ロールプレイの練習をした

35-2 Oh, what a great experience!

☑☑ 旅行の話をする

Q **Were the temples boring for Betty?** (→ p.301)

John: A what?

Betty: A "tuk tuk." It's a three-wheeled **vehicle** used as a motor taxi. It was fun to ride around in, but you have to be **careful** because sometimes the drivers **charge** too much.

John: **That's good to know.** What else did you do there?

Betty: Of course, I went to see lots of temples. They were **absolutely spectacular**. I saw one **unique** temple made completely out of colorful glass blocks.

John: **Is that right?** That sounds impressive.

Betty: Also, I got a Thai massage at a spa while I was there. I felt so **relaxed** after that.

John: Oh, what a great **experience**! I want to go to Bangkok someday, too.

(107 words)

505 ☐	**vehicle** ★ [víːəkl]	名 乗り物
506 ☐	**careful** [kéərfl]	形 注意深い 反 **careless** 派 **cárefully** 副 注意深く 派 **cáre** 名 世話；気遣い 自 気遣う
507 ☐	**charge** [tʃáːrdʒ]	自 料金を請求する 他 を請求する 名 料金
508 ☐	**That's good to know.**	教えてもらってよかったです。，いいことを聞きました。 ※いい情報を教えてくれた時に使う表現。
509 ☐	**absolutely** ★ [ǽbsəlùːtli]	副 まったく，完全に Absolutely not.（とんでもない。） 派 **ábsolute** 形 完全な
510 ☐	**spectacular** ★ [spektǽkjələr]	形 壮観な spectacular view（壮観な眺め） 派 **spéctacle** 名 壮観
511 ☐	**unique** ★ [juːníːk]	形 独特の 512 ☐ **unique to ～** ～独特の 派 **uníquely** 副 独特に；比類なく 派 **uníqueness** 名 独自性

35-2 へえ，すてきな経験だね！

Q ベティにとって寺院は退屈でしたか。

ジョン：何だって？
ベティ：「トゥクトゥク」よ。モーター・タクシーとして利用される 3 輪車のこと。これに乗ってあちこち行くのは楽しかったけど，運転手たちが不当に高い運賃を請求することがあるので，注意しないといけないわ。
ジョン：教えてもらってよかった。他にはバンコクで何をしたの？
ベティ：もちろん，たくさんの寺院を見に行ったわよ。文句なしに壮観だった。すべてが色とりどりのガラス・ブロックで作られた独特の寺院を一つ見たの。
ジョン：そうなの？ それは素晴らしいな。
ベティ：それに，バンコクにいる間にスパでタイ式マッサージを受けたの。終わった後，とてもリラックスした気分だったわ。
ジョン：へえ，すてきな経験だね！ 僕もいつかバンコクへ行ってみたいな。

513 ☐	**Is that right?**	そうなの？ ※相手の発言に対して「そうなの？」と相づちを打つ表現。
514 ☐	**relaxed** [rɪlǽkst]	形 くつろいだ 派 **reláxing** 形 くつろいだ気分にさせる relaxing atmosphere（ほっとする雰囲気） 派 **relaxátion** 名 くつろぎ，休養
515 ☐	**experience** [ɪkspíəriəns, eks-]	名 経験，体験 他 を経験する

Words & Phrases

ℓ.2 used as ~「~として利用される」

ℓ.7 unique temple made completely out of colorful glass blocks

unique temple の後に that was が省略されている。

ℓ.7 made out of ~「~で作られた」

Tips 聞き手が新鮮な驚きを感じて，"Is that right?" と相づちを打ってくれたら，話が弾むでしょう。ジョンの総括的な感想といつか同じ体験をしたいという発言も効果的。

1100 1200 1300 1400 1500

☐ ターゲット文を言った
☐ ロールプレイの練習をした

36 Is there any place you would recommend?

☑☑ 旅先で現地の人と話す

Q Is Meg a surf instructor? (→ p.301)

Taro: Hi. I'm sorry — I **couldn't help but overhear** that you're a surfing instructor.

Meg: Oh, hi. Yes, I am! I run a small surf shop near the beach.

Taro: That's really cool. I've actually been looking for somewhere to take a surfing lesson.

Meg: What a great **coincidence**! When **were** you **looking to** schedule a lesson?

Taro: Anytime, really! But I do want to see some sights first, since I just got here. Is there any place you would **recommend**?

Meg: Hm... There's a really interesting history museum just down the road. It **specifically** focuses on **regional** history!

Taro: Oh, that sounds perfect. Thank you! Can I **stop by** your surf shop later today?

Meg: Absolutely! I'll be there until around 6, so **come by** anytime.

Taro: Thanks!

(120 words)

516 ☐	**can't help but ...**	つい…してしまう，…せずにはいられない
517 ☐	**overhear** [òʊvərhíər]	他 を偶然耳にする　自 聞いてしまう
518 ☐	**coincidence** [koʊínsədəns]	名 偶然の一致
519 ☐	**be looking to ...** 💬	（きちんと考え）…するつもりだ，…しようと努めている
520 ☐	**recommend**★ [rèkəménd]	他 を推薦する 派 **recommendátion** 名 推薦

36 どこかあなたが勧める場所はありますか。

Q メグはサーフィンのインストラクターですか。

タロウ：こんにちは。すみません，あなたがサーフィンのインストラクターだとつい偶然耳にしてしまったのですが。

メグ：あら，こんにちは。ええ，そうですよ！ 海岸の近くで小さなサーフィンの店を経営しています。

タロウ：それはすごくすてきですね。実は，どこかでサーフィンのレッスンを受けようと探していたのです。

メグ：なんて素晴らしい偶然！ いつレッスンを予定に入れようと思っていたのですか。

タロウ：いつでもいいんです，本当に！ ただ，ここに来たばかりなので，最初にいくつか名所を見たいと思っています。どこかお勧めになる場所はありますか。

メグ：うーん…ちょうどこの道の向こうに，とてもおもしろい歴史博物館がありますよ。そこは特に地域の歴史を重点的に扱っています！

タロウ：ああ，それは完璧ですね。ありがとうございます！ 今日，後であなたのサーフィンの店に立ち寄ってもいいですか。

メグ：もちろんですよ！ 店には６時頃までいるつもりなので，いつでも寄ってくださいね。

タロウ：ありがとう！

521 ☐	**specifically** [spəsífɪkəli]	副 特に；はっきりと 派 **specífic** 形 具体的な；特定の **a specific example**（具体的な例）
522 ☐	**regional** [ríːdʒənl]	形（特定の）地域の，地方の 派 **région** 名（広大な）地域，地方
523 ☐	**stop by ～**	～にちょっと立ち寄る
524 ☐	**come by**	立ち寄る

1100 1200 1300 1400 1500

☐ターゲット文を言った
☐ロールプレイの練習をした

37 Are there any questions?

☑☑ オリエンテーションに参加する

Q What will this program concentrate on? (→ p.301)

Aloha, everyone! Welcome to Kailua-Kona College's English language summer program. We think the island of Hawaii offers you an **ideal environment** in which to study and live while you are here.

Our program will **concentrate** on conversational English and American culture. You will **be engaged in** many new cultural experiences in the weeks **ahead**. We want you to **make the most of** this **tremendous** opportunity. I've **distributed** a copy of our schedule to each of you. We have lots of activities planned. If you want to, you can try wind-surfing, **hike** on a volcano or even go whale watching.

Today we will **break into** small groups and **get to** know each other better. Then we'll have lunch in the cafeteria. After that, your host family will **pick** you **up**. Are there any questions? (133 words)

525 ☐	**ideal** [aɪdíːəl]	形 理想の 名 理想 派 **idéalism** 名 理想主義 派 **idéally** 副 理想を言えば
526 ☐	**environment**★ [ɪnváɪərnmənt, -váɪrən-]	名 環境；自然環境 派 **environméntal** 形 環境上の
527 ☐	**concentrate** [kɑ́ːnsəntrèɪt, -sen-]	自 (〜に) 集中する 〈on〉 他 に (注意・努力などを) 集中する 派 **concentrátion** 名 集中
528 ☐	**be engaged in 〜**	〜に参加する 529 ☐ **engáge** 他 を引きつける 派 **engágement** 名 婚約；約束
530 ☐	**ahead** [əhéd]	副 これから先
531 ☐	**make the most of 〜**	〜を最大限に活用する
532 ☐	**tremendous** [trɪméndəs]	形 素晴らしい 派 **treméndously** 副 途方もなく

37 何か質問はありますか。

Q このプログラムは何に重点を置きますか。

皆さん，アロハ（こんにちは）！ カイルア・コナカレッジの夏期英語プログラムへようこそ。ハワイ島は皆さんに，ここにいる間に，勉強したり生活したりするのに理想的な環境を与えてくれると思います。

私たちのプログラムは，口語英語とアメリカ文化に重点を置きます。これから先の数週間で，皆さんは，多くの新しい文化体験に参加することになります。この素晴らしい機会を最大限に活用していただきたいと思います。皆さんに，予定表のコピーを配ってあります。たくさんのアクティビティを計画しています。ご希望であれば，ウインドサーフィンをやってみたり，火山をハイキングしたり，クジラを見に行ったりすることだってできますよ。

今日は少人数のグループに分かれて，お互いもっと親しくなりましょう。それから，カフェテリアで昼食をとります。その後に，ホストファミリーが皆さんを迎えに来る予定です。何か質問はありますか。

533 ☐	**distribute**★ [dɪstríbjuːt]	他 を配る 派 **distribútion** 名 分配；流通
534 ☐	**hike** [háɪk]	自 ハイキングをする 名 ハイキング
535 ☐	**break into ～**	～に分かれる
536 ☐	**get to ...**	…するようになる ※動詞は状態を表す know，feel，like など。
537 ☐	**pick ～ up / pick up ～**	～を（車などで）迎えに行く〔来る〕 反 **drop ～ off**

Words & Phrases

ℓ.1 Aloha ハワイ語で「こんにちは；さようなら」の意味。

ℓ.9 go whale watching「クジラを見に行く」

ℓ.10 get to know each other「お互いを知り合う」

38-1 Are there any rules you'd like me to follow?

☑☑ ホームステイ先で話をする

Q What did the host mother explain? (→ p.301)

Host mother: This is the room you'll be using.

Shota: Thank you. Are there any rules you'd like me to follow?

Host mother: No, not really. I like to let the students who stay here live independently. Just be sure to keep your room **neat**.

Shota: OK, I'll do the best I can.

Host mother: Here, let me **explain** how to use the bath. You turn the **lever** this way to use the shower, and this way to fill the bathtub. You can **adjust** the water temperature with these **knobs**.

Shota: Thanks. I think I'll **get used to** it.

Host mother: Let me warm up some milk to help you **recover** from your long trip. You must be **exhausted**. (108 words)

538 ☐	**neat** [níːt]	形 きちんとした，よく整理された
539 ☐	**explain** [ɪkspléɪn, eks-]	他 を説明する 派 **explanátion** 名 説明
540 ☐	**lever** [lévər, líːv-]	名（機械の操作を行う）レバー；てこ
541 ☐	**adjust** [ədʒʌ́st]	他 を調節する 自 順応する 派 **adjústment** 名 調整 make an adjustment（調整する）
542 ☐	**knob** [nɑ́ːb]	名 つまみ，取っ手，ノブ
543 ☐	**get used to ～**	～に慣れる

38-1 私に守ってほしい決まりは何かありますか。

Q ホストマザーは何を説明しましたか。

ホストマザー：ここがあなたが使う部屋よ。

ショウタ：ありがとうございます。僕に守ってほしい決まりは何かありますか？

ホストマザー：特にないわ。ここで過ごす学生さんたちには，自主的に生活させてあげたいの。ただ部屋をいつもきちんとしておくようにしてね。

ショウタ：わかりました，最善を尽くします。

ホストマザー：それじゃあ，浴室の使い方を説明させてね。シャワーを使うにはレバーをこちらのほうへ，それから浴槽にお湯を張るにはこっちに回してね。水温はこのつまみで調節することができるのよ。

ショウタ：ありがとう。慣れていくと思います。

ホストマザー：長旅の疲れから回復するようにミルクを温めてあげましょう。きっとへとへとでしょう。

544 ☐	**recover** [rɪkʌ́vər]	自 回復する 他 を取り戻す 派 **recóvery** 名 回復
545 ☐	**exhausted** [ɪgzɔ́ːstɪd, egz-]	形 へとへとになった，疲れ果てた 派 **exháust** 他 を疲れ果てさせる 派 **exháustion** 名 極度の疲労

Words & Phrases

ℓ.3 let the students who stay here live independently　who stay here は the students を説明する節。

ℓ.6 how to use the bath「お風呂の使い方」how to ... で「…の方法」の意味。

ℓ.11 must be ...「…に違いない」

1100　1200　1300　1400　1500

☐ターゲット文を言った
☐ロールプレイの練習をした

38-2 Have you ever done *origami* before?

ホームステイ先で折り紙の折り方を説明する

Q What *origami* did they make? (→ p.301)

Shota: I'm going to **demonstrate** how to make an *origami* crane. Have you ever done *origami* before?

Host mother: Maybe sometime **in the** distant **past**, but I'm not so **confident** in my ability now. Let me get some scissors.

Shota: No, no cutting is necessary. It's a little **complicated**, but I think you'll **manage**. First, **fold** the paper **in half** like this. Make sure the corners match. Then lift this corner and fold it like this.

Host mother: Oh, my! You **seem to** be an expert at this. It's already **overwhelming** for me!

Shota: You're doing fine. Next, fold these corners in like this, and lift up this part here.

Host mother: **Hold on**, let me make sure I'm **getting it right**.

Shota: You've almost got it! Just one more step and you've made a crane.

Host mother: Wow! I didn't know I could do this. We should **celebrate** with some cake!

(142 words)

546	**demonstrate** ★ [démənstrèɪt]	他 を実際にやってみせる 自 デモをする 派 **demonstrátion** 名 実演説明
547	**in the past**	過去に in the distant past（ずっと昔に） 548 **pást** 名 過去 形 過去の
549	**confident** [kɑ́:nfədənt]	形 自信があって，確信して 派 **cónfidence** 名 信頼，自信
550	**complicated** [kɑ́:mpləkèɪtɪd]	形 複雑な，わかりにくい 反 **simple** 派 **cómplicate** 他 を複雑にする
551	**manage** [mǽnɪdʒ]	自 何とかできる 他 をやってのける 派 **mánagement** 名 管理
552	**fold** [fóʊld]	他 を折る，を折りたたむ
553	**in half**	半分に

38-2 折り紙を折ったことはありますか。

Q 彼らは折り紙で何を折りましたか。

ショウタ：折り紙の鶴の作り方を実際にやってみせますね。折り紙を折ったことがありますか？
ホストマザー：たぶんずいぶんと昔に…。でも，今はできるかそれほど自信があるわけではないわ。ハサミを取ってきましょうね。
ショウタ：いいえ，切る必要はありません。ちょっと複雑なのですが，うまくできると思いますよ。最初に，このように紙を半分に折ってください。必ず角がぴったり合うようにします。それからこの角を持ち上げて，こんなふうに折ってください。
ホストマザー：あらまあ！ ショウタは折り紙の達人のようね。もう私の手に負えないわ！
ショウタ：うまくできていますよ。次に，これらの角をこのように折りたたんで，それからここのこの部分を持ち上げるのです。
ホストマザー：ちょっと待って，正しくできているか確かめさせて。
ショウタ：ほとんどできあがっていますよ！ あとももう一つの手順をやるだけで，鶴のできあがりです。
ホストマザー：わあ！ 自分に鶴が折れるなんて知らなかったわ。私たち，ケーキでお祝いしなきゃ！

554 ☐	**seem to ...**	…であるように思われる 555 ☐ **seem** 自 ～のように見える〔思われる〕 556 ☐ **it seems that ...** …であるようだ
557 ☐	**overwhelming** [òuvərwélmiŋ]	形 圧倒的な 派 **overwhélm** 他 を圧倒する
558 ☐	**hold on**	〈命令文で〉（ちょっと）待つ；（電話を）切らずに待つ
559 ☐	**get it right**	正しく理解する〔行う〕
560 ☐	**celebrate** [séləbrèit]	他（記念日など）を祝う 類 **congratulate**（（人）を祝う） 派 **celebrátion** 名 お祝い

Tips 不安を自分のタイミングで解消することができます。ホストマザーのように“Hold on, let me make sure I'm getting it right.”と確認できたら，安心して話を先に進めるでしょう。

1100 1200 1300 1400 1500

☐ターゲット文を言った
☐ロールプレイの練習をした

Quiz Chapter 4

空所にあてはまる単語を選びましょう。

【1】

Do you want to be truly (1) by sheer beauty?
See the (2) views from the top of the mountains ...
Explore the deserted sandy beaches ...
Hear the waves come crashing onto the shore ...
Even take a swim with the dolphins ...
You will (3) the special moments you spend here.

(1) (a) attached	(b) celebrated	(c) demonstrated	(d) inspired
(2) (a) breathtaking	(b) confident	(c) extinct	(d) neat
(3) (a) cherish	(b) exchange	(c) inspect	(d) overhear

【2】

- Apply for a passport, if needed. Check the (1) date on an existing passport.
- Get a small amount of foreign currency from the bank before leaving.
- Pack wisely. Don't include any (2) items. Put needed items, like (3) medicine, in your carry-on baggage.

(1) (a) expiration	(b) legend	(c) procedure	(d) substance
(2) (a) complicated	(b) developed	(c) exhausted	(d) prohibited
(3) (a) indication	(b) prescription	(c) reservation	(d) transportation

Answers

【1】 No.30 参照

(1) (d) (2) (a) (3) (a)

【2】 No.32-1 参照

(1) (a) (2) (d) (3) (b)

【3】

Betty : A "tuk tuk." It's a three-wheeled (1) used as a motor taxi. It was fun to ride around in, but you have to be careful because sometimes the drivers (2) too much.

John : That's good to know. What else did you do there?

Betty : Of course, I went to see lots of temples. They were absolutely (3).

(1) (a) itinerary (b) landscape (c) ruin (d) vehicle
(2) (a) adjust (b) charge (c) depart (d) manage
(3) (a) coastal (b) confident (c) rural (d) spectacular

【4】

Taro : Hi. I'm sorry — I couldn't help but overhear that you're a surfing instructor.

Meg : Oh, hi. Yes, I am! I run a small surf shop near the beach.

Taro : That's really cool. I've actually been looking for somewhere to take a surfing lesson.

Meg : What a great (1)! When were you looking to schedule a lesson?

Taro : Anytime, really! But I do want to see some sights first, since I just got here. Is there any place you would (2)?

Meg : Hm... There's a really interesting history museum just down the road. It specifically focuses on (3) history!

(1) (a) coincidence (b) complex (c) fossil (d) landscape
(2) (a) contain (b) delight (c) distribute (d) recommend
(3) (a) neat (b) overwhelming (c) reasonable (d) regional

【3】No.35-2 参照

(1) (d) (2) (b) (3) (d)

【4】No.36 参照

(1) (a) (2) (d) (3) (d)

4 Quiz

39 What do you mean by "somehow"?

☑☑ コンサートのチケット購入について話す

Q What does Emi want to get? (→ p.301)

Jeff: Hey Emi, what's the **urgent** news? Are you okay?

Emi: My favorite band **announced** that they're going on a world tour!

Jeff: Oh, hahaha! I thought you were in some kind of **trouble**. That's great! Are they coming to Tokyo?

Emi: Yes, and I have to get tickets **somehow**!

Jeff: What do you mean by "somehow"? Is it that competitive?

Emi: Yes. They've become **increasingly** popular lately. I have to **register** for a **lottery** first. Then, I might get a chance to **purchase** tickets.

Jeff: What?! That's crazy. They must be great **performers**.

Emi: They are. I don't know what I'll do if I lose the lottery. Maybe I can **sneak** past the **security guard**.

Jeff: Emi, I know you're kidding, but that would definitely end **badly**.

(119 words)

561 ☐	**urgent** ★ [ə́ːrdʒənt]	形 緊急の
562 ☐	**announce** ★ [ənáʊns]	他 を発表する 類 **declare, report** 派 **annóuncement** 名 発表，公表
563 ☐	**trouble** [trʌ́bl]	名 困ること；心配事；不調 他 を心配させる
564 ☐	**somehow** [sʌ́mhàʊ]	副 何とかして；どういうわけか；何らかの方法で
565 ☐	**increasingly** [ɪnkríːsɪŋli]	副 ますます，どんどん
566 ☐	**register** ★ [rédʒɪstər]	自 登録する 他 を登録する；を記録する 派 **registrátion** 名 登録
567 ☐	**lottery** [lɑ́ːtəri]	名 抽選，宝くじ

39 「どうにかして」とはどういう意味ですか。

Q エミは何を手に入れたがっていますか。

ジェフ：ねえ，エミ，緊急のニュースって何だい？ 君は大丈夫なの？

エミ：私の大好きなバンドが，世界ツアーに出るって発表したのよ！

ジェフ：ああ，あはは！ 僕は君が何か困ったことになったのかと思ったよ。それはすごいね！ 彼らは東京へ来るの？

エミ：そうなの，そして私はどうにかしてチケットを手に入れなきゃならないのよ！

ジェフ：「どうにかして」とはどういう意味？ そんなに競争が激しいということ？

エミ：ええ。彼らはこのところ，ますます人気が出てきているの。最初に抽選のために登録する必要があるのよ。その後で，チケットを購入するチャンスをつかめるかもしれない。

ジェフ：なんだって?! それはとんでもないな。彼らはさぞ素晴らしい演奏者に違いないね。

エミ：そうなのよ。もし抽選に外れたら，どうしたらいいかわからない。もしかしたら警備員の前を通ってこっそり入ることができるかしら。

ジェフ：エミ，君が冗談を言っているのはわかっているけれど，それは間違いなく失敗に終わるだろうね。

568 ☐	**purchase**★ [pə́ːrtʃəs]	他 を購入する 名 購入，買い物
569 ☐	**performer** [pərfɔ́ːrmər]	名 演奏者，役者
570 ☐	**sneak** [sníːk]	自 こっそり動く〔入る，出る〕
571 ☐	**security guard** [sɪkjúərəti gàːrd]	警備員
572 ☐	**badly** [bǽdli]	副 悪く，まずく 反 well

Words & Phrases

ℓ.11 sneak past ～「～の前を通ってこっそり入る」この past は前置詞で「〈場所･人など〉を通り過ぎて」の意味。

1100 1200 1300 1400 1500

☐ターゲット文を言った
☐ロールプレイの練習をした

40 They sound amazing!

☑☑ 音楽について話す

Q How does the music group help to raise awareness about pollution?

(→ p.301)

Dan and Rie are talking at a house party.

Dan: What a fantastic party! I love this music. It has such a great **rhythm** and so much energy.

Rie: I love it, too. I like how this band uses some unusual **objects** as **musical instruments**, such as garbage can lids, glass bottles, and blocks of wood.

Dan: I know, they sound amazing, don't they? It's a great way to **recycle** things, too. It helps to raise **awareness** about **pollution**. I can see why they're an **award-winning** group.

Rie: I agree. Their music doesn't **appeal to** everyone, though. Some of my friends think it's too **chaotic**.

Dan: I think that's **ridiculous**! Their music is awesome. Whenever I hear them, I **can't help** dancing. **Speaking of** that, would you like to dance?

(125 words)

573 ☐	**rhythm** [ríðm]	名 リズム
574 ☐	**object** 名 [á:bdʒɪkt] 動 [əbdʒékt]	名 物；対象；目的　自 反対する
575 ☐	**musical** [mjú:zɪkl]	形 音楽の　名 ミュージカル
576 ☐	**instrument** [ínstrəmənt]	名 楽器；道具
577 ☐	**recycle** [ri:sáɪkl]	他 をリサイクル〔再生利用，再資源化〕する
578 ☐	**awareness** [əwéərnəs]	名 意識，認識；自覚　raise awareness（意識〔認識〕を高める） 派 **awáre** 形 気づいている，知っている

40 それらは素晴らしい音だ！

Q この音楽グループは，公害に対する意識を高めるのにどのように役立っていますか。

ダンとリエはあるホームパーティーで話しています。

ダン：なんて楽しいパーティーなんだ！ 僕はこの音楽が大好きだよ。とても素晴らしいリズムで元気いっぱいで。

リエ：ええ，私も大好きよ。一風変わった物を楽器として使うこのバンドのやり方が好き。ゴミ箱の蓋とか，ガラス瓶，それに木の塊とか。

ダン：そうさ，それらは素晴らしい音だよね？ 物を再生利用する優れた方法でもあるわけだよ。公害に対する意識を高めるのに役立つし。なるほど，彼らは受賞歴のあるグループなわけだね。

リエ：同感だわ。彼らの音楽は誰にでも訴えかける，というわけではないけれどね。私の友人たちの中には，彼らの音楽があまりにも混沌としていると考える人もいるの。

ダン：それはばかげていると思う！ 彼らの音楽は最高なんだ。いつ聞いても僕は踊らずにいられない。ダンスと言えば，一緒に踊らないかい？

579 ☐	**pollution** [pəlúːʃən]	名 汚染，公害　water pollution（水質汚染） 派 **pollúte** 他 を汚染する
580 ☐	**award-winning** [əwɔ́ːrd wìnɪŋ]	形 賞を勝ち取った
581 ☐	**appeal to ～**	～の心に訴える
582 ☐	**chaotic** [keɪɑ́ːtɪk]	形 混沌とした，無秩序の
583 ☐	**ridiculous** [rɪdíkjələs]	形 ばかげた
584 ☐	**can't help ...ing**	…せずにはいられない，思わず…してしまう
585 ☐	**speaking of ～**	～のことだが，～と言えば

1100 1200 1300 1400 1500

☐ ターゲット文を言った
☐ ロールプレイの練習をした

41 What can I say about Stevie Wonder?

☑☑ ライブの感想をブログに書く

Q What does the writer love about Stevie Wonder? (→ p.301)

September 1: I Love Stevie!

To all you Stevie fans everywhere.... What can I say about Stevie Wonder? The man is a musical **genius**. And yesterday I was there at the Seattle **Convention** Center when he rocked the house! He was just so amazing! **As always**, he performed with such **skill** and deep **emotion**. I love the way he **connects with** the **audience**. You can just feel his energy and power. The music that he **creates** is the kind of music that **unites** people of all different **backgrounds**. **There can be no doubt that** he loves what he does, and that is an inspiration to all of us. (108 words)

586 ☐	**genius** [dʒíːnjəs]	名 天才；才能
587 ☐	**convention** [kənvénʃən]	名 コンベンション，会議，大会 ※各種団体による定期的な集会
588 ☐	**as always**	いつも通り ※ as usual よりポジティブな印象がある。
589 ☐	**skill** [skíl]	名 技術，熟練 派 **skílled** 形 熟練した ※ skillful より今までの積み重ねを重視。 派 **skíllful** 形 熟練した
590 ☐	**emotion** [ɪmóʊʃən]	名 情感，感情 派 **emótional** 形 感動的な；感情的な emotional experience（感動的な体験） 派 **emótionally** 副 情緒的に
591 ☐	**connect with ～**	～と（気持ちが）通じる；～と接続する 592 ☐ **connéct** 自 つながる 派 **connéction** 名 関連
593 ☐	**audience** [ɔ́ːdiəns]	名 聴衆，観客

41 スティービー・ワンダーのことをどう説明すればいいのでしょうか。

Q 書き手はスティービー・ワンダーの何が好きですか。

9月1日　スティービーが大好き！

世界中のスティービー・ファンの皆様へ…。スティービー・ワンダーのことをどう説明すればいいのでしょうか。彼は音楽の天才です。そして昨日，私はシアトルのコンベンションセンターにいたのですが，彼は観客を興奮させました！ 彼は本当にとても素晴らしかったです！ いつものことながら，あの技術と深い情感で演奏をしてくれました。スティービーが観客と気持ちが通じ合っている感じが大好きです。彼のエネルギーや力強さをまざまざと感じることができるのです。彼が創り出す音楽は，あらゆる異なる背景を持った人々を一つに結びつけてくれるような音楽です。スティービーが自分がしていることが大好きだということには疑いの余地がありませんし，そのことが私たちみんなにとっての刺激なのです。

5 音楽・アート

594 ☐	**create** [kriéɪt, krìː-]	他 を創造する，を生み出す 派 **creátive** 形 創造的な
595 ☐	**unite** [juːnáɪt]	他 を結びつける，を結合させる
596 ☐	**background** [bǽkgràʊnd]	名 背景，経歴　background information（背景知識）
597 ☐	**there can be no doubt that ...**	…に関して疑いの余地がない 598 ☐ **dóubt** 名 疑い　他 を疑問に思う　自 疑う

Words & Phrases

ℓ.2 What can I say about ～?「～について何と言ったらよいでしょう，～について説明のしようがありません」

ℓ.4 rock the house　直訳すると「会場を揺り動かす」だが，そこから転じて「観客を興奮させる，盛り上げる」という意味。

ℓ.8 the kind of music that unites people of all different backgrounds　that 以下でどんな music かを説明している。

1100　1200　1300　1400　1500

□ターゲット文を言った

42 It was a remarkable performance filled with emotion.

☑☑ コンサートの感想を書く

Q **What did Ozawa highlight when he waved his wand?** (→ p.301)

★★★★★ Remarkable Performance

There was a **sense** of excitement **in the air** when the lights dimmed. **At that moment**, the **conductor** Seiji Ozawa **emerged** from behind the flutes. He **received** a rousing ovation, and then began his first piece.

As Ozawa expressively **waved** his wand, the **unity** and **focus** of the orchestra became clear. He employed a lyrical style, highlighting dissonant chords. Ozawa's approach was successful because he skillfully transitioned from a feeling of tense dissonance to one of complete harmony in the ending. It was a **remarkable** performance filled with emotion. Once again, Ozawa showed why he is a **world-renowned** conductor with such great musical ability. (106 words)

599 ☐	**sense** [séns]	名 感じ，感覚 **sixth sense**（第六感） 600 ☐ **in a sense** ある意味
601 ☐	**in the air**	（気配が）漂って，（心の中に）浮かんで
602 ☐	**at that moment**	その瞬間
603 ☐	**conductor** [kəndʌ́ktər]	名 指揮者 604 ☐ **condúct**★ 他 を指揮する；を行う
605 ☐	**emerge** [ɪmə́ːrdʒ]	自 現れる
606 ☐	**receive** [rɪsíːv]	他 を受ける 派 **recéipt** 名 領収証
607 ☐	**wave** [wéɪv]	他 を振る **wave one's hand**（手を振る） 自 揺れる 名 波
608 ☐	**unity** [júːnəti]	名 調和，一体感
609 ☐	**focus**★ [fóukəs]	名 集中；焦点 他 の焦点を合わせる 自 集中する 610 ☐ **focus on ～** ～に集中する；～に重点を置く

42 それは情感にあふれた素晴らしい演奏でした。

Q 小澤は指揮棒を振った時，何を強調しましたか。

★★★★★　素晴らしい演奏

照明が落ちると興奮した気配が漂った。その瞬間，指揮者の小澤征爾がフルート奏者たちの背後から現れた。彼は万雷の拍手を受け，それから最初の楽曲を指揮し始めた。

小澤が表情豊かに指揮棒を振るにつれ，オーケストラが一体となり集中していくのが見てとれた。彼は不協和音を強調する抒情詩的な方法を用いた。小澤のこの手法は成功した。その理由は，張り詰めた不協和音の感覚を，最後には完璧な調和の感覚へとうまく変化させたからである。それは情感にあふれた素晴らしい演奏だった。小澤はまたもや，自身が実に優れた音楽的才能を持つ世界的に名高い指揮者であるわけを示してくれたのだ。

611 ☐	**remarkable** [rɪmáːrkəbl]	形 素晴らしい，注目すべき 派 **remárkably** 副 著しく 派 **remárk** 他 と述べる　名 見解
612 ☐	**world-renowned** [wə́ːrld rɪnáʊnd]	形 世界的に有名な

Words & Phrases

- ℓ.4 a rousing ovation「万雷の拍手」
- ℓ.5 wand「指揮棒」
- ℓ.7 dissonant chords「不協和音」chord は「和音，コード」。
- ℓ.10 once again「またもや」

Key Point 小澤征爾（1935-2024）

幼少時から音楽を学び，縁戚にあたる齋藤秀雄に師事し指揮を学ぶ。桐朋学園大学短期大学卒業後ヨーロッパ・アメリカに渡り，数々のコンクールで優勝。才能を開花させる。サンフランシスコ交響楽団音楽監督，ボストン交響楽団音楽監督やウィーン国立歌劇場音楽監督などを歴任し，フランス政府よりレジオン・ドヌール勲章オフィシエ，日本で文化勲章などを授与された。

43 I can't wait for tomorrow.

☑☑ 現代美術について話す

Q **Where are Nicole and Rich going tomorrow?** (→ p.301)

Nicole: There's a Robert Norman **exhibition** at the Museum of Contemporary Art tomorrow.

Rich: Oh, really?

Nicole: Yeah. Shall we **postpone** our beach trip and check out the museum instead?

Rich: Sounds good. I love contemporary art.

Nicole: Me, too. I really don't understand why some people think it's **inferior to** classical art!

Rich: I **guess** some people's idea of art is **old-fashioned**.

Nicole: True. They just don't appreciate paintings that use **spheres**, **squares**, and **triangles**.

Rich: Yeah! **Personally**, I think landscape paintings are just too busy and rather **dull**.

Nicole: Contemporary art really stimulates the imagination and makes people think about the creative flair behind the painting.

Rich: Exactly! **I can't wait for** tomorrow.

(105 words)

613 ☐	**exhibition** [èksəbíʃən]	名 展覧会 派 **exhíbit** 名 展示；展示物 他 を展示する 類 **display**
614 ☐	**postpone**★ [pous*t*póun]	他 を延期する，を先延ばしにする 類 **put off ～**
615 ☐	**inferior to ～** [ɪnfíəriər]	～より劣る 反 **superior to ～** 616 ☐ **inférior** 形 劣っている
617 ☐	**guess** [gés]	他 と思う；を推測する 自 言い当てる Guess what.（ねえ，聞いてよ。）
618 ☐	**old-fashioned** [òul*d* fǽʃənd]	形 時代遅れの
619 ☐	**sphere** [sfíər]	名 球（状のもの）；天体
620 ☐	**square** [skwéər]	名 正方形，四角 形 正方形の 他 を正方形にする，を四角にする

43 明日が待ちきれません。

Q ニコールとリッチは明日どこに行きますか。

ニコール：明日，現代美術館でロバート・ノーマン展があるのよ。
リッチ：へえ，そうなの？
ニコール：ええ。海への旅を延期して，代わりに美術館を見てみる？
リッチ：それはいいね。僕は現代美術が大好きなんだ。
ニコール：私もよ。どうして現代美術が古典美術に劣っていると考える人がいるのか，本当に理解できないわ！
リッチ：芸術についての考えが，時代遅れの人もいるんじゃないかな。
ニコール：そうね。そういう人は球形や四角や三角形を使う絵画を，とにかく評価しないのよね。
リッチ：そうだよね！ 個人的には，風景画はごてごてしすぎるし，むしろさえないと思うな。
ニコール：現代美術はとても想像力を刺激してくれるし，絵画の背後にある創造的才能について，人々に考えさせるのよ。
リッチ：同感！ 明日が待ち切れないよ。

5 音楽・アート

621	**triangle** [tráɪæ̀ŋgl]	名 三角形
622	**personally** [pə́ːrsənəli]	副 個人的には 派 **pérsonal** 形 個人的な
623	**dull** [dʌ́l]	形〈色・光が〉くすんだ，さえない；〈話などが〉退屈な，つまらない 派 **dúllness** 名 退屈さ；鈍さ
624	**I can't wait for ～**	～が待ちきれない

Words & Phrases

ℓ.1 comtemporary art「現代美術」
ℓ.8 classical art「古典美術」
ℓ.10 appreciate「～を高く評価する」
ℓ.12 busy「〈模様などが〉ごてごてした」
ℓ.15 flair「天賦の才能」

1100 1200 1300 1400 1500

□ターゲット文を言った
□ロールプレイの練習をした

44 *Ukiyo-e* is one of Japan's best-known art forms.

☑☑ 浮世絵について説明する

Q What did the earliest *ukiyo-e* pictures show? (→ p.301)

Ukiyo-e is one of Japan's best-known art forms. It began in the 17th century with works that were **relatively** simple and mostly black-and-white. The earliest *ukiyo-e* pictures showed **daily** life in Kyoto and other simple subjects. Later, artists started to **add** color, and the first woodblock prints **appeared**. With paintings of attractive women and *kabuki* actors, *ukiyo-e* became widely popular in the late 18th century and 19th century.

Although Japan **was isolated from** the world in the Edo period, some *ukiyo-e* prints were **exported** to European countries. No **translation** was necessary to enjoy the colorful and **fascinating** pictures. The British Museum was **especially enthusiastic** about collecting *ukiyo-e*. The popularity of *ukiyo-e* spread throughout the 19th century, with the **publication** of nearly 250 books on *ukiyo-e* in countries outside Japan by the early 20th century.

(134 words)

625 ☐	**relatively**★ [rélətɪvli]	副 比較的 派 **rélative** 形 比較上の 名 親類
626 ☐	**daily** [déɪli]	形 日常の
627 ☐	**add** [æd]	他 を加える 派 **addítion** 名 追加 類 **besides**
628 ☐	**appear** [əpíər]	自 現れる 派 **appéarance** 名 外見
629 ☐	**be isolated from ～**	～から孤立している
630 ☐	**export**★ 動 [ɪkspɔ́ːrt] 名 [ékspɔːrt]	他 を輸出する 名 輸出 反 **import**
631 ☐	**translation** [trænsléɪʃən, trænz-]	名 翻訳 派 **tránslate** 他 を翻訳する 派 **translátor** 名 翻訳者
632 ☐	**fascinating** [fǽsənèɪtɪŋ]	形 魅惑的な，とても興味深い ※ attractive は見た目が「魅力的な」ことを言う。

44 浮世絵は, 日本の最もよく知られている芸術形態の一つです。

Q 最も初期の浮世絵には何が描かれていましたか。

浮世絵は, 日本の最もよく知られている芸術形態の一つです。17 世紀に, 比較的単純で, 大部分が白と黒で描かれた作品から始まりました。最も初期の浮世絵の絵には, 京都の日常の生活やその他の素朴な題材が描かれていました。のちに, 浮世絵作家たちは色を加え始め, 最初の木版画が現れたのです。魅力的な女性や歌舞伎役者たちが描かれた絵画が登場し, 浮世絵は 18 世紀後半から 19 世紀に広く人気を博すようになりました。

江戸時代, 日本は世界から孤立していましたが, 浮世絵の版画の中には, ヨーロッパ諸国に輸出されたものもありました。この色とりどりの魅惑的な絵柄を楽しむのに, 翻訳は必要ではなかったのです。大英博物館はとりわけ浮世絵の収集に熱心でした。19 世紀を通じて浮世絵の評判は広まり, 20 世紀初頭までに, 日本以外の国々で浮世絵に関するおよそ 250 冊の書籍の出版が行われました。

5 音楽・アート

633 ☐	**especially** [ɪspéʃəli, es-]	副 とりわけ
634 ☐	**enthusiastic**★ [enθ(j)ù:ziǽstɪk]	形 熱心な 類 **eager** 反 **unenthusiastic** 派 **enthusiástically** 副 熱狂的に 派 **enthúsiasm** 名 熱狂, 熱中
635 ☐	**publication** [pʌ̀bləkéɪʃən]	名 出版 **weekly publication**（週刊出版物）

Words & Phrases

- ℓ.1 best-known「最もよく知られた」
- ℓ.2 black-and-white「白黒の」
- ℓ.4 woodblock print「木版画」
- ℓ.9 The British Museum「大英博物館」英国ロンドンにある世界最大級の博物館。800 万点ほどを収蔵する。
- ℓ.11 throughout ~「~（期間）を通して」

45 Are you familiar with the Western artists?

☑ ☑ 浮世絵と西洋絵画について話す

Q How did *ukiyo-e* influence the works of Western art? (→ p.301)

Mary: I'm studying art **restoration** at school back home. While I'm here visiting in Japan, I want to learn more about Japanese art.

Hiroshi: OK. That's great. So, one traditional style of Japanese art is called *ukiyo-e*. *Ukiyo-e* prints had a profound **influence** on many artists in the Western world.

Mary: **Is that so?** Tell me more.

Hiroshi: Are you familiar with the Western artists — Claude Monet and Vincent Van Gogh?

Mary: Of course. They painted numerous **masterpieces**. I love Monet's "Water Lilies" and Van Gogh's "Sunflowers."

Hiroshi: Well, Monet and Van Gogh were two of the artists who **adopted** many *ukiyo-e* compositional styles and **techniques** in their paintings. These techniques included the use of **asymmetry**, broad brushstrokes, bright colors, and **flat** backgrounds. For example, Van Gogh's "Sunflowers" is painted with thick **outlines** on a flat background.

Mary: Wow! This is so fascinating.

(136 words)

636 ☐	**restoration** [rèstəréiʃən]	名 修復，復元 派 **restóre** 他 を修復する；(以前の状況など) に戻す
637 ☐	**influence** ★ [ínfluəns]	名 影響　他 に影響を及ぼす
638 ☐	**Is that so?**	そうですか？；本当ですか？
639 ☐	**masterpiece** [mǽstərpìːs]	名 傑作，名作
640 ☐	**adopt** [ədáːpt]	他 を採用する，を取り入れる；を養子にする 自 養子を受け入れる 派 **adóption** 名 養子縁組；(新しい計画・考えなどの) 採用
641 ☐	**technique** [tekníːk]	名 手法；技術

45 西洋の芸術家に詳しいですか。

Q 浮世絵はどのように西洋芸術の作品に影響を与えましたか。

メアリー：私は母国の学校では美術作品の修復を勉強しています。ここ日本を訪問している間に，日本の芸術についてもっと学びたいのです。

ヒロシ：わかりました。素晴らしいことですね。さて，日本の芸術の一つの伝統的な形式は，浮世絵と呼ばれています。浮世絵の版画は，西洋世界の多くの芸術家に大きな影響を与えました。

メアリー：そうなのですか？ 詳しく話してください。

ヒロシ：クロード・モネやフィンセント・ファン・ゴッホといった，西洋の芸術家に詳しいですか。

メアリー：もちろんです。彼らは多くの傑作を描きました。私はモネの「睡蓮」やファン・ゴッホの「ひまわり」が大好きです。

ヒロシ：えーと，モネとファン・ゴッホは，多くの浮世絵の構図形式や手法を自分たちの絵画に取り入れた芸術家のうちの２人なのです。このような技術には，非対称，大まかな（太い線の）筆致，明るい色彩，そして平面的な背景の使用などがあります。例えば，ファン・ゴッホの「ひまわり」は，平面的な背景に太い輪郭線で描かれています。

メアリー：わあ！ これは本当に興味が尽きませんね。

642	**asymmetry** [eɪsímətri]	名 非対称　反 symmetry
643	**flat** [flæt]	形 平面的な，平らな，起伏のない 名 平らな部分，平地　副 平らに
644	**outline**★ [áʊtlàɪn]	名 輪郭，外形；概略　他 の要点を述べる

Words & Phrases

ℓ.4 profound「〈影響などが〉多大な」
ℓ.7 Claude Monet「クロード・モネ」（1840-1926）印象派を代表するフランスの画家。
ℓ.8 Vincent Van Gogh「フィンセント・ファン・ゴッホ」（1853-1890）ポスト印象派のオランダの画家。

1100　1200　1300　1400　1500

□ターゲット文を言った
□ロールプレイの練習をした

46 The tour takes about an hour.

☑ ☑ 入場券売り場で話す

Q **Are the guests allowed to leave the tour early?** (→ p.301)

Clerk: Hello. How can I help you?

Kate: Hi. Could you tell me a little about your art tour?

Clerk: Yes, definitely. The tour takes about an hour. The tour guide is very **knowledgeable** and **open to** any questions you may have. An artist herself, she can share her unique **perspective** on the various works of art.

Kate: Can we leave the tour early if we find some exhibit that we like?

Clerk: Yes, but we recommend that you stay with the tour till the end. This will **enable** you **to gain** a good **overview** of what's available. Then later, you could **check out** any exhibit that interests you.

Kate: OK. **I understand.** I'd like to buy two tickets for today's 1 p.m. tour.

(118 words)

645 □	**knowledgeable** ★ [nálɪdʒəbl]	形 精通している；博識の 派 **knówledge** 名 知識；理解 646 □ **to one's best knowledge** ～の知る限りでは
647 □	**(be) open to ～**	～を（進んで）受け入れる
648 □	**perspective** [pərspéktɪv]	名 考え方，見方 one's perspective on ～（～に関する観点）
649 □	**enable ～ to *do***	～が…することを可能にする（to make it possible for sb/sth to do sth）
650 □	**gain** ★ [géɪn]	他 を得る 類 **get, obtain** 自 増す 名 得ること 反 **loss**
651 □	**overview** [óʊvərvjùː]	名 全体像，概観

46 見学ツアーの所要時間は 1 時間ほどです。

Q お客は見学ツアーを早めに抜けることはできますか。

案内係：こんにちは。いらっしゃいませ。

ケイト：どうも。こちらの美術見学ツアーについて，ちょっと教えていただけますか。

案内係：ええ，もちろんです。見学の所要時間は 1 時間ほどです。見学ガイドは非常に知識が豊富で，皆さんのどんな質問でもお受けします。ガイド自身が芸術家ですので，さまざまな美術作品について彼女独自の見方をお伝えできます。

ケイト：もし気に入った展示を見つけたら，見学ツアーを早めに抜けることはできますか。

案内係：はい，ですが見学には最後までお付き合いいただくことをお勧めします。そうすれば，どのようなものがあるのかという全体像をよくつかむことができることと思います。その後，ご興味のある展示をどれでも見ていただけます。

ケイト：そうですか。わかりました。今日の午後 1 時の見学のチケットを 2 枚お願いします。

652 ☐	**check out ～**	～を詳しく調べる，～を確かめる
653 ☐	**I understand.**	（十分に）わかりました。 ※I see.（なるほど。）はカジュアルな場面で使うことが多い。

Words & Phrases

ℓ.2 Could you tell me a little about ～?「～について少し教えていただけますか。」

ℓ.3 definitely「もちろん，当然」強い肯定の表現

ℓ.8 till the end「最後まで」

ℓ.9 what's available「何が利用できるか」つまり，美術館で何を見ることができるか，ということ。

ℓ.10 interest「～に興味を持たせる」

1100 1200 1300 1400 1500

☐ ターゲット文を言った
☐ ロールプレイの練習をした

47 Let’s get started.

☑☑ ガイドの説明を聞く

Q What did Picasso seem to absorb in forming his own unique style? (→ p.301)

Welcome, everyone. I’m Loretta, your guide today. I’ll be showing you the work of some **prestigious** artists, as well as some of our recent acquisitions.

Let’s get started. This exhibit is entitled “Picasso and Africa.” Here you see 80 of Picasso’s paintings and **sculptures** together with a selection of African masks and **statues** like those he had around him as he worked. Picasso seemed to **absorb** the **abstract concepts** of African art in the formation of his own unique style.

Next, you will see an **exclusive** showing of some works of **documentary** photographer Ben Shahn. His photographs **reflect** a penetrating view of **urban** life in New York City in the late 1990s. (112 words)

654 ☐	**prestigious** [prestíːdʒəs, -tí-, -dʒiəs]	形 一流の，名声のある prestigious university（名門大学）
655 ☐	**sculpture** [skʌ́lptʃər]	名 彫刻
656 ☐	**statue** [stǽtʃuː]	名 彫像，塑像（そぞう）
657 ☐	**absorb** [əbzɔ́ːrb, -sɔ́ːrb]	他 を取り入れる，を吸収する 658 ☐ **be absorbed in ～** ～に夢中である
659 ☐	**abstract** [ǽbstrækt]	形 抽象的な，抽象派の 反 concrete
660 ☐	**concept** [kάːnsept]	名 概念，観念 類 idea
661 ☐	**exclusive** [ɪksklúːsɪv, eks-]	形 独占的な，排他的な（only to be used by or given to one person, group, etc; not to be shared） 反 inclusive 派 **exclúsively** 副 独占的に 派 **exclúde** 他 を排除する

47 始めましょう。

Q ピカソは自分独自のスタイルを形成する際に，何を取り入れたように思われますか。

ようこそ，皆さん。私は本日の皆さんの案内役，ロレッタです。皆さんには当館が最近入手した作品のいくつかはもとより，一流の芸術家による作品もご覧いただきます。

始めましょう。この展示の題は「ピカソとアフリカ」です。ここではピカソの絵画や彫刻 80 点を，彼が作業する時に自分の周りに置いておいたようなアフリカの仮面や彫像の品々とともにご覧いただけます。ピカソは，自分独自のスタイルを形成する際に，アフリカの芸術の抽象的な概念を取り入れたようです。

次に，ドキュメンタリー写真家ベン・シャーンの作品の中からここだけの展示をご覧いただきます。彼の写真は，1990 年代後半のニューヨーク市の都市の生活に対する洞察に富む見方を映し出しています。

662 ☐	**documentary** [dɑ̀ːkjəméntəri]	形 ドキュメンタリーの；文書の 名 ドキュメンタリー，記録作品
663 ☐	**reflect** ★ [rɪflékt]	他 を映し出す，を反映する
664 ☐	**urban** ★ [ə́ːrbən]	形 都市の　反 **rural**

Words & Phrases

ℓ.3 acquisition「入手品」

ℓ.4 be entitled ~「～という題がついている」

ℓ.6 those he had around him「彼の周りに置いていた物」those は African masks and statues を指す。

ℓ.7 in the formation of his own unique style「自分独自のスタイルを形成する際に」

ℓ.10 penetrating「洞察力のある」

ℓ.11 in the late 1990s「1990 年代後半に」

48 I prefer more abstract art.

☑☑ 展示物を見ながら感想を伝え合う

Q What does "New Age" art convey? (→ p.301)

Jeff: I understand that this portrait is quite **valuable**.

Kate: Is that so? It's a little too traditional for my taste. I prefer more abstract art.

Jeff: Come on. You mean like Picasso?

Kate: Not really. In fact, sometimes his work seems **disturbing** to me. I'm talking about an **approach** to art that's called "New Age." It **conveys** the more **spiritual** nature of **existence**. Say, I think I saw some in the other room. Let's **take a look**.

Jeff: Oh, I see what you mean. I actually feel **calm** looking at this work. I think this kind of art could have a **profound** influence on people.

(101 words)

665 ☐	**valuable** [vǽljəbl]	形 金銭的価値がある，高価な；貴重な 名〈通常複数形で〉貴重品 派 **válue** 名 価値（観） 他 を尊重する
666 ☐	**disturbing** [dɪstə́ːrbɪŋ]	形 不安にさせる，心をかき乱す 派 **distúrb** 他 を妨げる 派 **distúrbance** 名 妨害；騒動
667 ☐	**approach** [əpróutʃ]	名 手法，取り組み（方）；接近 他 に近づく 自 近づく
668 ☐	**convey** [kənvéɪ]	他 を伝える（to make ideas, thoughts, feelings, etc known to sb）；を運ぶ
669 ☐	**spiritual** [spírɪtʃuəl]	形 精神的な 派 **spírit** 名 精神
670 ☐	**existence** [ɪgzístəns, egz-]	名 存在 派 **exíst** 自 存在する
671 ☐	**take a look**	（～を）見る，見てみる〈at〉

48 私はもっと抽象的な芸術のほうが好きです。

Q 「ニューエイジ」の芸術は何を伝えますか。

ジェフ：この肖像画はかなり価値があるようだね。

ケイト：そうなの？ 私の好みから言うとちょっと伝統的すぎるな。もっと抽象的な芸術のほうがいいわ。

ジェフ：えーっ。つまりピカソのような？

ケイト：そうじゃなくて。実は，ピカソの絵は時に私を落ち着かない気持ちにさせるような感じがするわ。私が言っているのは，「ニューエイジ」と呼ばれる芸術に関する手法のこと。存在というもののより深い精神性を伝えてくれるの。そういえば，別の部屋でいくつか見たように思うわ。見てみましょう。

ジェフ：ああ，そういうことか。この絵を見ていると確かに気持ちが落ち着く感じがするね。こうした類の芸術は，人々に多大な影響を与えてくれるのかもしれないね。

672 ☐	**calm** [kɑ́:m]	形 落ち着いた，穏やかな 自 落ち着く **Calm down.（落ち着いて。）** 派 **cálmness** 名 冷静，静けさ 派 **cálmly** 副 穏やかに
673 ☐	**profound** [prəfáʊnd]	形 多大な；奥深い 派 **profóundly** 副 深く，大いに

Words & Phrases

ℓ.1 I understand that ...「…だと承知している，理解している」

ℓ.2 it's too ~ for ...「…には～すぎる」

ℓ.2 taste「好み」

ℓ.4 Come on.「えーっ」他にも「冗談じゃない」「いい加減にして」「頑張れ」などの意味でも使われる。

ℓ.4 You mean ～？「つまり～ということ？」Do you mean ～？としてもよい。

1100 1200 1300 1400 1500

☐ ターゲット文を言った
☐ ロールプレイの練習をした

49 I'm beginning to broaden my thinking.

☑ ☑ 美術館見学の感想をメールで伝える

Q What was Kate most enthusiastic about? (→ p.301)

Hi Paul,

We're having a wonderful time in New York City. We went to the Metropolitan Museum of Art yesterday. I **confess** that I never liked modern art very much before. But now I'm beginning to **broaden** my thinking. I saw several **extremely** impressive pieces of modern art.

However, the exhibits that I was most enthusiastic about were the photo art displays. I love black and white photography. It can be **powerful** and **realistic**. It can **capture** the emotion on a face, a dramatic moment at an event, or just the overall **mood** of a **location**.

When I get back, I'm going to pull out my camera again. **Perhaps** I'll start shooting some nice landscapes. Do you want to join me?

Kate

(122 words)

674 ☐	**confess** [kənfés]	他 を（人に）告白する，を認める 派 **conféssion** 名 告白，自白 make a confession（告白をする）
675 ☐	**broaden** [brɔ́:dn]	他 を広げる；を広める 自 広くなる 派 **bróad** 形 幅広い broad view（幅広い視野） 類 wide 反 narrow
676 ☐	**extremely** [ɪkstrí:mli, eks-]	副 とても，極めて 派 **extréme** 形 極端な 名 極端 反 moderate
677 ☐	**powerful** [páuərfl]	形 力強い 反 powerless 派 **pówer** 名 権力，力
678 ☐	**realistic** [rì:əlístɪk]	形 写実的な；現実的な
679 ☐	**capture** [kǽptʃər]	他 をとらえる；を引き付ける 名 捕獲

49 自分の考え方を広げ始めています。

Q ケイトは何に一番夢中になりましたか。

こんにちは，ポール。

私たち，ニューヨーク市で素晴らしい時間を過ごしているわ。昨日はメトロポリタン美術館へ行ったの。白状すると，私は以前は現代美術ってそれほど好きではなかったの。でも今は，自分の考え方を広げ始めているわ。すごく印象的な現代美術の作品を何点か見たのよ。

でもね，私が一番夢中になった展示は，アート写真の展示だったわ。白黒の写真が大好きなのよ。力強かったり写実的だったりすることもあるわ。顔に表れる感情や，ある出来事の劇的な瞬間とか，ある場所のただ全体的な雰囲気というものをとらえることができるのよ。

帰ったら，自分のカメラをまた引っ張り出すつもりよ。ひょっとするとすてきな風景を撮影し始めるかもしれないわ。一緒にどうかしら。

ケイト

680 ☐	**mood** [múːd]	名（作品などが持つ）雰囲気；気分
681 ☐	**location**★ [loukéɪʃən]	名 場所，位置
682 ☐	**perhaps** [pərhǽps]	副 ひょっとしたら，おそらく

Words & Phrases

ℓ.2 the Metropolitan Museum of Art「メトロポリタン美術館」1872 年に開館したニューヨーク州マンハッタンにある美術館。

ℓ.3 modern art「現代美術」主に 20 世紀以降の芸術を指す。

ℓ.6 enthusiastic about ～「～に夢中な〔熱心な〕」

ℓ.10 pull out ～「～を引っ張り出す」

Quiz Chapter 5

空所にあてはまる単語を選びましょう。

【1】※2カ所ある (1) には同じ単語が入ります。

Jeff : Hey Emi, what's the urgent news? Are you okay?
Emi : My favorite band announced that they're going on a world tour!
Jeff : Oh, hahaha! I thought you were in some kind of trouble. That's great! Are they coming to Tokyo?
Emi : Yes, and I have to get tickets (1)!
Jeff : What do you mean by "(1)"? Is it that competitive?
Emi : Yes. They've become increasingly popular lately. I have to (2) for a lottery first. Then, I might get a chance to (3) tickets.

(1) (a) extremely	(b) perhaps	(c) relatively	(d) somehow
(2) (a) confess	(b) postpone	(c) register	(d) unite
(3) (a) absorb	(b) announce	(c) broaden	(d) purchase

【2】

Dan : I know, they sound amazing, don't they? It's a great way to recycle things, too. It helps to raise (1) about pollution. I can see why they're an award-winning group.
Rie : I agree. Their music doesn't (2) everyone, though. Some of my friends think it's too chaotic.
Dan : I think that's (3)! Their music is awesome. Whenever I hear them, I can't help dancing. Speaking of that, would you like to dance?

(1) (a) asymmetry	(b) awareness	(c) influence	(d) perspective
(2) (a) adopt	(b) appeal to	(c) outline	(d) postpone
(3) (a) dull	(b) knowledgeable	(c) ridiculous	(d) urgent

Answers

【1】No.39 参照

(1) (d) (2) (c) (3) (d)

【2】No.40 参照

(1) (b) (2) (b) (3) (c)

【3】

Jeff : Come on. You mean like Picasso?

Kate: Not really. In fact, sometimes his work seems disturbing to me. I'm talking about an approach to art that's called "New Age." It (1) the more spiritual nature of existence. Say, I think I saw some in the other room. Let's take a look.

Jeff : Oh, I see what you mean. I actually feel (2) looking at this work. I think this kind of art could have (3) influence on people.

(1)	(a) conveys	(b) exports	(c) guesses	(d) registers
(2)	(a) abstract	(b) calm	(c) flat	(d) prestigious
(3)	(a) a fascinating	(b) a profound	(c) a world-renowned	(d) an exclusive

【4】

However, the exhibits that I was most enthusiastic about were the photo art displays. I love black and white photography. It can be powerful and (1). It can (2) the emotion on a face, a dramatic moment at an event, or just the overall (3) of a location.

(1)	(a) dull	(b) old-fashioned	(c) realistic	(d) urban
(2)	(a) add	(b) broaden	(c) capture	(d) gain
(3)	(a) focus	(b) mood	(c) rhythm	(d) translation

【3】 No.48 参照

(1) (a) **(2)** (b) **(3)** (b)

【4】 No.49 参照

(1) (c) **(2)** (c) **(3)** (b)

50 I'm really honored to accept this award.

☑☑ 受賞式でスピーチをする

Q **Who did the speaker thank for his or her faith in her acting?** (→ p.301)

I'm really **honored to accept** this **award**. I want to express my deepest **appreciation** to the members of the Academy for selecting me. There are just so many people to thank that I don't even know where to begin. **First of all**, I want to thank Robert Watson, the director and producer of this film, for his **faith** in a new young actor like myself. And of course, my co-star and friend Gene Perry who inspired me and helped me to **achieve** my **potential** in my acting. And to everyone who worked behind the scenes to make this a great movie. Oh, to my husband Dan for all his **support**. Thank you, everyone! (113 words)

683 ☐	**be honored to ...**	…することを光栄に思う 684 ☐ **hónor**★ 他 に名誉を与える（to show great respect for sb/sth or to give sb pride or pleasure） 名 光栄，名誉 685 ☐ **in honor of ～** ～に敬意を表して
686 ☐	**accept** [əksépt, æk-]	他 を受け取る 派 **accéptance** 名 受け入れ 派 **accéptable** 形 許容できる
687 ☐	**award**★ [əwɔ́ːrd]	名 賞 他 を授与する
688 ☐	**appreciation** [əprìːʃiéɪʃən, -si-]	名 感謝 派 **appréciate** 他 を感謝する；の真価を認める 派 **appréciative** 形 感謝して
689 ☐	**first of all**	第一に
690 ☐	**faith** [féɪθ]	名 信頼；信念 in good faith（誠実に） 類 belief 派 **fáithful** 形 誠実な
691 ☐	**achieve**★ [ətʃíːv]	他 を達成する（to complete sth by hard work and skill） 派 **achíevement** 名 達成；業績
692 ☐	**potential**★ [pəténʃəl, poʊ-]	名 潜在能力 形 可能性のある 類 likely, possible

50 この賞を受賞することができて本当に光栄に思います。

Q 話し手は自分の演技を信頼してくれたことについて誰に感謝しましたか。

この賞を受賞することができて誠に光栄に存じます。アカデミーの会員の方々が私を選んでくださったことに，心から感謝の意を表したいと思います。お礼を申し上げたい方々がとにかくたくさんいらっしゃいまして，どなたから始めたらよいのかわからないくらいです。まず最初に，この映画の監督でありプロデューサーであるロバート・ワトソンに，私のような新米の若い俳優を信頼してくださったことを感謝したいと思います。そしてもちろん，私が演技の潜在能力を発揮するための刺激をくれ，そして助けてくれた，共演者であり友人でもあるジーン・ペリーに対してもお礼を述べたいと思います。そして，この映画を素晴らしいものにするために舞台裏で頑張ってくださったすべての方々に，感謝申し上げます。あっ，私を支えてくれた夫のダン，ありがとう。皆さん，本当にありがとうございました！

693 ☐	**support** [səpɔ́ːrt]	名 支え，励まし 他 を支える 派 **suppórtive** 形 支える；協力的な

Words & Phrases

ℓ.4 first of all「第一に」second of all, third of all と続けることができる。

ℓ.7 behind the scenes「舞台裏で」「水面下で」という意味もある。

Key Point アカデミー賞

アメリカ映画界の最大のイベントであるアカデミー賞は，1927 年に MGM 撮影所のルイス・B・メイヤーが発案し，「映画芸術および科学の質の向上を図ること」を理念として設立された。その年に活躍した映画関係者に賞を送るイベントで，「映画芸術科学アカデミー（The Academy of Motion Picture Arts and Sciences = AMPAS）」によって主催される。賞の選考は，AMPAS の会員による無記名投票で行う。受賞者に贈られる像を「オスカー像」と呼ぶが，“The Oscar goes to ～ ” と言って受賞者を発表し，アカデミー賞の別名としても定着している。

51-1 Join us for panel discussions.

☑☑ イベントのお知らせをする

Q When will the film festival be held? (→ p.301)

Attention, film lovers! The Santa Monica Film Festival starts soon.

From April 6th to 10th, a new wave of international culture will be coming to our city. This gala will connect you with filmmakers, actors, **critics** and **storytellers**.

Join us for studio **premieres**, interviews with actors and **directors**, and panel discussions. These sessions will inspire and **transform** your thinking, and stimulate conversations among all who attend.

We will be **featuring** more than 50 American and international films, short films, **informative** documentaries, animation clips and creative public service announcements. **Keep in mind** that this all happens during a period of only five days.

Contact Margaret Woods at 424-567-1234 in our PR department **for more information** and to purchase passes for the event. (121 words)

694 ☐	**critic** [krítɪk]	名 批評家，評論家
695 ☐	**storyteller** [stɔ́:ritèlər]	名 物語作家
696 ☐	**premiere** [prɪmíər]	名 プレミア試写会，初日　形 初日の 自 初公開される
697 ☐	**director** [dəréktər]	名（映画・舞台などの）監督，演出家 派 **diréct**　他 を導く；を監督する
698 ☐	**transform** [trænsfɔ́:rm]	他 をすっかり変える 派 **transformátion**　名 変化
699 ☐	**feature** ★ [fí:tʃər]	他 を特集する；を呼び物にする（to include or show sth as a special part of sth） 名 特徴，特色

51-1 公開討論会にご参加ください。

Q 映画祭はいつ開催されますか。

映画好きの皆さんにお知らせです！ サンタモニカ映画祭がまもなく始まります。

4月6日から10日まで，国際文化の新たな波がわが街にやってきます。この祭典が，映画製作者，俳優，批評家や物語作家の面々とあなたを結び付けてくれるでしょう。

撮影所でのプレミア試写会，俳優や監督らへのインタビュー，そして公開討論会にご参加ください。こうした集まりは，皆さんの考えにひらめきを与えたり，考えを一変させたり，また，参加者全員の間の会話を刺激してくれるでしょう。

私たちが大きく取り上げることになっているのは，50作品を超えるアメリカ映画および国際映画，短編映画，教育的なドキュメンタリー，動画のカット映像，そして創造的な公共公告です。これらのすべてが，わずか5日間で行われることを，覚えておいてください。

詳細および本映画祭の入場券購入については，宣伝部424-567-1234のマーガレット・ウッズまでお問い合わせください。

700 ☐	**informative** [ɪnfɔ́ːrmətiv]	形 知識〔情報〕を与えてくれる；有益な **informative lecture（有益な講義）**
701 ☐	**keep in mind**	覚えておく，心に留めておく
702 ☐	**for more information**	詳細については

Words & Phrases

- ℓ.3 gala「祭典，祭り」
- ℓ.3 connect ~ with ...「～を…と結び付ける」
- ℓ.6 inspire「～にひらめき〔刺激〕を与える」
- ℓ.7 stimulate「～を刺激する」
- ℓ.10 a period of ~「～の期間」
- ℓ.13 purchase「～を購入する」

51-2 We need volunteers!

☑☑ ボランティアを募集する

Q **Are volunteers likely to work in the souvenir shop?** (→ p.301)

We want to acknowledge that the Santa Monica Film Festival would not be possible without the **invaluable** support of our dedicated volunteers. Below is some information about volunteering.

WE NEED VOLUNTEERS!

Do you have a **pleasant** personality and outstanding "**people skills**"? Do you get along well with others? Are you **reliable** and **trustworthy**? Do you like meeting interesting people? Do you want to be part of a meaningful community event? If so, then we may have a volunteer job for you. We especially need people to **greet** others, to stamp **entry** passes, to be ushers, and to work in the **souvenir** shop.
For more information **concerning** how to become a volunteer, please email us at volunteer@xxxx.com. Someone will then contact you. (121 words)

703 ☐	**invaluable** [ɪnvǽljuəbl, -vǽljəbl]	形 計り知れないほど貴重な 類 valuable
704 ☐	**pleasant** [pléznt]	形 快活な；心地よい
705 ☐	**people skills**	対人スキル，社交術
706 ☐	**reliable**★ [rɪláɪəbl]	形〈人・物が〉信頼できる，頼りになる 反 unreliable 派 **relý** 自 信頼する 707 ☐ **rely on〔upon〕～** ～に頼る 類 depend on〔upon〕～ 派 **reliabílity** 名 信頼性，確実性
708 ☐	**trustworthy** [trʌ́stwə̀ːrði]	形〈人が〉信頼〔信用〕できる 反 untrustworthy
709 ☐	**greet** [gríːt]	他 を迎える，に挨拶をする 派 **gréeting** 名 挨拶，挨拶の言葉
710 ☐	**entry**★ [éntri]	名 入場；入り口 派 **énter** 他 に入る；に入学する

51-2 ボランティア募集！

Q ボランティアは土産物店で働く可能性はありますか。

サンタモニカ映画祭は，献身的なボランティアの皆さんからの貴重なサポートなしでは実行できないだろうということを，お伝えしたいと思います。 以下はボランティアについての情報です。

ボランティア募集！
あなたには快活な人柄と，優れた「対人スキル」がありますか。他人とうまく付き合うことができますか。あなたは頼もしく，信頼できる人でしょうか。おもしろい人たちと出会うのが好きですか。有意義な地域社会の行事に加わりたいですか。もしそうならば，あなたにボランティアの仕事をお願いするかもしれません。私たちがとりわけ必要としているのは，人々を出迎える人，入場券にスタンプを押す人，案内人になる人，そして土産物店で働く人です。
ボランティアになる方法に関する詳細については，volunteer@xxxx.com に電子メールをお送りください。その後，担当者がご連絡いたします。

711 ☐	**souvenir**★ [sù:vəníər]	名 土産
712 ☐	**concerning** [kənsə́:rnɪŋ]	前 に関する 派 **concérn** 他 に関係する；にとって重要である 名 関係；関心

Words & Phrases

ℓ.1 acknowledge「～を（事実として）認める」
ℓ.1 would not be possible without ～「～なしでは不可能だろう」
ℓ.2 dedicated「献身的な」
ℓ.3 below is ...「以下は…です」
ℓ.6 get along well with ～「～と仲良く付き合う」
ℓ.10 usher「案内係」

1100 1200 1300 1400 1500

☐ターゲット文を言った

52-1 Don't you enjoy those classic movies of yesterday?

☑☑ 好きな映画を紹介する

Q **Does the speaker recommend *The Godfather* as the greatest movie ever made?** (→ p.301)

Hey, Movie Lovers. Don't you enjoy those classic movies of yesterday?

My **vote** for the greatest movie ever made is Francis Ford Coppola's *The Godfather* (1972). Marlon Brando **portrays** Vito Corleone, the aging patriarch who runs a New York crime family. Al Pacino plays the role of a reluctant family outsider who later becomes a ruthless Mafia leader. The acting is spectacular! And it was the first "Mafia-type" movie made **from** the gangster**'s perspective**.

I **recall** being super **scared** by this thriller — Steven Spielberg's *Jaws* (1975). A gigantic great white shark **threatens** a small island community. So the police chief (Roy Scheider) tries to stop it. Spielberg employed dramatic music to **indicate** the approach of the shark. Whenever I hear that music "da-dum, da-dum, da-dum," I still get a little **anxious**. (131 words)

713 ☐	**vote** ★ [vóʊt]	名 投票　自 投票をする 他 …することを投票で決める
714 ☐	**portray** [pɔːrtréɪ]	他 の役を演じる；を描写する 派 **pórtrait** 名 肖像画
715 ☐	**from one's perspective** [pərspéktɪv]	～の見地からすると
716 ☐	**recall** ★ [rɪkɔ́ːl]	他 を思い出す；(不良品など) をリコール〔回収〕する 名 思い出すこと；リコール
717 ☐	**scared** [skéərd]	形 怖がった，怯えた 派 **scáre** 他 を怖がらせる　名 恐怖
718 ☐	**threaten** [θrétn]	他 を脅かす；を脅す 派 **thréat** 名 脅迫，脅かすもの

52-1 あの昔の名作映画の数々を楽しみませんか。

Q 話し手は『ゴッドファーザー』を史上最高の映画として勧めていますか。

やあ，映画愛好家の皆さん。あの昔の名作映画の数々を楽しみませんか。

私が票を投じる史上最高の映画は，フランシス・フォード・コッポラ監督の『ゴッドファーザー』（1972年）です。マーロン・ブランドが，ニューヨークの犯罪者一家を率いる年老いた家長，ヴィトー・コルレオーネを演じています。アル・パチーノは，関わりを嫌って一族から距離を置いていたものの，後に冷酷なマフィアのリーダーとなってしまう役を演じます。その演技の素晴らしいことといったら！ それに，これはギャングの観点から作られた，初めての「マフィアをモデルとした」映画でした。

私はこのスリラー映画，スティーブン・スピルバーグ監督の『ジョーズ』（1975年）にものすごく恐怖を感じたのを思い出します。巨大なホホジロザメが，小さな島のコミュニティを脅かすのです。そこで，島の警察署長（ロイ・シャイダー）がそれを阻止しようとします。スピルバーグ監督は，サメが近付いてくることを暗示するために，印象的な曲を採用しました。あの「ズンズン，ズンズン，ズンズン」という曲を耳にするといつも，私はいまだに少し不安な気持ちになってしまうのです。

6 映画・書籍

719 ☐	**indicate** ★ [índəkèɪt]	他 を暗に示す；を指し示す 派 **indicátion** 名 徴候 indication of disease（病気の徴候）
720 ☐	**anxious** [ǽŋkʃəs]	形 不安な，心配な 派 **anxíety** 名 不安，心配

Words & Phrases

ℓ.1 classic「不朽の；古典の」
ℓ.3 aging「年老いた」
ℓ.4 patriarch「家長」
ℓ.5 reluctant「気の進まない」
ℓ.5 ruthless「冷酷な」
ℓ.6 spectacular「素晴らしい，目を見張るような」
ℓ.9 gigantic「巨大な」

52-2 What's your vote for the greatest classic film?

☑☑ 好きな映画を紹介する

Q Who arranged the music for *The Sound of Music*? (→ p.302)

Music also brings life to movies. One movie musical that **stands out** is Robert Wise's *The Sound of Music* (1965). It was actually the film **version** of a 1959 Broadway musical. The music was **arranged** by Richard Rodgers and **lyrics** were written by Oscar Hammerstein Ⅱ. Their songs are timeless, and are still **relevant** today. When I watched the film, I fell in love with Julie Andrews as she sang and danced amid the **surrounding** green hills. Andrews plays the role of Maria, who was studying to become a nun. She is sent to the villa of a **retired military officer** and widower to care for his seven children. She brings a new love of life and music into their home.

Let's hear from all of you. What's your vote for the greatest classic film? **Post** your comments below. (139 words)

721 ☐	**stand out**	傑出する，目立つ
722 ☐	**version** [vә́ːrʒәn]	名 版；型　latest version（最新版）
723 ☐	**arrange** ★ [әréɪndʒ]	他 を編曲する；を手配する 派 **arrángement** 名 手配；編曲
724 ☐	**lyric** [lírɪk]	名 歌詞
725 ☐	**relevant** ★ [rélәvәnt]	形（実際的な）価値〔意義〕のある；（当面の問題と）関連がある 派 **rélevance** 名 関連（性）；妥当性
726 ☐	**surrounding** [sәráʊndɪŋ]	形 取り囲む；周囲の
727 ☐	**retired** [rɪtáɪәrd]	形 退職した，引退した 派 **retíre** 自 退職する　retire from ～（～を退職する） 派 **retírement** 名 引退
728 ☐	**military** [mílәtèri]	形 軍人の；軍隊の　名 軍；軍人

52₋₂ 最も優れた名作映画というと，何に票を投じますか。

Q 『サウンド・オブ・ミュージック』の音楽を編曲したのは誰ですか。

音楽もまた，映画を生き生きとしたものにしてくれます。傑出しているミュージカル映画といえば，ロバート・ワイズ監督の『サウンド・オブ・ミュージック』(1965 年) です。実のところ，これは 1959 年のブロードウェイミュージカルの映画版です。この映画の音楽は，リチャード・ロジャースによって編曲され，オスカー・ハマースタイン 2 世が作詞しました。彼らの歌はいつの時代にも色あせることなく，現在でも変わらず価値があるものとなっています。私はこの映画を観た時，ジュリー・アンドリュースが周囲の緑の丘の真ん中で歌って踊るところで，彼女に心を奪われてしまいました。アンドリュースは，修道女になるために学んでいたマリアという役柄を演じています。マリアは，妻を亡くした退役軍人の邸宅に，彼の 7 人の子どもたちを世話するために差し向けられます。マリアは彼らの家に，新たに人生と音楽への愛をもたらすのです。

皆さん全員にお聞かせいただきたいと思います。最も優れた名作映画というと，どの映画に一票を投じますか。以下にご自分のコメントを投稿してください。

6

映画・書籍

| 729 ☐ | **officer** [áːfəsər] | 名 (軍の) 将校，士官 |
| 730 ☐ | **post** [póʊst] | 他 (インターネット上で) を投稿する ; を投函する
名 投稿 ; ポスト |

📖 Words & Phrases

- ℓ.1 bring life to ~「~を生き生きとさせる」
- ℓ.1 movie musical「ミュージカル映画」
- ℓ.3 Broadway「ブロードウェイ」ニューヨークの大通りの名前。ミュージカルの代名詞としても使われるようになった。
- ℓ.3 Richard Rodgers「リチャード・ロジャース」(1902-1979)。『王様と私』なども手がけ，数々の功績を収めたアメリカの作曲家。
- ℓ.4 Oscar Hammerstein II「オスカー・ハマースタイン 2 世」(1895-1960)。リチャード・ロジャースと組み，多くのミュージカルの歌詞や脚本を書いた。
- ℓ.5 timeless「時代を超えた，不朽の」
- ℓ.7 nun「修道女」 反 monk「修道士」
- ℓ.8 widower「妻を亡くした夫」 反 widow「夫を亡くした妻，未亡人」

53 First of all, the intriguing plot draws us in.

☑☑ テレビ番組のレビューを書く

Q **What does the reviewer say about the characters?** (→ p.302)

★★★★☆ Great Show

Why is “Criminal Lab” one of the most popular dramas on TV today? First of all, the intriguing plot draws us in. When a **murder** is **committed**, the **crime** scene investigators **examine** the **evidence** with the latest high-tech tools. It’s not just about finding out who the **criminal** is, but more about how the crime was committed. Viewers, now **familiar with** “blood spatter” and “latent prints”, feel that they are learning how crimes are **solved**. Also, the **characters** in the series are extremely believable and well-developed. Then there are those strong **visual** effects that are used to **illustrate**, for example, how a bullet **penetrates** the body. They may be a little hard to watch, but we keep coming back for more. (123 words)

731 ☐	**murder** [mə́ːrdər]	名 殺人
732 ☐	**commit** [kəmít]	他 を犯す (to do sth bad or illegal) 派 **commítment** 名 約束；関与
733 ☐	**crime** [kráɪm]	名 犯罪
734 ☐	**examine** ★ [ɪgzǽmən, egz-]	他 を調べる (to look at or consider a person or thing very carefully) 派 **examinátion** 名 試験
735 ☐	**evidence** [évədəns]	名 証拠 ※不可算名詞。数える時は piece を使って two pieces of evidence のように言う。 派 **évident** 形 明らかな
736 ☐	**criminal** [krímənl]	名 犯人 形 犯罪の
737 ☐	**familiar with ～**	(人が) ～を熟知して 738 ☐ **famíliar** 形 よく知って，なじみ深い 739 ☐ **familiar to ～** ～によく知られて
740 ☐	**solve** ★ [sɑ́ːlv]	他 を解決する，を解く 派 **solútion** 名 解決，解決策
741 ☐	**character** [kérəktər, kǽr-]	名 登場人物；性格；特徴 派 **characterístic** 形 特有の 名〈通例複数形で〉特質

53 まず第一に，興味をそそる話の筋が私たちを引き込みます。

Q 批評者は登場人物について何と言っていますか。

★★★★☆ 素晴らしい番組

『犯罪捜査研究所』が今日人気ナンバーワンのテレビドラマの一つなのはどうしてだろうか。まず第一に，興味をそそる話の筋が私たちを引き込むからだ。殺人が行われると，犯罪捜査官（科学捜査班）が最新のハイテク機器を使って証拠を調べる。ただ単に犯人が誰かを見つけるだけでなく，むしろどのように犯罪が行われたかについてのドラマなのである。視聴者は今や「血飛沫」や「遺留指紋」などについてよく知っていて，事件がどのように解決されるかを学んでいるかのように感じる。さらに，このシリーズの登場人物たちはとても真実味があり，よく考え抜かれている。同時に，一連の強烈な視覚効果が，例えば銃弾がどのように身体を貫通するかを説明したりするのに使用されている。そうした視覚効果はやや見るに耐えがたいかもしれないが，また見に戻ってきてしまうのである。

6 映画・書籍

742 ☐	**visual** [víʒuəl]	形 視覚の；目に見える 派 **vísually** 副 見た目には
743 ☐	**illustrate** [íləstrèɪt]	他（実例・図表で）を説明する (to explain or make sth clear by using examples, pictures, or diagrams) 派 **illustrátion** 名 イラスト；説明
744 ☐	**penetrate** [pénətrèɪt]	他 を貫通する 派 **pénetrating** 形 洞察に富む；〈目つきが〉鋭い

Words & Phrases

ℓ.3 draw ~ in「~を引き込む」

ℓ.4 crime scene investigator「犯罪捜査官（科学捜査班）」捜査・逮捕権を持つ。

ℓ.4 the latest high-tech tool「最新のハイテク機器」

ℓ.5 It's not just about ~ , but more about ...「~についてだけでなく，むしろ…について」

ℓ.6 Viewers, now familiar ~ , feel that they are ... コンマで区切られている now familiar ~ は Viewers（視聴者）について説明している挿入句。

ℓ.10 hard to watch「見がたい→見るに耐えがたい」

54 What kind of novels do you like to read?

☐☐ 好きな小説について話す

Q Who is the main character in James Patterson's mystery series? (→ p.302)

Mark: What kind of novels do you like to read?

Tina: Personally, I love **suspense**. My favorite author is James Patterson. He writes a mystery series about **detective**/psychologist Alex Cross whom the FBI often **calls on** to help with cases. Have you read any of those stories?

Mark: No, I haven't.

Tina: One of my favorites is *Along Came a Spider*. In the book, a dangerous criminal kidnaps two children. During the FBI **probe** into the kidnapping, Alex Cross is able to find **critical clues** that were **overlooked** by others. He **eventually** solves the case by interacting with the criminal and **exposing** his **vulnerabilities**. Much of the suspense **is derived from** the personal interaction between Alex Cross and the criminal.

(117 words)

745 ☐	**suspense** [səspéns]	名 サスペンス；不安 ※アクセントに注意。
746 ☐	**detective** [dɪtéktɪv]	名 刑事，探偵 形 探偵の 派 **detéct** 他 を見つける；に気づく
747 ☐	**call on ～**	～に頼む，～に要求する
748 ☐	**probe** [próʊb]	名 捜査，調査 自 精密に調べる 他 を徹底的に調査する
749 ☐	**critical** ★ [krítɪkl]	形 重大な；危機の
750 ☐	**clue** [klúː]	名 手がかり 他 に手がかりを与える
751 ☐	**overlook** ★ [òʊvərlúk]	他 を見落とす (to fail to see or notice sth) 類 **miss**；を大目に見る
752 ☐	**eventually** ★ [ɪvéntʃuəli]	副 結局は，やがては 類 **in the end, at last**
753 ☐	**expose** [ɪkspóʊz, eks-]	他 をさらす 派 **expósure** 名 さらすこと

100 200 300 400 500 600 700 800 900 1000

54 どんな小説を読むのが好きですか。

Q ジェームズ・パターソンの推理小説シリーズの主人公は誰ですか。

マーク：どんな小説を読むのが好きなの？

ティーナ：個人的にはサスペンスが大好き。お気に入りの作家は，ジェームズ・パターソンね。彼が書いているのは，刑事であり心理学者でもあるアレックス・クロスの推理小説シリーズなのだけど，FBI（アメリカ連邦捜査局）がことあるごとに彼に事件への協力を要請するの。この小説のうちどれか読んだことがあるかしら？

マーク：いや，ないよ。

ティーナ：私のお気に入りの一つは『多重人格殺人者』というもの。この本では，凶悪犯が二人の子どもを誘拐するの。FBI が誘拐の捜査をしている間に，アレックス・クロスは，他の人たちが見落とした重要な手がかりを探り当てることができるの。最後には，アレックスが犯人と接触してその弱点を暴くことで事件を解決することになるのよ。サスペンスの大半は，アレックス・クロスと犯人の間の個人的な絡み合いから起こるというわけ。

6 映画・書籍

754 ☐	**vulnerability** [vʌ̀lnərəbíləti]	名 弱み，傷つきやすいこと 派 **vúlnerable** 形 傷つきやすい 755 ☐ **be vulnerable to ～** ～に対してもろい
756 ☐	**be derived from ～**	～から得られる，～に由来する 757 ☐ **deríve** 他 を引き出す

Words & Phrases

ℓ.2 James Patterson「ジェームズ・パターソン」 1976 年にエドガー・アラン・ポー賞を受賞。1993 年 “Along Came a Spider”『多重人格殺人者』を発表し，これがアレックス・クロスというアフリカ系アメリカ人刑事を主人公に据えたシリーズの第 1 作目となった。『スパイダー』というタイトルで映画化もされている。

ℓ.3 Alex Cross whom the FBI ...　whom 以下で Alex Cross を説明している。

ℓ.4 FBI = Federal Bureau of Investigation「連邦捜査局」

ℓ.8 kidnap「～を誘拐する」

ℓ.10 solve the case　ここでの case は「事件」の意味。

ℓ.12 personal interaction「個人的な絡み合い」

1100 1200 1300 1400 1500

☐ ターゲット文を言った

☐ ロールプレイの練習をした

55 I highly recommend this book.

☑☑ 本のレビューを書く

Q What is the main message of the book *The Art of Happiness*? (→ p.302)

★★★★★ A very helpful book

How do you **pursue** happiness? *The Art of Happiness* by the Dalai Lama and Howard C. Cutler **poses** this question in a remarkably meaningful way. This book starts with a **quote** from the Dalai Lama stating that “the very **purpose** of our life is to seek happiness.”

Yet what is happiness? Is it good health? Is it **prosperity** and all the **material** things we **accumulate**? Is it the **fulfillment** we find in interpersonal relationships? Is it the belief in a **religion**? The Dalai Lama concludes that none of these can bring you happiness if you don’t have a positive **attitude**.

I highly recommend this book. It provides an **entirely** different **outlook** on the meaning of happiness.

(120 words)

758 ☐	**pursue** [pərs(j)úː]	他 を追求する (to try to achieve sth or to continue to do sth over a period of time) 派 **pursúit** 名 追求
759 ☐	**pose** [póuz]	他 を提起する 名 ポーズ，姿勢 760 ☐ **pose a question** 質問をする 類 ask a question
761 ☐	**quote**★ [kwóut]	名 引用文 自 引用をする 他 を引用する 派 **quotátion** 名 引用語句，引用
762 ☐	**purpose** [pə́ːrpəs]	名 目的；意図 763 ☐ **on purpose** わざと
764 ☐	**prosperity** [prɑːspérəti]	名 繁栄，成功 live in prosperity（裕福に暮らす） 派 **prósper** 自 栄える，成功する 派 **prósperous** 形 栄えている 類 successful
765 ☐	**material**★ [mətíəriəl]	形 物質的な，物質の；有形の 名 原料，材料 派 **materialístic** 形 物質主義的な
766 ☐	**accumulate** [əkjúːmjəlèit]	他 を蓄積する (to collect a number or quantity of sth over a period of time) 派 **accumulátion** 名 蓄積

55 私はこの本を強くお勧めします。

Q 『こころの育て方』という本の主なメッセージは何ですか。

★★★★★ とても役立つ本

あなたはどのように幸福を追い求めるだろうか。この疑問は，ダライ・ラマとハワード・C・カトラー共著『こころの育て方』という本の中で，非常に意味深い方法で提起されている。本書は，「私たちの人生の真の目的は幸福を求めることです」というダライ・ラマの言葉の引用から始まっている。

だが，幸福とは何だろうか。良好な健康状態だろうか。繁栄や，我々が蓄積する物質的なものすべてだろうか。対人関係に見出す充足感だろうか。信仰心だろうか。ダライ・ラマは，前向きな姿勢を持っていなければ，こうしたことのどれも，人に幸せをもたらすことはできないと結論づけている。

私はこの本を強くお勧めする。本書は，幸福の意味についてまったく異なった考え方を教えてくれるだろう。

767 ☐	**fulfillment** [fʊlfílmənt]	名 達成（感）；遂行　sense of fulfillment（やり遂げた満足感） 派 **fulfíll** 他 を満たす，を実行する
768 ☐	**religion** [rɪlídʒən]	名 宗教，信仰心 派 **relígious** 形 宗教の，信心深い religious faith（信仰心）
769 ☐	**attitude** [ǽtət(j)ùːd]	名 姿勢，態度 have a bad attitude（態度が悪い）
770 ☐	**entirely** [ɪntáɪərli]	副 まったく，完全に
771 ☐	**outlook** [áʊtlʊ̀k]	名 考え方，見解；眺め

Words & Phrases

- ℓ.4 start with ～「～から始まる」
- ℓ.4 state that ...「…と述べる」
- ℓ.6 yet「だが，それにしても」
- ℓ.6 Is it good health? ...　この文以降，Is it ～？という表現が並列されている。it は happiness を指す。

56-1 The “Champion Book of the Day” is announced.

☑☑ ビブリオバトルについて説明する

Q What is Biblio Battle? (→ p.302)

Biblio Battle is a social book review game, where groups of readers **come together** to introduce **a variety of** books. First, participants choose an interesting book they would like to recommend to others. They are given five minutes to explain about the topic of the book. **Afterward**, the audience and presenters participate in a three-minute **discussion** to **assess** the book. The audience can ask questions to **clarify** information or the presenters’ opinion of the book.

When all the presenters have finished, the participants vote for the best book, and the “Champion Book of the Day” is announced. To connect with other readers, presenters can upload their **presentations** to YouTube. By doing so, they can share their opinions and **convince** others to read their books.

(124 words)

772 ☐	**come together**	集まる；団結する
773 ☐	**a variety of ～**	いろいろな～
774 ☐	**afterward** [ǽftərwərd]	副 その後，後で
775 ☐	**discussion** [dɪskʌ́ʃən]	名 話し合い，討議 派 **discúss** 他 を話し合う，を議論する
776 ☐	**assess** [əsés]	他 を評価する，を査定する（to judge or form an opinion about sth） 派 **asséssment** 名 評価
777 ☐	**clarify**★ [klérəfàɪ]	他 を明らかにする 派 **clárity** 名 明晰さ；透明さ
778 ☐	**presentation** [prìːzentéɪʃən]	名（考え・計画などについての）発表，プレゼンテーション；贈呈 派 **presént** 他 を贈呈する；を提出する

56-1 「その日のチャンプ本」が発表されます。

Q ビブリオバトルとは何ですか。

ビブリオバトルとはみんなで楽しむ書評合戦のことで，複数の読者グループが集まり，さまざまな書籍を紹介するものです。最初に，参加者たちは他の人々に推薦したい，興味を引くような本を1冊選びます。その本の主題について説明するのに，5分間が与えられます。その後，聴衆と発表者はその本を評価するため，3分間の討論に参加します。聴衆は本に関する情報や，あるいはその本に関する発表者の意見を明確にするために，質問をすることができます。

すべての発表者が終了したところで，参加者たちは最もよい本に投票し，「その日のチャンプ本」が発表されます。他の読者たちとつながりを持つために，発表者は自らの発表をユーチューブにアップロードすることができます。そうすることで，自分の考えを共有したり，その本を読んでもらうよう他の人々を納得させることができるのです。

779 **convince**★ [kənvíns]

- 他 を納得させる，に確信させる
- 派 **convíncing** 形 説得力のある
- 派 **convínced** 形 確信して
- 派 **convíncingly** 副 もっともらしく

Words & Phrases

- ℓ.1 where … where 以下で書評合戦を説明している。
- ℓ.3 be given ～「～を与えられる」
- ℓ.5 participate in ～「～に参加する」
- ℓ.8 vote for ～「～に投票する」

□ターゲット文を言った

1100 1200 1300 1400 1500

56-2 What made you read the book?

☑☑ 発表した本について質疑応答をする

Q Why does Nicola recommend everyone to read the book? (→ p.302)

Audience 1 : Thank you for your presentation.

Nicola : You're welcome.

Audience 1 : So, who do you recommend should read this book?

Nicola : Well, I think it's **suitable** for any age. There's something valuable in it for everyone. I think the most important **aspect** of the book is its teachings on tolerance, courage, good, evil and injustice. I think everyone should be **encouraged** to read it.

Audience 2 : What made you read the book?

Nicola : I read an online **article** that **praised** the book and **author**.

Audience 3 : What do you think is the most **dramatic incident** in the book?

Nicola : I'd say the courtroom scene. There's so much **tension** and drama. It **covers** about five **chapters** of the whole book.

(108 words)

780 ☐	**suitable** [súːtəbl]	形 適切な，ふさわしい
781 ☐	**aspect**★ [ǽspekt]	名 面；見方　in all aspects（あらゆる面において）
782 ☐	**encourage**★ [ɪnkə́ːrɪdʒ]	他 を勧める；…するよう励ます（to give hope, support, or confidence to sb） 派 **encóuragement** 名 激励すること，促進
783 ☐	**article**★ [ɑ́ːrtɪkl]	名 記事
784 ☐	**praise** [préɪz]	他 を称賛する　名 称賛（の言葉）
785 ☐	**author**★ [ɔ́ːθər]	名 著者，作者
786 ☐	**dramatic** [drəmǽtɪk]	形 印象的な；劇的な
787 ☐	**incident** [ínsədənt]	名 出来事　類 event，事件，事故 788 ☐ **without incident** 無事に 派 **incidéntal** 形 付随して起こる

56-2 なぜその本を読んだのですか。

Q なぜニコラはその本を皆に勧めるのですか。

聞き手1：発表をありがとうございました。
ニコラ：どういたしまして。
聞き手1：さて，この本をどのような人が読むことを勧めますか。
ニコラ：そうですね，どの年齢の方にでも適していると思います。この本には誰にとっても価値のあることが書かれています。この本の最も大事な面は，寛容，勇気，善，悪，そして不公平についての教えであると私は考えます。あらゆる人がこの本を読むよう勧められるべきだと思います。
聞き手2：なぜその本を読んだのですか。
ニコラ：この本と著者を称賛するオンラインの記事を読んだのです。
聞き手3：この本の中で最も印象的な出来事は何だと思いますか。
ニコラ：法廷の場面でしょうね。かなりの緊張と劇的な展開ですから。その場面で本全体のおよそ5章分に及ぶのです。

789 ☐	**tension** [ténʃən]	名 緊張，緊迫状態 派 **ténse** 形 緊張した，張りつめた
790 ☐	**cover**★ [kʌ́vər]	他 に及ぶ；を取り扱う；を覆う　名 カバー
791 ☐	**chapter** [tʃǽptər]	名（書物・論文などの）章

Words & Phrases

ℓ.3 who do you recommend should read this book?　who should read this book? に do you recommend を挿入した質問文。
ℓ.6 teachings「教え」
ℓ.6 tolerance「寛容；忍耐」
ℓ.6 evil「悪」
ℓ.6 injustice「不公平」
ℓ.11 courtroom「法廷」 参 court「裁判所」

1100　1200　1300　1400　1500

☐ ターゲット文を言った
☐ ロールプレイの練習をした

57 Nothing beats a good old-fashioned book.

☑ ☑ 本の行く末についての記事を読む

Q What do experts predict about printed books? (→ p.302)

With the rise of digital **publishing**, experts **predict** that printed books will soon **go the way of** the dinosaurs. We have already witnessed the decline of traditional newspapers and magazines as readers have **shifted** to electronic **media**. **In the same way**, traditional books are likely to become an increasingly rare **commodity**.

Sales of electronic reading **devices** have **skyrocketed** in recent years. These slim and light **gadgets** provide readers with access to hundreds of thousands of titles that can be easily stored and **transported**.

Without a doubt, these developments have turned the publishing industry inside out. Even so, many **avid** readers hope that printed books will not **disappear** entirely. They say that nothing **beats** a good old-fashioned book when you want to curl up with a work of fiction by your favorite author.

(132 words)

792 ☐	**publishing** [pʌ́blɪʃɪŋ]	名 出版　形 出版(業)の 派 **públish**　他 を発行する，を出版する
793 ☐	**predict**★ [prɪdíkt]	他 を予測〔予言〕する 派 **predíction**　名 予言，予測
794 ☐	**go the way of ～**	～と同じ道をたどる，～の二の舞になる
795 ☐	**shift** [ʃíft]	自 移行する；変化する　他 を変える　名 転換
796 ☐	**media** [míːdiə]	名 媒体；手段；〈the media で〉マスメディア
797 ☐	**in the same way**	同じように
798 ☐	**commodity** [kəmɑ́ːdəti]	名 商品；産物 commodity prices（物価）
799 ☐	**device**★ [dɪváɪs]	名 端末，デバイス，装置
800 ☐	**skyrocket** [skáɪrɑ̀ːkət]	自 急上昇する　他 を急騰させる
801 ☐	**gadget** [gǽdʒɪt]	名（便利な）機器〔装置〕；小道具

57 古きよき本に勝るものはない。

Q 専門家たちは印刷された書籍について何と予測していますか。

デジタル出版の増加に伴い，専門家たちは，印刷された書籍が近いうちに恐竜と同じ道をたどることになるだろうと予測している。読者が電子メディアに移行したため，従来の新聞や雑誌が衰退するのを私たちはすでに目の当たりにしている。同じように，従来の書籍が，次第に珍しい商品になっていく恐れがある。

電子書籍端末の販売台数は，近年急増している。こうした薄くて軽い機器により，簡単に保存したり持ち運んだりできる何十万もの本の利用が可能になる。

間違いなく，このような展開の結果，出版業界は大混乱に陥ってしまった。それでも，多くの熱心な読者は，印刷された書籍が完全には姿を消してしまわないことを願っている。丸まって寝そべりながらお気に入りの作家の小説作品でも読みたい時には，古きよき本に勝るものはないということだ。

802 ☐	**transport** [trænspɔ́ːrt]	他 を運ぶ；を輸送〔運送〕する
803 ☐	**without a doubt**	間違いなく，疑いなく
804 ☐	**avid** [ǽvɪd]	形 熱心な
805 ☐	**disappear** [dìsəpíər]	自 消失する；(視野から) 消える 派 **disappéarance** 名 見えなくなること，失踪
806 ☐	**beat** [bíːt]	他 に勝る，をしのぐ　自 打ちつける

Words & Phrases

- ℓ.1 with the rise of ～「～の増加に伴い」
- ℓ.2 witness「～を目撃する」
- ℓ.7 provide ～ with ...「～に…を与える」
- ℓ.9 turn ～ inside out「～を混乱させる，～をひっくり返す」
- ℓ.12 curl up「丸まって横になる」

58 What's that you're reading?

☑☑ マンガについて話す

Q What age groups enjoy reading manga? (→ p.302)

Ann meets her friend, Kenta, **by chance** in a coffee shop.

Ann: Hey, Kenta, what's up?

Kenta: Oh, hi, Ann. **Have a seat.** I'm just **taking advantage of** my free time today. How about you?

Ann: Me, too. What's that you're reading? It looks like a comic book.

Kenta: It's my favorite manga in **digital format**. It's about a group of friends looking for a lost treasure.

Ann: I've heard that manga has many enthusiastic fans **overseas** these days. They like the attractive illustrations and interesting **storylines**.

Kenta: Yeah. I **particularly** appreciate the artistic illustrations in manga.

Ann: But some people say that manga is **primarily** for children, don't they?

Kenta: Actually, a lot of adults like it, too. It's **entertainment** for people **of all ages**. It can also be **educational**. In Japan, many people learn history and the classics through manga. (134 words)

807 ☐	**by chance**	偶然に 類 unexpectedly
808 ☐	**Have a seat.** 💬	座ってください。
809 ☐	**take advantage of ～**	～を活かす，～を（前向きに）利用する；～につけ込む
810 ☐	**digital** [dídʒətl]	形 デジタルの
811 ☐	**format** [fɔ́ːrmæt]	名 型；体裁 他 の体裁を整える，の書式を設定する
812 ☐	**overseas**★ 副 [òuvərsíːz] 形 [´´]	副 海外で〔へ；に〕 形 海外の〔への〕
813 ☐	**storyline** [stɔ́ːrilàin]	名（本・映画・劇の）筋，プロット

58 あなたが読んでいるのは何ですか。

Q どのような年齢層がマンガを読んで楽しんでいますか。

アンは友人のケンタに，偶然コーヒーショップで出会います。

アン：あら，ケンタ，元気？

ケンタ：おや，やあ，アン。座ってよ。今日はただ自由時間を有効活用しているところさ。君は？

アン：私も。あなたが読んでいるのは何？ マンガ本みたいだけれど。

ケンタ：これは，デジタル形式の，僕の大好きなマンガなんだ。失われた宝物を探す仲間たちの話だよ。

アン：最近，海外でマンガの熱狂的なファンがたくさんいるって聞いたことがある。彼らは，魅力的なイラストやおもしろいストーリー展開が気に入っているんだって。

ケンタ：そうなんだよ。僕は特にマンガの芸術的なイラストを評価しているんだ。

アン：だけど，マンガは主に子どもたちのためのものだと言う人もいるよね？

ケンタ：実際の話，マンガが好きな大人もたくさんいるよ。マンガはあらゆる年齢の人々の楽しみなんだ。しかもためになる場合もあるし。日本では，たくさんの人たちが歴史や古典をマンガを通して学んでいるんだ。

814 ☑	**particularly** [pərtíkjələrli]	副 特に，とりわけ 派 **partícular** 形 特別の；特にこの
815 ☑	**primarily** [praımérəli]	副 主として 類 **chiefly**；第一に 派 **prímary** 形 最も重要な；第一の
816 ☑	**entertainment** [èntərtéınmənt]	名 楽しみ，娯楽 派 **entertáin** 他 をもてなす，を楽しませる
817 ☑	**of all ages**	すべての年齢の～
818 ☑	**educational** [èdʒəkéıʃənl]	形 教育的な，ためになる；教育の

Tips この場面で What are you reading? と言うと，「何読んでいるの？ 暇だな。」など，聞き手を非難しているように聞こえてしまうかもしれません。聞き手に関心があり話したいという気持ちも伝えたいなら，What's that you're reading? が適切でしょう。

1100 1200 1300 1400 1500

□ターゲット文を言った
□ロールプレイの練習をした

Quiz Chapter 6

空所にあてはまる単語を選びましょう。

【1】

I'm really honored to accept this (1). I want to express my deepest (2) to the members of the Academy for selecting me. There are just so many people to thank that I don't even know where to begin. First of all, I want to thank Robert Watson, the director and producer of this film, for his (3) in a new young actor like myself.

(1) (a) award	(b) clue	(c) premiere	(d) probe
(2) (a) appreciation	(b) aspect	(c) attitude	(d) prosperity
(3) (a) character	(b) critic	(c) faith	(d) outlook

【2】

How do you (1) happiness? *The Art of Happiness* by the Dalai Lama and Howard C. Cutler (2) this question in a remarkably meaningful way. This book starts with a (3) from the Dalai Lama stating that "the very purpose of our life is to seek happiness."

(1) (a) beat	(b) overlook	(c) pursue	(d) transform
(2) (a) achieves	(b) penetrates	(c) portrays	(d) poses
(3) (a) critic	(b) quote	(c) discussion	(d) vote

Answers

【1】 No.50 参照

(1) (a) **(2)** (a) **(3)** (c)

【2】 No.55 参照

(1) (c) **(2)** (d) **(3)** (b)

【3】

Nicola : I read an online (1) that praised the book and author.

Audience 3 : What do you think is the most dramatic (2) in the book?

Nicola : I'd say the courtroom scene. There's so much (3) and drama. It covers about five chapters of the whole book.

(1) (a) article (b) evidence (c) lyric (d) purpose
(2) (a) criminal (b) commodity (c) detective (d) incident
(3) (a) aspect (b) potential (c) tension (d) vulnerability

【4】

Ann : I've heard that manga has many enthusiastic fans overseas these days. They like the attractive illustrations and interesting storylines.

Kenta : Yeah. I (1) appreciate the artistic illustrations in manga.

Ann : But some people say that manga is primarily for children, don't they?

Kenta : Actually, a lot of adults like it, too. It's (2) for people of all ages. It can also be (3). In Japan, many people learn history and the classics through manga.

(1) (a) afterward (b) by chance (c) eventually (d) particularly
(2) (a) gadget (b) entertainment (c) potential (d) version
(3) (a) avid (b) educational (c) invaluable (d) relevant

【3】No.56-2 参照
(1) (a) (2) (d) (3) (c)

【4】No.58 参照
(1) (d) (2) (b) (3) (b)

59 I really appreciate you explaining this to me.

☑☑ 寺院と神社の違いを説明する

Q What's the main difference between a temple and a shrine? (→ p.302)

Hiroshi: Hey, Mary. **What's new?**

Mary: Well, I'm going to Kyoto with friends tomorrow. There are many temples and shrines in Kyoto, right? The difference between them, however, is **confusing**.

Hiroshi: The main difference is that they are places of **worship** for two completely different religions — Buddhism and Shintoism. These two religions have **coexisted** since the sixth **century**.

Mary: Really?

Hiroshi: Yes. Temples are Buddhist places of worship. We usually go there for events like funerals and **memorial services** for our **ancestors**.

Mary: Interesting! And how about shrines?

Hiroshi: Shrines are for Shintoism. We generally go there to celebrate life's **milestones**, such as marriage and the **birth** of a child.

Mary: I see. I really **appreciate** you explaining this to me. (113 words)

819 ☐	**What's new?** 💬	最近何か変わったことはある？，何かあった？，どうしてる？
820 ☐	**confusing** [kənfjúːzɪŋ]	形 (頭などを) 混乱させる，まごつかせる 派 **confúse** 他 を混乱させる，を当惑させる
821 ☐	**worship** [wə́ːrʃəp]	名 礼拝；崇拝　他 を崇拝する
822 ☐	**coexist** [kòuɪgzíst]	自 共存する；同時に存在する
823 ☐	**century** [séntʃəri]	名 世紀

59 このことを私に説明してくれて，本当に感謝しています。

Q 寺院と神社の主な違いは何ですか。

ヒロシ：やあ，メアリー。最近どうですか。

メアリー：そうですね，明日友人たちと一緒に京都へ行くんです。京都にはたくさんの寺院や神社がありますよね。でもその違いがわかりにくいです。

ヒロシ：主な違いは，寺院と神社は仏教と神道という2つのまったく異なる宗教のための礼拝所である，ということです。これらの2つの宗教は，6世紀以降共存してきたのです。

メアリー：そうなんですか？

ヒロシ：ええ。寺院は仏教の礼拝所です。私たちはたいてい，葬儀や先祖供養のような行事で，そこへ行くのです。

メアリー：興味深いですね！ それで神社はどうなのですか。

ヒロシ：神社は神道のものです。私たちは一般的に，結婚や子どもの誕生といった，人生の大事な出来事を祝うために，そこへ行きます。

メアリー：なるほど。このことを私に説明してくれて，本当に感謝しています。

824 ☐	**memorial service**	供養，法要，記念祭 825 ☐ **memórial** 形 追悼の；記念の 名 記念物，記念品
826 ☐	**ancestor** [ǽnsestər]	名 先祖 反 **descendant**（子孫）
827 ☐	**milestone** [máɪlstòʊn]	名 重要な出来事，画期的事件
828 ☐	**birth** [bə́ːrθ]	名 誕生，出生
829 ☐	**appreciate**★ [əpríːʃièɪt, -si-]	他 をありがたく思う；の真価を認める 派 **appreciátion** 名 感謝；理解

1100 1200 1300 1400 1500

☐ ターゲット文を言った
☐ ロールプレイの練習をした

60 It's a good idea to watch what others do first.

☑☑ 世界の慣習についての文章を読む

Q What is recommended to make a good impression when traveling? (→ p.302)

Advice from a travel magazine

Going on a **global journey**? It's important to learn about the **customs** of the countries you'll be visiting. You'll want to **avoid** words, actions, and **gestures** that may seem impolite.

One way to make a good impression is to understand local greeting customs. For example, in Thailand, people **commonly** bow, similar to Japan. However, they also **press** their hands together in front of their **chests** to show **respect**. Believe it or not, people in Tibet often stick their tongues out when they meet people. This would not be **appropriate** in most countries, as people might think it looks **rude**. However, in Tibet it is seen as both a **friendly** hello and a sign of respect.

Of course, whatever country you are in, greetings can **vary depending on** the situation and **relationship**. It's a good idea to watch what others do first, so you don't **embarrass yourself**. (151 words)

830	**global** [glóʊbl]	形 世界的な，地球上の
831	**journey** [dʒə́ːrni]	名（長期間の）旅
832	**custom** [kʌ́stəm]	名 慣習，風習
833	**avoid** [əvɔ́ɪd]	他（望ましくない人・物・事）を避ける
834	**gesture** [dʒéstʃər]	名 身ぶり，しぐさ　自 身ぶりをする
835	**commonly** [kɑ́ːmənli]	副 一般に，普通に
836	**press** [prés]	他 を押す，を押し付ける　自 押す
837	**chest** [tʃést]	名 胸

60 まずは他の人たちがどうするかを見るのが賢明です。

Q 旅行の際，よい印象を与えるために何が勧められていますか。

旅行雑誌からの助言

世界旅行にお出かけですか。あなたが訪れることになる国々の慣習について知ることが肝心です。無礼と思われてしまうかもしれない言葉，行動，そして身ぶりは避けるとよいでしょう。

よい印象を与える一つの方法は，その地域の挨拶の慣習を理解することです。たとえばタイでは，日本と同じように，人々は一般的にお辞儀をします。けれども，彼らはまた，胸の前で両手を合わせて敬意を示します。信じられないような話ですが，チベットの人たちは，人と会うとよく舌を突き出します。これはほとんどの国々では適切ではないでしょう。無礼に見えると思うかもしれないからです。ところがチベットでは，それは親しみのこもった挨拶として，また敬意を表す印としても考えられているのです。

当然ながら，どんな国にいたとしても，挨拶はその状況や人間関係に応じて変わることがあります。まずは他の人たちがどうするかを見るのが賢明です。そうすれば恥ずかしい思いをすることはありません。

838 ☐	**respect** [rɪspékt, rə-]	名 敬意，尊敬　他 を尊敬する
839 ☐	**appropriate** [əpróupriət]	形 適切な　反 inappropriate
840 ☐	**rude** [rúːd]	形 無礼な　類 impolite　反 polite
841 ☐	**friendly** [fréndli]	形 親しみのある，友好的な　反 unfriendly
842 ☐	**vary** [véəri]	自 変わる；異なる　他 に変化を与える
843 ☐	**depending on ～**	～に応じて，～によって
844 ☐	**relationship** [rɪléɪʃənʃɪp, rə-]	名 関係，間柄
845 ☐	**embarrass oneself**	恥をかく 846 ☐ **embárrass** 他 に恥ずかしい思いをさせる，を困らせる 派 **embárrassment** 名 当惑

61 I'm getting very relaxed.

☑ ☑ 温泉について話す

Q What are the benefits of bathing in a hot spring? (→ p.302)

Mika: Ah, it feels SO good. The temperature of the water is perfect. I'm getting very relaxed.

Lena: Me, too. You have such wonderful hot springs here in Japan.

Mika: That's right. We have many of them **located** throughout Japan. Our **numerous** volcanoes **heat up** the **underground** water and gas, and ultimately create the hot springs.

Lena: **I didn't know that.**

Mika: Some are casual **daytrip** hot spring baths, while others are **luxurious** resorts. You can enjoy the hot springs and some delicious cuisine there.

Lena: And hot springs are **beneficial** for our health, right?

Mika: Yes. There is an old Japanese custom that still exists today. Stay in a hot spring area for several weeks, and **bathe** often in the **mineral-rich** hot spring. This will **cure** your illnesses and restore your health.

Lena: Well then, let's just enjoy this **totally** relaxing and healthy experience.

(137 words)

847 ☐	**locate** ★ [lóukeɪt, −ˊ]	他〈be located で〉ある，位置する；を突き止める
848 ☐	**numerous** [n(j)úːmərəs]	形 たくさんの
849 ☐	**heat up ～**	～を熱する，～を温める
850 ☐	**underground** 形 [ʌ́ndərgràund] 副 [ˋ−ˊ]	形 地下の 副 地下で
851 ☐	**I didn't know that.**	それは知らなかった。；そうだったんだ。
852 ☐	**daytrip** [déɪtrìp]	名 日帰り旅行 参 overnight trip（一泊旅行）
853 ☐	**luxurious** [lʌgʒúəriəs, lʌkʃúə-]	形 豪華な，贅沢な 派 **lúxury** 名 贅沢品，贅沢

61 とてもリラックスしています。

Q 温泉に入ることの利点は何ですか。

ミカ：ああ，とっても気持ちがいい。お湯の温度は完璧。すごくリラックスしてきた。

レナ：私も。ここ日本には，とても素晴らしい温泉があるのね。

ミカ：そうなの。たくさんの温泉が日本中にあるわ。数多くの火山が地下の水やガスを熱して，最終的に温泉を作り出すのよ。

レナ：それは知らなかった。

ミカ：形式ばらない日帰り旅行の温泉場もあれば，豪華な保養地もある。そこでは温泉と，ちょっとしたおいしい料理が楽しめるのよ。

レナ：それに温泉は健康のためになるのよね。

ミカ：ええ。今でも残っている，日本の古い習慣があってね。温泉地に数週間滞在して，そしてミネラル分が豊富な温泉に何度も入る。そうすれば，あなたの病気を治してくれるし，健康も取り戻してくれるのよ。

レナ：それでは，すっかりくつろげて，しかも健康的なこの経験をとにかく楽しみましょう。

854 ☐	**beneficial** [bènəfíʃəl]	形 ためになる，有益な 派 **bénefit** 名 利益，利点 他 のためになる
855 ☐	**bathe** [béɪð]	自 入浴する 他 を洗う，を水に浸す
856 ☐	**mineral-rich** [mínərəlrítʃ]	形 ミネラル分が豊富な
857 ☐	**cure** [kjúər]	他 を治す，を治療する 名 治療法
858 ☐	**totally** [tóʊtəli]	副 すっかり，完全に，まったく

Tips I didn't know that. と気づきの感動とともに相づちを打たれたら，説明する側もうれしくなり，説明に力が入るでしょう。

1100 1200 1300 1400 1500

☐ ターゲット文を言った
☐ ロールプレイの練習をした

62 Everything at this ceremony is performed with hospitality.

☑☑ 茶道について話す

Q What can people learn through *Sado*? (→ p.302)

The Japanese tea ceremony, known as *Sado*, is a traditional **ritual** which involves preparing and enjoying tea. Through *Sado*, it is possible to learn the Japanese **sense of beauty** or *wabi-sabi*. This means finding beauty in simplicity and imperfection. *Sado* consists of **a series of** actions — **purifying** the utensils, making tea, and serving it to guests. Everything at this ceremony is **performed** with **hospitality**, and all according to an **established sequence**.

These actions are also part of a spiritual process, deeply **rooted in** Zen Buddhism. *Sado* helps people leave behind the **distractions** and **stresses** of daily life. They can experience a sense of peace by being fully **present** in the moment.

(111 words)

859 ☐	**ritual** [rítʃuəl]	名 儀式，作法 形 儀式の ※いつも同じ様式で行われる一連の行為を表す。
860 ☐	**sense of beauty**	美意識
861 ☐	**a series of ～**	一連の～
862 ☐	**purify** [pjúərəfài]	他 を清める 派 **púre** 形 純粋な；清い
863 ☐	**perform** [pərfɔ́ːrm]	他 を行う，を成し遂げる；を演じる 自 演じる 派 **perfórmance** 名 上演；遂行；業績
864 ☐	**hospitality** [hɑ̀ːspətǽləti]	名 もてなしの心，もてなし
865 ☐	**established** [ɪstǽblɪʃt]	形 確立された；定評のある
866 ☐	**sequence** [síːkwəns]	名 順序；連続
867 ☐	**be rooted in ～**	～に根ざしている，～に基づいている

62 この茶会ではすべてがもてなしの心をもって行われます。

Q 人々は茶道を通じて，何を学ぶことができますか。

茶道として知られている日本の茶会は，茶を準備し楽しむことを伴う伝統的な儀式です。茶道を通じて，日本の美意識，すなわち侘び寂びを学ぶことができます。侘び寂びとは，簡素なものと不完全さの中に美を見出す，ということです。茶道は，道具を清める，茶を点てる，そしてそれを客にふるまうという一連の所作から成り立っています。この茶会ではすべてがもてなしの心をもって行われ，そしてあらゆることが決まった順序に従っています。

これらの所作は，精神的な過程の一部でもあり，それは深く禅宗に根ざしています。茶道は，人々が日常生活の雑念やストレスを捨て去るのに役立ってくれます。その瞬間に完全に存在することによって，満ち足りた気持ちを味わうことができるのです。

868 ☐	**distraction** [dɪstrǽkʃən]	名 気を散らすもの；気晴らし
869 ☐	**stress** [strés, ʃtrés]	名 ストレス，緊張
870 ☐	**present**★ [préznt]	形 存在して；出席して　名 現在

Words & Phrases

ℓ.4 simplicity「簡素さ；単純さ」

ℓ.4 imperfection「不完全さ；欠陥」

ℓ.5 utensil「(特に台所の) 用具，(一般の) 道具」

ℓ.6 and all according to ...　and all (are performed) according to ... ということ。

ℓ.9 leave behind ~「~を置き去りにする」ここでは，雑念やストレスを捨て去る，といった意味で用いられている。

ℓ.10 fully present　現在にしっかり意識を向けている状態のこと。そのためには五感を使うことが大切だと言われている。

63 I felt a sense of peace.

互いの国の文化について話す

Q What are Mary and Kenji comparing? (→ p.302)

Mary: I went to a Japanese tea ceremony on Friday. It was a very **meaningful** experience for me. In fact, I consider it to be one of the **highlights** of my trip here.

Kenji: That's great. Since you're from London, are you familiar with the British custom of afternoon tea?

Mary: Of course, I am. It's very popular **back home**.

Kenji: *Sado* can **be traced back to** about 500 years ago. How about afternoon tea?

Mary: Afternoon tea began in the early 19th century. Later, the custom gained **popularity**, and **spread** quickly **throughout** England. Now it's much less formal than it used to be.

Kenji: I see. How did you feel after *Sado*?

Mary: I felt a sense of peace sitting in the quiet tea room. In London, I **typically** felt more **sociable** because of the **interactions** I had with others during the tea party. English afternoon tea and the Japanese tea ceremony are really quite different experiences. (151 words)

871	**meaningful** [míːnɪŋfl]	形 有意義な：重要な　反 **meaningless**
872	**highlight**★ [háɪlàɪt]	名 目玉，ハイライト；呼び物
873	**back home**	故郷で
874	**trace ～ back to ...**	～（の由来・出所）を…までさかのぼる
875	**popularity**★ [pɑ̀ːpjəlérəti, -lǽr-]	名 人気 派 **pópular** 形 人気のある
876	**spread** [spréd]	自 広がる　他 を広げる

100 200 300 400 500 600 700 800 900 1000

63 心の安らぎを感じました。

Q メアリーとケンジは何を比較していますか。

メアリー：金曜日に日本の茶会に行きました。私にとってとても有意義な経験でした。実際，茶会はここへの旅行の目玉のひとつなんです。

ケンジ：それはよかったです。あなたはロンドンから来たのですから，アフタヌーンティーというイギリスの慣習に詳しいですか。

メアリー：もちろん詳しいですよ。私の国ではとても一般に浸透しています。

ケンジ：茶道はおよそ500年前にさかのぼることができるのですよ。アフタヌーンティーはどうですか。

メアリー：アフタヌーンティーは19世紀前半に始まりました。その後，この慣習は人気を得て，イギリス中に瞬く間に広まったのです。今では以前よりもかなり形式張らなくなっています。

ケンジ：なるほど。茶道を体験した後，あなたはどんなふうに感じましたか。

メアリー：静かな茶室に座っていて，心の安らぎを感じました。ロンドンでは，お茶会の間に他の人たちと交流したので，いつも決まってもっと打ち解けた感じがしました。イギリスのアフタヌーンティーと日本の茶会は，本当にとても異なった経験ですね。

877 ☐	**throughout** [θruáʊt]	前 ～中，～全体にわたって
878 ☐	**typically** [típɪkli]	副 いつも決まって，一般的に；典型的に
879 ☐	**sociable** [sóʊʃəbl]	形 打ち解けた；社交的な
880 ☐	**interaction** [ìntərǽkʃən]	名 交流；相互作用 派 **interáct** 自 触れ合う，相互に作用し合う

Tips 19世紀前半に始まったものだけれど，今は昔と違って much less formal であると言い，聞き手を引きつけるように話を展開させています。

1100 1200 1300 1400 1500

□ターゲット文を言った
□ロールプレイの練習をした

64 Why didn't I think of that?

☑☑ 食禁忌について話す

Q What are dietary restrictions for Muslims? (→ p.302)

Mark stops to chat with Asami as he is leaving work.

Mark: Hey, Asami, are you **working overtime** tonight?

Asami: Just for a while. I'm organizing a welcome party for our new Indonesian colleague, Ahmad. He's Muslim, so I'm **reading up on** information about halal food **guidelines**.

Mark: I've heard about halal, but I don't know much about its **principles**. We need to be careful about some dietary **restrictions**, don't we?

Asami: Yes. It says here that eating pork and drinking **alcohol** are **forbidden**. It also says that restaurants and shops must **verify** that all food is properly prepared. I'm not sure what that actually means, though.

Mark: Hmm... Maybe we should find a halal restaurant online and **consult** them.

Asami: Oh, that's a good idea. Why didn't I think of that?

Mark: I'm really **looking forward to** trying different foods. This is going to be a fun event.

(142 words)

881 ☐	**work overtime**	残業する 882 ☐ **óvertime**★ 副 時間外に
883 ☐	**read up on ～**	～を（十分読んで）知識を得る
884 ☐	**guideline**★ [gáɪdlàɪn]	名 指針，ガイドライン
885 ☐	**principle** [prínsəpl, -səbl]	名 原則；主義；原理
886 ☐	**restriction** [rɪstríkʃən]	名 制限；制限規定 dietary restrictions（食事制限） 派 **restríct** 他 を制限する（to put a limit on sb/sth） 類 **limit**
887 ☐	**alcohol** [ǽlkəhɔ̀ːl]	名 酒，アルコール飲料

100 200 300 400 500 600 700 800 900 1000

64 どうしてそれを私は思いつかなかったのか。

Q イスラム教徒にとって，食事の制限に何がありますか。

マークは職場を出るときに，アサミとおしゃべりしようと立ち止まります。

マーク：やあ，アサミ，今夜は残業しているの？
アサミ：少しの間だけね。新しいインドネシア人の同僚，アハマドのために，歓迎パーティーを企画しているの。彼はイスラム教徒だから，私はハラルフードの指針についての情報を調べているところよ。
マーク：ハラルについては聞いたことがあるけれど，その原則についてはよく知らないな。食事制限に気をつけないといけないんだよね？
アサミ：そうなの。ここには，豚肉を食べたりお酒を飲んだりすることは禁じられていると書いてあるわ。レストランや店舗は，すべての食べ物が適切に調理されていることを確認しなければならない，とも書いてある。それが実際に何を意味するのか，私はよくわからないけれど。
マーク：うーん…，たぶんオンラインでハラルレストランを見つけて，そこに相談するべきだろうな。
アサミ：あら，それはいい考えね。どうしてそれを私は思いつかなかったのかしら。
マーク：いろいろな食べ物を試してみるのをとても楽しみにしているよ。これは楽しいイベントになるね。

888 ☐	**forbidden** [fərbídn, fɔːr-]	形（法律・規則・宗教で）禁じられた 派 **forbíd** 他 を禁止する 類 **prohibit**
889 ☐	**verify** [vérəfàɪ]	他（正しいこと）を確認する
890 ☐	**consult** [kənsʌ́lt]	他 に意見を求める，に相談する；（情報を得るために文献など）を調べる 自 相談する 派 **consultátion** 名（専門家との）相談
891 ☐	**look forward to ～**	～を楽しみに待つ

Words & Phrases

ℓ.5 halal「ハラル」イスラム教で許された項目，合法事項。反対の「非合法」は halam。ハラルフードは，イスラム教の神に許された食べ物のこと。

1100 1200 1300 1400 1500

☐ターゲット文を言った
☐ロールプレイの練習をした

65 We shouldn't take life for granted.

☑☑ ブロンテ姉妹について話す

Q How many copies did the Brontë sisters' first poetry book sell? (→ p.302)

Mac: Amy, did you see the article about the Brontë sisters that I emailed you?

Amy: I did! I knew they were acclaimed authors, but I didn't know they had such difficult lives.

Mac: I was also surprised to learn about their numerous **hardships**. When their first book of **poetry** was published by a **publisher**, it only sold two copies!

Amy: It must have taken **a great deal of courage** to keep going after that.

Mac: They had some success **later on**, but they kept **encountering** setbacks.

Amy: How frustrating! **Nevertheless**, it seems like they really loved writing.

Mac: Yes. It's a **tragic** story! **Ultimately**, they all died quite young, and were not **properly** recognized until after their deaths.

Amy: **It just goes to show that** we shouldn't **take** life **for granted**!

(124 words)

892 ☐	**hardship** [hɑ́ːrdʃɪp]	名 苦難；苦痛
893 ☐	**poetry** [póʊətri]	名 詩
894 ☐	**publisher** [pʌ́blɪʃər]	名 出版社
895 ☐	**a great deal of ～**	相当な～，多大な～，たくさんの～
896 ☐	**courage** [kə́ːrɪdʒ]	名 勇気
897 ☐	**later on**	後で，のちほど
898 ☐	**encounter**★ [ɪnkáʊntər, en-]	他 に直面する；に遭遇する 名 出会い，遭遇

65 命を当たり前のものだと思うべきではありません。

Q ブロンテ姉妹の初めての詩集は何冊売れましたか。

マック：エイミー，僕が電子メールで君に送った，ブロンテ姉妹についての記事を読んだ？

エイミー：読んだよ！ 彼女たちが高く評価された作家だったのは知っていたけれど，あんなに辛い人生を送ったということは知らなかった。

マック：僕も，彼女たちの度重なる苦難について知ったことは驚きだった。姉妹の最初の詩の本が出版社から出版された時，たった2冊しか売れなかったんだよ！

エイミー：その後に頑張り続けるには，相当な勇気が必要だったに違いないね。

マック：彼女たちは後にいくらか成功を収めたけれど，挫折に直面し続けたね。

エイミー：なんてもどかしいの！ それでも，彼女たちは本当に書くことが大好きだったようね。

マック：そうだね。これは悲劇の物語だよ。結局のところ，姉妹は皆すごく若くして亡くなったし，死ぬまで適切に評価されることはなかったんだ。

エイミー：私たちが命を当たり前のものだと思うべきではない，ということがよくわかるね。

899 ☐	**nevertheless** ★ [nèvərðəlés]	副 それにもかかわらず
900 ☐	**tragic** [trǽdʒɪk]	形 悲劇の；悲惨な 派 **trágedy** 名 悲劇；悲しい出来事
901 ☐	**ultimately** [ʌ́ltəmətli]	副 最終的に 派 **últimate** 形 究極の；最終的な 名 最高のもの；最終段階
902 ☐	**properly** ★ [prɑ́:pərli]	副 適切に 派 **próper** 形 適切な
903 ☐	**It just goes to show that ...**	…ということがよくわかる
904 ☐	**take ～ for granted**	～を当然のことと思う

1100 1200 1300 1400 1500

☐ ターゲット文を言った
☐ ロールプレイの練習をした

Words & Phrases

ℓ.3 acclaimed「高く評価された」

ℓ.10 setback「挫折」

ℓ.13 they all died quite young「彼女たちは全員とても若くして死んだ」'die ＋形容詞(happy, young, rich, poor など)' で「〜の状態で死ぬ」の意味。

Key Point ブロンテ姉妹

19 世紀イギリスのビクトリア朝時代を代表する小説家で，シャーロット，エミリー，アンの 3 人を指す。3 人の詩集『カラー，エリス，アクトン・ベル詩集』はペンネームで出版された。

Key Point 感嘆文で気持ちを表す

この会話に出てきた How frustrating!（なんてもどかしいの！）は感嘆文で，ここでは 'How + 形容詞 / 副詞 + S + V!' の 'S + V' が省略されている。さまざまな形容詞を使って，気持ちを表してみよう。

How interesting!（なんておもしろいんだ！）
How wonderful!（なんて素晴らしいんだ！）
How sad!（なんて悲しいんだ！）
How lucky!（なんてラッキーなんだ！）
How terrible!（なんてひどいんだ！，最悪だね！）
How stupid of me!（私ってなんてバカなことをしたの！）

MEMO

66 Not everyone agrees with me.

☐ ☐ アメリカの歴史について話す

Q Why are Native Americans called Indians? (→ p.302)

Ken is at his internship with an American company. He is asking his friend Ann about American history.

Ken: Tomorrow is Columbus Day, right? I heard it's a **controversial** holiday. Why is that?

Ann: Well, first of all, Columbus didn't really discover the Americas. The first European **explorer** to come here is said to be Leif Erickson — five centuries before Columbus.

Ken: That's interesting. Columbus came here **accidentally**, right? He was **attempting** to sail to India, and that's why **Native** Americans are called Indians?

Ann: Yes, **that's correct**. Columbus was praised as an explorer but Native Americans had already been living here for thousands of years. They had rich cultures and **civilizations**.

Ken: I guess that's why some people want to **abolish** the holiday.

Ann: Yes. Some states have **established** a new holiday, called "Indigenous People's Day." I think it should be an official **national** holiday, too, but not everyone agrees with me. (147 words)

905 ☐	**controversial** [kɑ̀:ntrəvə́:rʃəl]	形 議論の的になる，賛否の分かれる 派 **cóntroversy** 名 論争
906 ☐	**explorer** [ɪksplɔ́:rər, eks-]	名 探検家 派 **explóre** 他 を探検する
907 ☐	**accidentally** [æ̀ksədéntəli]	副 偶然に；うっかり 派 **accidéntal** 形 偶然の，予期せぬ；不慮の
908 ☐	**attempt** ★ [ətémpt]	他（困難なことの実行）を試みる 名 試み 類 **try**
909 ☐	**native** [néɪtɪv]	形 その土地に生まれた；出生地の

66 すべての人が私と同じ考えというわけではありません。

Q アメリカ先住民はなぜインディアンと呼ばれるのですか。

ケンはあるアメリカ企業の実務研修中です。彼は友人のアンにアメリカの歴史について尋ねています。

ケン：明日はコロンブス記念日だよね。議論の的になっている休日だと聞いたよ。それはどうして？

アン：そうね，まず初めに，コロンブスは実際にはアメリカ大陸を発見したわけではなかったのよ。ここに来た最初のヨーロッパの探検家は，レイフ・エリクソンだと言われているの。コロンブスの5世紀前のことよ。

ケン：それは興味深いね。コロンブスは偶然アメリカに来たんだろう？ 彼はインドに向けて航海しようとしていた。それがアメリカ先住民たちがインディアンと呼ばれている理由なんだよね。

アン：ええ，その通りよ。コロンブスは探検家として称賛されたけれど，アメリカ先住民たちは，すでに何千年もの間ここにずっと住んでいた。彼らには豊かな文化と文明があったのよ。

ケン：だからこの休日を廃止したい人がいるんだろうね。

アン：そうなの。「先住民の日」と呼ばれる新しい休日を制定した州もあるのよ。私もそれが正式な国民の休日になるべきだと思うけれど，すべての人が私と同じ考えというわけではないわ。

7

文化・歴史

910	**That's correct.**	その通りです。
911	**civilization** [sìvələzéɪʃən]	名 文明，文明化
912	**abolish** [əbɑ́ːlɪʃ]	他 （制度・法律）を廃止する，を撤廃する 派 **abólishment** 名 廃止，撤廃
913	**establish** [ɪstǽblɪʃ, es-]	他 を制定する；を設立する 派 **estáblished** 形 確立された
914	**national** [nǽʃənl]	形 国民の；国家の 派 **nátion** 名 国民；国家

1100 1200 1300 1400 1500

□ターゲット文を言った
□ロールプレイの練習をした

67 That makes sense.

☑☑ 東京タワーとエッフェル塔について話す

Q What was Tokyo Tower mainly built for? (→ p.302)

Paul and Nami are walking in the area near Tokyo Tower.

Paul: Tokyo Tower really **resembles** the Eiffel Tower in France, doesn't it?

Nami: Yes, and it's not **by coincidence**. The **architect**, Naito Tachu, was inspired by the Eiffel Tower when he designed it.

Paul: I see. It looks more modern than the Eiffel Tower, though.

Nami: Yes, it was **constructed** in the 1950s. **On the other hand**, the Eiffel Tower was completed in the 1880s. Gustave Eiffel designed it for the World's Fair in Paris.

Paul: Is Tokyo Tower different from the Eiffel Tower in other ways?

Nami: Yes. Tokyo Tower was mainly built to broadcast TV and radio signals. As you can see①, the colors are very different, too. Tokyo Tower is painted "international orange" and white to comply with air **safety regulations**. It's more **visible** for airplane pilots.

Paul: **That makes sense.** Anyway②, both towers are great examples of modern **engineering**, **as well as** important **cultural landmarks**.

(153 words)

915 ☐	**resemble** [rɪzémbl]	他 に似ている
916 ☐	**by coincidence**	偶然に
917 ☐	**architect** ★ [ɑ́ːrkətèkt]	名 建築家，製作者
918 ☐	**construct** [kənstrʌ́kt]	他 を建設する，を組み立てる 派 **constrúction** 名 建設
919 ☐	**on the other hand**	それに対して，他方では ※同じ主題に対して，2つの異なる状況・可能性を対比させる表現。
920 ☐	**safety** [séɪfti]	名 安全；安全性；安全なところ 派 **sáfe** 形 安全な

67 なるほど，そうなんですね。

Q 東京タワーは主に何のために建設されましたか。

ポールとナミは東京タワーの周辺を歩いています。

ポール：東京タワーはフランスのエッフェル塔にとても似ているよね？

ナミ：ええ，そしてそれは偶然にではないのよ。建築家の内藤多仲は，東京タワーを設計した時に，エッフェル塔にヒントを得たの。

ポール：そうなんだね。エッフェル塔よりもずっと現代的に見えるけれど。

ナミ：そうよ，東京タワーは1950年代に建設されたから。それに対して，エッフェル塔は1880年代に完成したの。ギュスターヴ・エッフェルはパリの万国博覧会のためにそれを設計したのよ。

ポール：東京タワーは他の面でエッフェル等と異なっているの？

ナミ：そうよ。東京タワーは，主にテレビやラジオの信号を送信するために建設されたの。ご覧の通り，色もとても違うわ。東京タワーは航空安全規則を遵守するために，「インターナショナルオレンジ」と白に塗装されているの。航空機の操縦士にとっては，そのほうがより見えやすいからよ。

ポール：なるほど，そうなんだね。いずれにしても，どちらのタワーも重要で文化的な歴史的建造物であるのはもちろん，近代工学のすばらしい実例なんだね。

921 ☐	**regulation** ★ [règjəléɪʃən]	名〈通例複数形で〉規則，規制 派 **régulate** 他 を規制する
922 ☐	**visible** [vízəbl]	形 目に見える；明らかな 反 **invisible**
923 ☐	**That makes sense.**	なるほど，そうなんですね。※相手が話した内容を理解できた時に使う相づち表現。 924 ☐ **make sense** 筋が通る；理解しやすい
925 ☐	**engineering** [èndʒəníərɪŋ]	名 工学，工学技術
926 ☐	**～ as well as ...** ★	…だけでなく～も，…はもちろん～

□ターゲット文を言った
□ロールプレイの練習をした

1100 1200 1300 1400 1500

927 ☐	**cultural** [kʌ́ltʃərəl]	形 文化的な
928 ☐	**landmark** ★ [lǽndmɑ̀ːrk]	名 歴史的建造物；目印となるもの

Words & Phrases

ℓ.12 international orange　インターナショナルオレンジ。航空宇宙産業で物体を周囲から区別するために使用される色。赤と黄色の中間色で赤に近い。

ℓ.12 comply with ～「～を遵守する」

Tips

①聞き手が気づいているだろうことに触れた上で，次の話題に移行する時に便利な表現です。ここでは，東京タワーの役割について話した後に，As you can see, ... で東京タワーとエッフェル塔の色について話をし，その後に次の話題である international orange について話すという滑らかな展開となっています。

②「ま，そろそろ話を終わりにしましょうかね。」と話題を変え，話をまとめに入るニュアンスを添えます。話を切り上げるという印象を与えたくない場合は，この場面なら，"Anyway" の代わりに "I guess" などを使うといいでしょう。

MEMO

68-1 I'd like to share a real-life story about a very courageous and caring individual.

☑☑ ある人物の紹介をする

Q What movie star fascinated Marcel Marceau when he was a child? (→ p.302)

Marcel Marceau — A Courageous and Caring Person

Hello, everyone. Today I'd like to share a **real-life** story about a very **courageous** and **caring** individual — Marcel Marceau. At the end of this talk, **I'd be happy to** answer any questions you may have. Let's begin.

Marcel Marceau **entertained** numerous audiences with his skills as a **mime**. A mime is a type of actor who communicates without speaking. Through gestures and **facial expressions**, a mime conveys ideas and tells a story. Marceau developed these skills early in his life. In 1928, at the age of five, he was **fascinated** by Charlie Chaplin's silent movies. So, he often **imitated** Chaplin for his friends.

His miming skills kept improving and **came in handy** later for another important reason. It was during World War II, when the Nazi's **marched** across Europe and murdered millions of Jews. (142 words)

929 ☐	**real-life** [rí:jəl làif]	形 実際に起きた，架空でない，実在の
930 ☐	**courageous** [kəréɪdʒəs]	形 勇気のある 派 **cóurage** 名 勇気，度胸
931 ☐	**caring** [kéərɪŋ]	形 思いやりのある
932 ☐	**I'd be happy to ...**	喜んで…します ※何かを申し出る時や要求に応える時の丁寧な表現。
933 ☐	**entertain** [èntərtéɪn]	他 を楽しませる，をもてなす 派 **entertáiner** 名 楽しませる人，芸能人 派 **entertáining** 形 おもしろい，楽しませてくれる 派 **entertáinment** 名 娯楽
934 ☐	**mime** [máɪm]	名 パントマイム役者；パントマイム 自 パントマイムで演じる 他 をパントマイムで演じる
935 ☐	**facial expression**	表情

68-1 非常に勇敢でかつ思いやりのある人についての実話をお伝えしたいと思います。

Q マルセル・マルソーが子どもの時，彼を魅了した映画スターは誰ですか。

マルセル・マルソー ── 勇敢で思いやりのある人

皆さん，こんにちは。今日は，非常に勇敢でかつ思いやりのある人，マルセル・マルソーについての実話をお伝えしたいと思います。このお話の最後に，ご質問があれば喜んでお答えします。それでは始めましょう。

マルセル・マルソーはパントマイム役者としての自身の技で，数多くの観客を楽しませました。パントマイム役者とは，言葉を使わずにやりとりをするタイプの俳優です。パントマイム役者は身振りや表情を通して，考えを伝え物語を語ります。マルソーは人生の早い時期にこのような技を身につけました。1928年，5歳の時，彼はチャーリー・チャップリンの無声映画に魅了されました。そのため，友達のために彼はよくチャップリンのまねをしました。

彼のパントマイムの技は向上し続け，のちに別の重要な理由で役に立ちました。それはナチスが欧州全域に進軍し，何百万人ものユダヤ人を殺害した，第二次世界大戦中のことでした。

936	**fascinate** [fǽsənèɪt]	他 (人)を魅了する，(人)の心をとらえる 派 **fáscinating** 形 魅力的な，興味深い
937	**imitate** [ímətèɪt]	他 をまねる 派 **imitátion** 名 模倣；模造品
938	**come in handy**	役に立つ
939	**march** [mɑ́ːrtʃ]	自 進軍する，行進する 名 デモ行進，行進

Words & Phrases

ℓ.1 Marcel Marceau「マルセル・マルソー」(1923-2007)「パントマイムの神様」と称されたフランス出身のアーティスト。

ℓ.9 Charlie Chaplin「チャーリー・チャップリン」(1889-1977)「喜劇王」の異名を持つイギリス出身の俳優・映画作家。

Tips プレゼンテーションの冒頭で I'd like to share a real-life story about ～ (～についての実話をお伝えしたいと思います) と言って，テーマを明確に提示しています。こうすることで，聞き手は話を聞く心構えができます。

□ターゲット文を言った

68-2 I was impressed by how Marceau helped children escape to safety.

☑☑ ある人物の紹介をする

Q What did Marcel Marceau do when he worked with the French Resistance? (→ p.302)

Marceau himself was Jewish and a teenager by then. Working with the French Resistance, he helped **evacuate** hundreds of Jewish **orphans** to safety in Switzerland. By using his skills as a mime, he was able to keep the children calm during the long and **risky** journey.

In 1944 Marceau's father was murdered at Auschwitz. "I cried for my father" recalled Marceau in 2002, "but I also cried for the millions of people who died. **Destiny permitted** me to live. **This is why** I have to bring hope to people who struggle in the world."

(After the speech)

Audience Member: I was **impressed** by how Marceau helped children escape to safety. What activities did he engage in after World War II?

Speaker: He performed mime **worldwide** so that he could share what he called "the art of silence."

(137 words)

940 ☐	**evacuate** [ɪvǽkjuèɪt]	他 を避難させる；から避難する 自 避難する
941 ☐	**orphan** [ɔ́ːrfn]	名 孤児
942 ☐	**risky** [rɪ́ski]	形 冒険的な，危険な，リスクを伴う 派 **rísk** 名（危害・損害などの）危険（性）
943 ☐	**destiny** [déstəni]	名 運命
944 ☐	**permit** ★ [pərmɪ́t]	他〈規則などが〉を許可する permit ～ to ...（～が…するのを許す） 自〈物事が〉許す 派 **permíssion** 名 許可 with〔without〕permission（許可を得て〔なしで〕）

68-2 マルソーがどのように子どもたちを安全な場所に逃がす手助けをしたかに感動しました。

Q マルセル・マルソーはフランスのレジスタンスと共に活動した時，何をしましたか。

マルソー自身はユダヤ人で，その頃には 10 代でした。彼はフランスのレジスタンスと共に活動し，何百人ものユダヤ人孤児を，スイスの避難所に避難させる手伝いをしました。パントマイムの役者としての技を使い，彼は長く危険を伴う旅の間，その子どもたちを落ち着かせることができたのでした。

1944 年，マルソーの父親はアウシュビッツで殺害されました。「私は父のために涙を流しました」と 2002 年にマルソーは回想しました。「しかし亡くなった何百万人もの人々のためにも泣きました。運命が私に生きることを許したのです。だから，私は世界で奮闘する人々に希望をもたらさなければならないのです」

(スピーチを終えて)

聴衆：マルソーがどのように子どもたちを安全な場所に逃がす手助けをしたかに感動しました。彼は第二次世界大戦後，どのような活動を行っていたのでしょうか。

講演者：彼は「沈黙の芸術」と呼ばれるものを分かち合うために，世界中でパントマイムを披露しました。

945 ☐	**this is why ...**	だから…なのです，こういうわけで…です
946 ☐	**impress** [ɪmprés]	他 を感動させる，に感銘を与える；によい印象を与える (to make sb feel admiration or respect) 派 **impréssive** 形 感動的な 派 **impréssion** 名 印象
947 ☐	**worldwide** [wə́ːrldwáɪd]	副 世界中に 形 世界的な worldwide fame（世界的名声）

Words & Phrases

ℓ.5 Auschwitz「アウシュビッツ」ナチスの収容所があったポーランド南西部の都市。

☐ターゲット文を言った

1100 1200 1300 1400 1500

Quiz Chapter 7

空所にあてはまる単語を選びましょう。

【1】

Believe it or not, people in Tibet often stick their tongues out when they meet people. This would not be (1) in most countries, as people might think it looks (2). However, in Tibet it is seen as both a friendly hello and a sign of respect.

Of course, whatever country you are in, greetings can vary depending on the situation and (3). It's a good idea to watch what others do first, so you don't embarrass yourself.

(1) (a) appropriate (b) beneficial (c) global (d) luxurious
(2) (a) global (b) numerous (c) rude (d) visible
(3) (a) destiny (b) explorer (c) highlight (d) relationship

【2】

Sado consists of a series of actions — purifying the utensils, making tea, and serving it to guests. Everything at this ceremony is (1) with hospitality, and all according to (2) sequence.

These actions are also part of a spiritual process, deeply rooted in Zen Buddhism. *Sado* helps people leave behind the (3) and stresses of daily life. They can experience a sense of peace by being fully present in the moment.

(1) (a) constructed (b) evacuated (c) fascinated (d) performed
(2) (a) an established (b) a native (c) a sociable (d) a visible
(3) (a) distractions (b) milestones (c) orphans (d) regulations

Answers

【1】No.60 参照

(1) (a) (2) (c) (3) (d)

【2】No.62 参照

(1) (d) (2) (a) (3) (a)

【3】

Mark : I've heard about halal, but I don't know much about its (1). We need to be careful about some dietary restrictions, don't we?

Asami : Yes. It says here that eating pork and drinking alcohol are (2). It also says that restaurants and shops must (3) that all food is properly prepared. I'm not sure what that actually means, though.

(1) (a) interactions	(b) landmarks	(c) popularity	(d) principles
(2) (a) abolished	(b) fascinated	(c) forbidden	(d) impressed
(3) (a) avoid	(b) permit	(c) purify	(d) verify

【4】

Mac : They had some success later on, but they kept (1) setbacks.

Amy : How frustrating! Nevertheless, it seems like they really loved writing.

Mac : Yes. It's a tragic story! (2), they all died quite young, and were not properly (3) until after their deaths.

(1) (a) attempting	(b) encountering	(c) imitating	(d) resembling
(2) (a) On the other hand	(b) Totally	(c) Typically	(d) Ultimately
(3) (a) imitated	(b) consulted	(c) established	(d) recognized

---

【3】 No.64 参照

(1) (d) (2) (c) (3) (d)

【4】 No.65 参照

(1) (b) (2) (d) (3) (d)

69-1 We are interested in attending some Japanese cooking classes.

☑☑ 問い合わせのメールを書く

Q What does Mark and his colleague want to learn during their trip to Tokyo? (→ p.302)

To: Takayuki Nakamura
From: Mark Martin
Subject: Japanese cooking classes

Hi. I'm traveling with my **colleague** to Tokyo for a **business trip** in early March. We will **be occupied with** meetings **nearly** every day, but we **are interested in attending** some Japanese cooking classes. We would like to learn how to make sushi and other **traditional** Japanese dishes. **Obviously**, the **instruction** must be in English. **Any recommendations?**

Thanks,
Mark (69 words)

948 ☐	**colleague** [kɑ́:li:g]	名 同僚 類 co-worker
949 ☐	**business trip** [bíznəs trìp]	出張
950 ☐	**be occupied with ～**	～で忙しい 951 ☐ **óccupy** 他 を占有する（to fill a space or period of time）
952 ☐	**nearly** [níərli]	副 ほぼ，ほとんど 類 almost, about nearly every day（ほとんど毎日） 派 **near** 副 近くに〔へ〕 形 近い
953 ☐	**be interested in ～**	～に関心がある，～に興味を持っている 954 ☐ **ínterest** 名 興味；利子 他 に興味を持たせる 派 **ínteresting** 形 おもしろい
955 ☐	**attend**★ [əténd]	他 に出席〔参加〕する；を世話する 自 注意して聞く；（人の）世話をする

69-1 日本料理の教室に参加することに関心があります。

Q マークと彼の同僚は東京出張の間，何を習いたいのですか。

宛先：　タカユキ・ナカムラ
送信者：マーク・マーティン
件名：　日本料理の教室

こんにちは。3月初旬に，出張で東京に同僚と一緒に行く予定です。私たちはほぼ毎日会議で時間を取られることになりますが，日本料理の教室に参加することに関心があります。私たちは寿司やその他の伝統的な日本料理の作り方を習いたいと思っています。当然ながら，教室での指示は英語でなければなりません。何かお勧めはありますか。

よろしくお願いします。
マーク

956 ☐	**traditional** [trədíʃənl]	形 伝統的な；従来の 派 **tradítion** 名 伝統
957 ☐	**obviously** [ɑ́:bviəsli]	副 言うまでもなく；明らかに 派 **óbvious** 形 明らかな 類 **evident, clear**
958 ☐	**instruction**★ [ɪnstrʌ́kʃən]	名 指示；説明書 派 **instrúctor** 名 指導者，講師 派 **instrúct** 他 に指示する
959 ☐	**Any recommendations?**	何かお勧めはある？ ※お勧めを尋ねるカジュアルな言い方。**Do you have any recommendations? の省略形。**

Words & Phrases

ℓ.4 I'm traveling with my colleague to Tokyo for a business trip in early March. すでに決定した近い未来の予定なので，現在進行形で表している。

69-2 Please contact me if you are interested.

☑☑ メールに返信する

Q What does Takayuki's wife offer at home? (→ p.302)

To: Mark Martin
From: Takayuki Nakamura
Subject: Re: Japanese cooking classes

Hi Mark,

My wife **offers** cooking lessons in our home. The cost is quite reasonable — only ¥1,000 **per** lesson, plus the cost of **ingredients**. My wife doesn't speak English, but the other students can **act as** interpreters. Please **contact** me if you are interested.

Best regards,
Takayuki (58 words)

960 ☐	**offer** ★ [ɔ́:fər]	他 を提供する 反 receive 名 申し出，提案
961 ☐	**per** [pə́:r]	前 ～につき，～ごとに
962 ☐	**ingredient** ★ [ɪngrí:diənt]	名 食材，材料
963 ☐	**act as ～**	～の役を務める 964 ☐ **áct** 自 行動する 名 行為
965 ☐	**contact** [kɑ́:ntækt]	他 に連絡する 名 連絡

69-2 ご興味がありましたら，私にご連絡ください。

Q タカユキの妻は自宅で何を提供していますか。

宛先：　マーク・マーティン
送信者：タカユキ・ナカムラ
件名：　Re：日本料理の教室

こんにちは，マーク。

私の妻が自宅で料理教室を提供しています。費用はかなり手頃で，1 回につきわずか 1,000 円で，別途材料費がかかります。妻は英語を話しませんが，他の生徒さんが通訳の役を務めることができます。ご興味がありましたら，私にご連絡ください。

よろしくお願いします。
タカユキ

Words & Phrases

ℓ.7 interpreter「通訳者」
ℓ.8 if you are interested「ご興味がありましたら」

Key Point 英語のEメール

英語でEメールを書く場合，基本的には以下のような構成にする。
(1) 頭語 (Salutation)
(2) 本文 (Body)
(3) 結語 (Complimentary Close)
(4) 署名 (Signature)

相手の名前を知っている場合には，Dear Mr. / Ms. (last name)，親しい相手には Hi + first name で問題ない。相手の名前が不明な場合は，部署名や役職名がわかるのであれば，Dear Sales Manager のようにできるだけ具体的に記すとよい。

結語も相手との関係性によって表現が変わるので注意したい。ビジネスでのやり取りの場合などには Sincerely (yours) や Best regards を使うとよい。家族や友人同士の場合には，Best，Best wishes，With love などを使う。

70 Let's get started.

☑ ☑ 手巻き寿司の作り方を説明する

Q What is today's cooking lesson about? (→ p.302)

Sachi: Hello. My name is Sachi. I will be your English interpreter today. Our teacher is Yumi Nakamura, and she **welcomes** us. Today's lesson is about how to make *temaki zushi*. It's the type of *sushi* that people usually eat at home.

So, let's get started. We use short-grain rice. Earlier we started the rice cooker and now the rice is ready. First, we put the cooked rice into a bowl. Then we pour in the **seasoning** — *sushi* **vinegar** that's mixed with sugar and salt. Now, we're ready for the **fillings**. The choices are up to you. Today you can choose from: boiled shrimp, flaked tuna, **sliced** ham, crab sticks, avocado, cucumber, and lettuce. What fillings would you like?

Mark: **How about** cooked shrimp, avocado, and cucumber**?**

Sachi: **Sounds great!** Here, **this is how** you **wrap** the rice and fillings in the **dried seaweed sheet**. Please try to make one for yourself.

(Mark and his co-worker Ellen each start to make one.)

Ellen: Oh, it's **a bit** difficult to **roll** it **into** the shape of a **cone**. But it's delicious and fun to eat, especially with all these fillings that we like!

(188 words)

966 ☐	**welcome** [wélkəm]	他 を歓迎する 名 歓迎
967 ☐	**seasoning** [síːzənɪŋ]	名 調味料
968 ☐	**vinegar** [vínəgər]	名 酢
969 ☐	**filling** [fílɪŋ]	名 中身，具
970 ☐	**sliced** [sláɪst]	形 薄切りの 派 **slíce** 他 を薄く切る 名（薄く切った）１枚
971 ☐	**How about ～?** 💬	～はどうですか。

70 始めましょう。

Q 今日の料理のレッスンは何についてですか。

サチ：こんにちは。サチです。私は今日，皆さんの英語の通訳を務めます。私たちの先生はナカムラユミさんで，彼女は私たちを歓迎してくださっています。今日の授業は手巻き寿司の作り方についてです。これは，人々が通常は家庭で食べる種類の寿司です。

それでは，始めましょう。短粒米を使います。先ほど炊飯器のスイッチを入れておいたので，もうご飯は準備ができています。はじめに，炊いたご飯をボウルに入れます。それから調味料の，砂糖と塩を混ぜた寿司酢を注ぎます。さあ具の準備はできています。何を選ぶかは皆さん次第です。今日は，ゆでたエビ，ツナのフレーク，薄く切ったハム，カニカマボコ，アボカド，キュウリ，そしてレタスから選ぶことができます。どの具がよろしいですか。

マーク：ゆでたエビ，アボカドとキュウリはどうでしょうか。

サチ：いいですね！ ほら，このようにして，海苔でご飯と具を包むのですよ。ご自分で一つ作ってみてください。

（マークと彼の同僚のエレンは，それぞれ一つずつ作り始める。）

エレン：ああ，これを円すいの形に巻くのは，少し難しいですね。でも，これはおいしいし，楽しく食べられる。とりわけ自分たちが好きなこれらすべての具と一緒だとね！

---

972 ☐	**Sounds great!** 💬	いいですね！ ※主語 It が省略されている。
973 ☐	**this is how ...** 💬	このように…します
974 ☐	**wrap** [rǽp]	他 を包む；を巻きつける 名 （食品保存用）ラップ
975 ☐	**dried seaweed sheet** [dráɪd síːwìːd ʃíːt]	海苔
976 ☐	**a bit**	少し
977 ☐	**roll ~ into ...**	～を巻いて…にする
978 ☐	**cone** [kóʊn]	名 円すい；（アイスクリームの）コーン

☐ ターゲット文を言った
☐ ロールプレイの練習をした

71 Keep a supply of fresh fruit on hand.

☑☑ 健康的な食生活について提案する

Q Is it recommended to choose salads with lots of leafy green vegetables when eating out? (→ p.302)

Do you work full-time? Is it hard for you to find time to eat properly on a **workday**? Our **nutritionist** has **provided** some **practical** ideas to help you.

- Prepare your healthy meals **in advance**, and freeze **portions** in ziplock bags. Then you can just pop one in the **microwave** when you get home late from work.
- **Keep** a **supply** of fresh fruit **on hand**. Bring some with you to eat on your daily **commute** or at the office. Fruit **tastes** good and is nutritious, too.
- Bring your own lunch — a tuna sandwich using whole-grain bread can be quite **satisfying**. If you go out to eat, choose salads with lots of leafy green vegetables.

(113 words)

979 ☐	**workday** [wə́ːrkdèɪ]	名 勤務日，平日
980 ☐	**nutritionist** [n(j)u(ː)tríʃənɪst]	名 栄養士 派 **nutrítious** 形 栄養のある 派 **nutrítion** 名 栄養摂取，栄養学
981 ☐	**provide** [prəváɪd]	他 を提供する，を供給する 自 備える
982 ☐	**practical** ★ [prǽktɪkl]	形 実践的な；現実的な 派 **práctice** 名 練習；実践
983 ☐	**in advance** ★	あらかじめ，前もって in advance of ～（～に先立って） 984 ☐ **advánce** 名 進歩
985 ☐	**portion** ★ [pɔ́ːrʃən]	名 1 食分，1 人前の食事の量
986 ☐	**microwave** [máɪkroʊwèɪv]	名 電子レンジ 他 を電子レンジにかける
987 ☐	**keep ～ on hand**	～を手元に置いておく

100 200 300 400 500 600 700 800 900 1000

71 新鮮な果物の蓄えを手元に置いておきましょう。

Q 外食する際，緑色の葉物野菜がたくさん入ったサラダを選ぶことがお勧めされていますか。

フルタイムで働いていますか。勤務日に食事をきちんと取る時間を確保するのは難しいのではないでしょうか。私どもの栄養士が，あなたに役立つ実践的な案をいくつか提供しました。

・あらかじめ身体によい食事を用意し，１食分に分けたものをチャック付きポリ袋に入れて冷凍します。そうすれば，仕事から遅く帰宅した際には，電子レンジに一つ入れるだけですみます。
・新鮮な果物の蓄えを手元に置いておきましょう。毎日の通勤途中や職場で食べられるよう少し持って行くといいでしょう。果物はおいしい味がしますし栄養にも富んでいます。
・自分の昼食を持って行きましょう。全粒粉のパンを使ったツナサンドはかなり満足感があるでしょう。外食するのであれば，緑色の葉物野菜がたくさん入ったサラダを選びましょう。

8
食事・料理

988	**supply**★ [səplάɪ]	名 蓄え；供給量；供給 他 を供給する
989	**commute** [kəmjúːt]	名 通勤，通学　自 通勤する，通学する 派 **commúter** 名 通勤者
990	**taste** [téɪst]	自 ～な味がする（to have a particular flavor） 他 を味わう 派 **tásty** 形 おいしい　反 **tasteless**
991	**satisfying** [sǽtəsfàɪɪŋ]	形 満足を与える，十分な

Words & Phrases

ℓ.1 Is it hard for you to ...?「…するのは難しいのですか」
ℓ.1 on a workday「勤務日に」
ℓ.3 ziplock bag「チャック付きポリ袋」
ℓ.4 pop「～をひょいと動かす〔入れる，出す〕」
ℓ.4 get home late from work「仕事から遅く帰宅する」

1100 1200 1300 1400 1500

□ターゲット文を言った

72-1 We share the cooking.

☑☑ 料理に関する夫婦の分担について話す

Q How do Ann and her husband share cooking responsibilities? (→ p.302)

Ann: I hate cooking. But **fortunately** for me, my husband is a **talented** cook.

Jim: Really? Does he cook for both of you **regularly**?

Ann: Well, this is the agreement that we've **worked out**. We **share** the cooking. He cooks most weekdays, and I cook on the weekends. Since he's working part-time now, he is at home more during the week than me.

Jim: You're a lucky woman.

Ann: I am! The other part of our agreement is that I'm **responsible** for all the shopping. He just hates shopping. But that's no problem for me. I go to the **grocery store** twice a week, and **stock** the refrigerator and kitchen **shelves** with all the food supplies we need. (113 words)

992 ☐	**fortunately** [fɔ́ːrtʃənətli]	副 運よく，幸運にも 派 **fórtune** 名 財産；運 派 **fórtunate** 形 運のよい，幸せな
993 ☐	**talented** [tǽləntɪd]	形 （生まれつき）才能のある 派 **tálent** 名 素質，才能
994 ☐	**regularly** [régjələrli]	副 （決まったように）必ず，定期的に 派 **régular** 形 規則正しい
995 ☐	**work out ～**	～を考え出す，～の答えを見つける
996 ☐	**share** [ʃéər]	他 を分担する，を分ける 名 分担，割り当て
997 ☐	**responsible** [rɪspɑ́ːnsəbl, rə-]	形 責任がある 派 **responsibílity** 名 責任
998 ☐	**grocery store** [gróusəri stɔ̀ːr]	食料品店，スーパーマーケット 999 ☐ **grócery**★ 名〈複数形で〉食料雑貨
1000 ☐	**stock**★ [stɑ́ːk]	他 を（…で）いっぱいにする（to fill the place with sth） 名 在庫

72-1 私たちは料理を分担しています。

Q アンと夫はどのように料理を分担していますか。

アン：私は料理が嫌いなんですよね。でも私にとって運がいいことに，主人は才能ある料理人なんですよ。

ジム：本当ですか。ご主人がいつも二人の食事を作るんですか。

アン：そうですね，これは私たちが考え出した取り決めなんです。料理は分担しています。ほとんどの平日には彼が料理し，週末は私が料理します。主人は今非常勤で働いているので，平日は私よりも家にいる時間が長いんです。

ジム：あなたは幸せな女性ですね。

アン：ええ！ もう一つの私たちの取り決めは，すべての買い物には私が責任を持つということです。主人はとにかく買い物が嫌いなんです。でも私にとっては何の問題もありません。週に２回は食料品店に行き，冷蔵庫や台所の棚に必要なあらゆる食料を補充します。

1001 ☐ **shelf** [ʃélf] 名 棚 be on the shelf（棚上げされている）

Words & Phrases

ℓ.4 the agreement that we've worked out「私たちが考え出した取り決め」that 以下の関係代名詞節で the agreement を説明している。

Key Point レシピの表示

多くの国は早くから「メートル法」に移行したが，アメリカとイギリスには，「ヤード・ポンド法」が残っている。料理のレシピも「ヤード・ポンド法」で表示されていることもある。

1 オンス（oz.）＝約 28.35 グラム（g）　1 ポンド（lb）＝約 0.45 キログラム（kg）
1 パイント（pint.）（液量）＝約 0.47 リットル（l）〈米〉＝約 0.568 リットル（l）〈英〉

☐ ターゲット文を言った
☐ ロールプレイの練習をした

1100 1200 1300 1400 1500

72-2 One of my favorites is his Asian Beef Stir-Fry.

☑☑ 好きな料理のレシピを説明する

Q How does Ann's husband make Asian Beef Stir-Fry? (→ p.302)

Jim: What does he cook?

Ann: One of my favorites is his **Asian** Beef **Stir-Fry**.

Jim: Really? How does he make it?

Ann: First, he **heats** some garlic and red pepper in a small **amount** of olive oil in the frying pan. Then, he **chops** an onion, some celery **stalks** and some cabbage leaves, and he fries them with **lean** strips of beef. He **pours** some soy sauce over it, and cooks it a little more. Finally, he **serves** it with brown rice.

Jim: It sounds good.

Ann: It really is delicious and very **nourishing**, too. (90 words)

1002 ☐	**Asian** [éɪʒən]	形 アジアの 派 **Ásia** 名 アジア（大陸）
1003 ☐	**stir-fry** [stə́ːrfráɪ]	名 炒め物
1004 ☐	**heat** [híːt]	他 を熱する，を温める
1005 ☐	**amount** [əmáʊnt]	名 量，額　a ～ amount of ...（～な量の…）
1006 ☐	**chop** [tʃáːp]	他 を切り刻む，をたたき切る（to cut sth into pieces with a knife, etc）
1007 ☐	**stalk** [stɔ́ːk]	名 茎
1008 ☐	**lean** [líːn]	形（肉が）赤身の　反 **fatty**
1009 ☐	**pour** [pɔ́ːr]	他 を注ぐ，をつぐ　pour ～ over ...（…の上に～を注ぐ）
1010 ☐	**serve**★ [sə́ːrv]	他（食べ物など）を出す（to give food or drink to sb during a meal）　自 役立つ 1011 ☐ **serve as ～**　～として役立つ

100 200 300 400 500 600 700 800 900 1000

72-2 私のお気に入りの一つは，彼のアジア風牛肉の炒め物です。

Q アンの夫はどのようにアジア風牛肉の炒め物を作りますか。

ジム：ご主人はどんなものを作るんですか。

アン：私のお気に入りの一つは，アジア風牛肉の炒め物です。

ジム：へえ。どうやって作るんですか。

アン：最初に，彼は少量のオリーブ油を入れたフライパンでニンニクと唐辛子少々を熱します。その後，玉ネギ 1 個，セロリの茎少々，それにキャベツの葉を刻みます。そしてそれを細く切った赤身の牛肉と炒めます。そこに醤油を少々注いでもう少し調理します。最後に，玄米を添えて料理を出してくれます。

ジム：おいしそうですね。

アン：本当においしいですし，とても栄養がありますよ。

1012 ☐ **nourishing** [nɔ́ːrɪʃɪŋ]
形 栄養のある
派 **nóurishment** 名（栄養のある）食物

Words & Phrases

ℓ.7 soy sauce「醤油」soy（大豆）からできた sauce（ソース）。

Key Point 計量スプーンの表現と量

計量スプーンの表現も日米で異なる。

アメリカ		日本
1 teaspoon（tsp）	≒	小さじ 1（5ml）
1 tablespoon（tbsp）	≒	大さじ 1（15ml）
1 fluid ounce（floz）	≒	大さじ 2（30ml）

さらに，日本の 1 カップが 200ml なのに対し，アメリカの 1 カップがおよそ 240ml，イギリスの 1 カップはおよそ 248ml である。

Tips First, ... Then, ... Finally, ... という順番の表現があると，論理的に構成することができます。聞き手もどこを聞きもらしたのかがわかり，質問の手がかりを得やすくなります。

1100 1200 1300 1400 1500

☐ ターゲット文を言った
☐ ロールプレイの練習をした

73-1 I recommend not visiting during peak hours.

☑☑ レストランのレビューを書く

Q Is Bacco Café and Bistro located in Pike Place Market? (→ p.302)

Downtown Seattle has many **outstanding** breakfast spots, but **in my opinion** Bacco Café and Bistro offers the **ultimate** morning dining experience. The restaurant is located in the world famous Pike Place Market and is **close to** downtown hotels and tourist sites. The atmosphere is elegant but not overly **formal**, and the service is friendly and **polite**. The **diverse** menu **emphasizes** fresh market ingredients as well as Seattle favorites such as Dungeness **crab**.

I last dined at Bacco on a leisurely Sunday morning. **As usual**, there was a line of customers waiting to get in. If you want to avoid the crowds, I recommend not visiting during **peak** hours. I chose to sit in the outside area, which faces First Avenue. If you **would rather not put up with** traffic noise, you can be seated in the **downstairs** café instead. (139 words)

1013 ☐	**outstanding** [àʊtstǽndɪŋ]	形 とても素晴らしい，傑出した
1014 ☐	**in one's opinion** 💬	～の意見では 1015 ☐ **opínion** 名 意見，考え
1016 ☐	**ultimate** [ʌ́ltəmət]	形 究極の 名 究極点，最終段階 派 **últimately** 副 最終的に 類 **finally**
1017 ☐	**close to ～**	～に近接して，～に近い
1018 ☐	**formal** [fɔ́ːrml]	形 形式ばった；正式の
1019 ☐	**polite** [pəláɪt]	形 丁寧な，礼儀正しい
1020 ☐	**diverse**★ [dəvə́ːrs, daɪ-]	形 多様な 類 **varied** diverse opinions（多様な意見） 派 **divérsity** 名 多様性
1021 ☐	**emphasize** [émfəsàɪz]	他 に力を入れる，を強調する 類 **stress** 派 **émphasis** 名 強調

73-1 ピーク時には訪れないことをお勧めします。

Q バッコ・カフェ・アンド・ビストロはパイク・プレイス・マーケットに位置していますか。

シアトルのダウンタウンには，とても素晴らしい朝食を食べさせてくれるところが数多くありますが，私の意見では，バッコ・カフェ・アンド・ビストロが究極の朝の食事を体験させてくれます。このレストランは，世界的に有名なパイク・プレイス・マーケットに位置し，ダウンタウンのホテルや観光地に近接しています。上品ですが，あまり堅苦しすぎない雰囲気ですし，サービスは親切で丁寧です。多彩なメニューは，アメリカイチョウガニといったシアトルで人気の食材もさることながら，生鮮市場の食材に力を入れています。

この前私がバッコで食事をしたのは，のんびりとした日曜日の朝でした。いつものように，中に入るのを待つお客の列ができていました。もしも人ごみを避けたいのであれば，ピーク時には訪れないことをお勧めします。私は屋外の席に座ることにしたのですが，屋外席は一番街に面しています。往来の騒音を我慢したくないのであれば，代わりに階下にあるカフェの席に座ることができます。

1022 ☐	**crab** [kræb]	名 カニ
1023 ☐	**as usual**	いつも〔普段〕のように
1024 ☐	**peak** [píːk]	形〈時間帯が〉ピークの 名 最盛期，頂点 at the peak of one's life（人生の絶頂期）
1025 ☐	**would rather not ...**	…したくない，…しないほうがいいと思う
1026 ☐	**put up with ～**	～（不快な状況）を我慢する
1027 ☐	**downstairs** 形 [dáunstèərz] 副 [´ ´] 名 [´ ´, ´ ´]	形 階下の 副 階下へ 名 階下（の部屋）

Words & Phrases

ℓ.3 be located in ～「～に位置する」

ℓ.7 Dungeness crab「アメリカイチョウガニ」アメリカ西海岸で最もポピュラーな食用ガニ。和名は甲羅の形がイチョウの葉に似ていることに由来する。

ℓ.8 dine at ～「～で食事をする」

73-2   I started off with a glass of orange juice.

☑☑ レストランのレビューを書く

Q **How was the coffee at Bacco Café and Bistro?** (→ p.303)

1   I **started off with** a glass of delicious fresh-squeezed orange juice from Bacco's juice bar. For my breakfast, I ordered the Benedict Florentine, which **consists of** poached eggs with sautéed spinach, mushrooms, and fresh spring onion on an English muffin. It was **marvelous**. The eggs
5   were served with **a bunch of** plump grapes, orange slices, and **seasoned** roasted potatoes, which were also **magnificent**. I **finished up with** a cup of Bacco's gourmet coffee that was more than tasty.

Whether you visit Bacco **on a regular basis** or only occasionally, you won't be **disappointed**. **In addition**, Bacco **aims** to keep prices reasonable, so
10   you won't be shocked when you get your **bill**.   (111 words)

1028 ☐	**start off with ～**	まず～で始める
1029 ☐	**consist of ～**	～から構成される (to be formed from or made up of sth)
1030 ☐	**marvelous** [má:rvələs]	形 素晴らしい；驚くべき 類 astonishing
1031 ☐	**a bunch of ～**	一房の～，一束の～
1032 ☐	**season** [síːzn]	他 に味をつける 自 味をつける 名 季節
1033 ☐	**magnificent** [mægnífəsənt]	形 素晴らしい；壮大な 派 magnificence 名 壮大
1034 ☐	**finish up with ～**	～で締めくくる
1035 ☐	**on a regular basis**	定期的に 1036 **básis** 名 基礎，根拠
1037 ☐	**disappoint** [dìsəpɔ́int]	他 をがっかりさせる 類 discourage 派 disappóintment 名 失望 派 disappóinting 形 失望させるような

208

100 200 300 400 500 600 700 800 900 1000

73-2 まずオレンジジュースを一杯飲みました。

Q バッコ・カフェ・アンド・ビストロのコーヒーはどうでしたか。

まず私は，バッコのジュースバーの，絞りたてのおいしいオレンジジュースで始めました。朝食に私が注文したのは，ベネディクト・フロレンティーンですが，これはイングリッシュ・マフィンの上に乗せたポーチドエッグと，ソテーされたホウレン草，マッシュルーム，新鮮なネギとでできています。素晴らしい料理でした。卵と一緒に，丸々としたブドウ一房とオレンジのスライスと味つけされたロースト・ポテトが出されたのですが，これらもまた素晴らしいものでした。非常においしいバッコのグルメコーヒーを最後に一杯飲んで，締めくくりました。

あなたがバッコを定期的に訪れるとしても，あるいはたまにしか訪れないとしても，がっかりさせられることはないでしょう。おまけに，バッコは手頃な値段を維持しようと努めていますから，会計伝票を受け取ってショックを受けることはないでしょう。

1038 ☐	**in addition**	おまけに，加えて 類 **besides**
1039 ☐	**aim** [éɪm]	自 努める，目指す 他 を目標にしている 名 照準；意図
1040 ☐	**bill**★ [bíl]	名 勘定書，請求書 他 に請求書を送る

Words & Phrases

- ℓ.4 spring onion「細い青ネギ」
- ℓ.5 plump「(果実が) 丸々とした」
- ℓ.7 gourmet「美味な；食通の」
- ℓ.7 more than「非常に」

74-1 Do you want to eat out somewhere?

☑☑ 外食するレストランについて話し合う

Q **Does Sue suggest going to a buffet dinner?** (→ p.303)

Sue: Do you want to **eat out** somewhere on Saturday evening?

Joe: Sounds great. How about that **all-you-can-eat** place downtown, Perry's Big Boy? I love their pot roast, **fried** chicken and **baked** apple pie.

Sue: I think we should **keep away from buffet** dinners because we tend to eat too much there. **What about** The Cliff?

Joe: Isn't it expensive?

Sue: Perhaps, but it would be nice. We could start off with an **appetizer**, and order something exotic for the main course. I hear their **sautéed prawns** are great. We could even ask for the **sommelier** to advise us on a good bottle of wine. After all, we haven't had a romantic meal together in a long time. (113 words)

1041 ☐	**eat out**	外食をする
1042 ☐	**all-you-can-eat** [ɔ́ːl juː kən íːt]	形 食べ放題の，ビュッフェ式の
1043 ☐	**fried** [fráɪd]	形 油で揚げた fried egg（目玉焼き） 派 **fry** 他 を油で揚げる，を炒める
1044 ☐	**baked** [béɪkt]	形 焼いた baked apple pie（焼きリンゴパイ） 派 **bake** 他〈オーブンなどで〉を焼く bake a cake（ケーキを焼く）
1045 ☐	**keep away from ～**	～を避ける，～に近づかない
1046 ☐	**buffet** [bəféɪ, bʊ-]	名〈形容詞的に〉ビュッフェ式の；ブッフェ
1047 ☐	**What about ～?**	～はどう？
1048 ☐	**appetizer** [ǽpətàɪzər]	名 前菜
1049 ☐	**sauté** [soʊtéɪ]	他 をソテーする，〈少量の油で〉を炒める 形 ソテーした 名 ソテー

74-1 どこか外で食事をするのはどうですか。

Q スーはビュッフェ式の夕食に出かけることを提案していますか。

スー：土曜日の夜にどこか外で食事をするのはどう？

ジョー：それはいいね。ダウンタウンにある食べ放題の店，ペリーズ・ビッグ・ボーイはどうかな。あそこのポットロースト，鶏の唐揚げ，それに焼きリンゴパイが大好きなんだ。

スー：私たち，ビュッフェ式の夕食を避けるべきだと思うの。だって，そういうところで私たち食べすぎる傾向があるから。ザ・クリフはどうかしら？

ジョー：高くないかな？

スー：そうかもしれないわね。でも，きっとすてきよ。前菜から始めて，主菜に何かエキゾチックな料理を注文できるわ。あそこのソテーしたエビはおいしいそうよ。ソムリエにおいしいワインについて助言を頼むこともできるし。だって，長いこと私たちロマンチックな食事を一緒にしていないんだもの。

1050 ☐	**prawn** [prɔ́ːn]	名 エビ（クルマエビなど中型のエビ） 1051 ☐ **shrímp** 名 小エビ ※どちらも「エビ」と訳されるが，prawn のほうがやや大きい。
1052 ☐	**sommelier** [sʌ̀məljéɪ]	名 ソムリエ（ワインを担当する給仕）

Words & Phrases

ℓ.2 Sounds great.「それはいいね（よさそうだね）。」

ℓ.3 pot roast「ポットロースト」かたまり肉を時間をかけて煮込んだ料理。

ℓ.12 in a long time「長い間」

Tips スーは "Do you want to ...?" とカジュアルな感じでジョーに外食を提案。ジョーの賛同を引き出し，提案や心配も受け止めつつ，希望するレストランがいかに素晴らしいか，そして何よりも，なぜジョーとそこに行きたいのかを丁寧に伝えています。

1100 1200 1300 1400 1500

☐ターゲット文を言った
☐ロールプレイの練習をした

74-2 Is it a special occasion?

☑☑ レストランを予約する

Q Did Sue book a table for two at The Cliff? (→ p.303)

Clerk: The Cliff, how can I help you?
Sue: Hello. Can I book a table for two on Saturday evening?
Clerk: Certainly. What time would you like to book for?
Sue: 7 pm.
Clerk: That's fine. Is it a special **occasion**?
Sue: Just a **casual** dinner.
Clerk: Great. Would you like to order from the menu or have the **weekly** three-course menu?
Sue: We'll order from the menu. But, if the sommelier can recommend a nice **affordable** bottle of wine, that would be great.
Clerk: **By all means**. He would **be more than happy to** do so.
Sue: Thank you.
Clerk: So, just to **confirm**, two people, Saturday evening from 7?
Sue: Yes.
Clerk: Looking forward to having you then. (107 words)

1053 ☐	**occasion** ★ [əkéɪʒən]	名 行事；場合；機会 類 case 派 **occásional** 形 時々の 派 **occásionally** 副 ときたま
1054 ☐	**casual** [kǽʒuəl]	形 気楽な，くつろいだ casual clothes（カジュアルな服装） 派 **cásually** 副 偶然に；普段着で
1055 ☐	**weekly** [wíːkli]	形 毎週の weekly magazine（週刊誌） 副 毎週；週１回
1056 ☐	**affordable** [əfɔ́ːrdəbl]	形 手頃な 派 **affórd** 他（経済的・時間的）余裕がある（to have enough money or time to be able to do sth）

74-2 特別な行事でしょうか。

Q スーはザ・クリフに2人分の席を予約しましたか。

店員：ザ・クリフでございます。ご用件を承ります。
スー：もしもし，土曜日の晩に2人分の席を予約できますか。
店員：かしこまりました。何時にご予約をご希望でしょうか。
スー：午後7時です。
店員：ご用意できます。特別な行事でしょうか。
スー：ただの気軽な食事です。
店員：さようでございますか。ご注文は通常のメニューからなさいますか，それとも週替わりの3皿のコースをご希望ですか。
スー：メニューから注文するつもりです。でも，ソムリエが手頃な値段のいいワインを勧めてくれるなら，それはありがたいわ。
店員：ぜひとも。ソムリエが喜んでお手伝いさせていただきます。
スー：ありがとう。
店員：それでは，確認いたしますが，2名様，土曜日の夜7時からでございますね。
スー：はい。
店員：当日にお目にかかるのを楽しみにしております。

1057 ☐	**by all means**	〈許可・承諾・同意で〉いいですとも，ぜひ
1058 ☐	**be more than happy to ...**	喜んで…する
1059 ☐	**confirm**★ [kənfə́ːrm]	他 を確認する 派 **confirmátion** 名 確認

1100 1200 1300 1400 1500

☐ターゲット文を言った
☐ロールプレイの練習をした

74-3 Is everything to your satisfaction?

☑☑ レストランでウェイターと話す

Q Who recommended the sautéed prawns to Sue? (→ p.303)

Waiter: Would you like to order your drinks **immediately**?

Sue: Yes, two glasses of white wine and a plate of the sautéed prawns, please. I understand they are not to be missed.

Waiter: **Indeed**, they are very popular. Would you like any bread **ahead of** your starters?

Sue: Yes, please.

LATER

Waiter: Is everything to your **satisfaction**?

Sue: Yes. We're glad we took our friend's advice on ordering the prawns. They were outstanding.

Waiter: I'm glad to hear that. We have a **contract** with a very **reputable supplier**.

(81 words)

1060 ☐	**immediately** [ɪmíːdiətli]	副 ただちに 派 **immédiate** 形 すぐさまの
1061 ☐	**indeed** [ɪndíːd]	副 まったく，本当に
1062 ☐	**ahead of 〜**	〜の前に
1063 ☐	**satisfaction** [sæ̀təsfǽkʃən]	名 満足 派 **sátisfy** 他 を満足させる 1064 ☐ **be satisfied with 〜** 〜に満足している
1065 ☐	**contract** [kɑ́ːntrækt]	名 契約（書） 類 **agreement**
1066 ☐	**reputable** [répjətəbl]	形 評判のよい，信頼できる 派 **reputátion** 名 評判

74-3 すべてご満足のいくものになっていますか。

Q スーにエビのソテーを勧めたのは誰ですか。

ウェイター：お飲み物はすぐにご注文になりますか。

スー：ええ，白ワインをグラスで 2 つと，エビのソテーを一皿お願いします。エビは絶対食べるべきだと聞いています。

ウェイター：その通りです。とても人気がございます。最初のお料理の前に何かパンをお持ちいたしましょうか。

スー：ええ，お願いします。

その後…

ウェイター：すべてお客様のご満足のいくものになっておりますでしょうか。

スー：ええ。友人のアドバイスを聞いて，エビを注文してよかったわ。とても素晴らしくおいしかったです。

ウェイター：それはようございました。当店は非常に評判のよい仕入れ先と契約していますので。

1067 ☐ **supplier** [səpláɪər] 名 仕入れ先，供給者

Words & Phrases

ℓ.2 sautéed「ソテーした」

ℓ.3 I understand (that) they are not to be missed.「エビは絶対食べるべきだと聞いています」not to be missed で「逃してはならない」の意味。

ℓ.5 starter「コース料理の最初の一皿」

ℓ.9 take ~'s advice on ...「…に関する～のアドバイスに従う」

ℓ.11 I'm glad to hear that.「それを聞いてうれしく思います。」

1100 1200 1300 1400 1500

☐ ターゲット文を言った
☐ ロールプレイの練習をした

75 What makes *washoku* special is its delicate flavors.

☑☑ 和食についての記事を読む

Q Did UNESCO recognize *washoku* as an Intangible Cultural Heritage?

(→ p.303)

In late 2013, UNESCO designated *washoku*, or Japanese **cuisine**, an Intangible Cultural Heritage. Japanese cuisine was recognized for its delicious **flavors**, nutritional balance, and use of **seasonal** ingredients. The **publicity** from this move has led to a greater interest in Japanese food. Today there are more and more Japanese restaurants opening around the world. The Ministry of Agriculture, Forestry and Fisheries said that the number of Japanese restaurants overseas increased by nearly fourfold over the past **decade**.

What makes *washoku* special is its **delicate** flavors that come from fresh and natural ingredients. While the cuisines of many countries use oils for flavoring, Japanese cuisine is based on *umami*, a **distinct** flavor that comes from *kombu* seaweed or fish flakes. These have a rich flavor but very low calories, which is why Japanese food has been praised as being healthy.

(139 words)

1068 ☐	**cuisine** ★ [kwɪzíːn]	名 料理；料理法
1069 ☐	**flavor** [fléɪvər]	名 風味，味 類 **taste** the flavor of coffee（コーヒー味） 他 に味をつける 類 **season**
1070 ☐	**seasonal** [síːzənl]	形 季節の，旬の
1071 ☐	**publicity** [pʌblísəti]	名 評判，注目；広報
1072 ☐	**decade** ★ [dékeɪd]	名 10 年間 in the next decade（今後の 10 年間）
1073 ☐	**delicate** [délɪkət]	形 繊細な，きめ細かい ※発音・アクセントに注意。 派 **délicacy** 名 繊細さ；気配り
1074 ☐	**distinct** [dɪstíŋkt]	形 独特な；明らかな；異なる 派 **distínction** 名 区別，差別 1075 ☐ **make a distinction** 区別する

75　和食を特別なものにしているのは，その繊細な味わいです。

Q ユネスコは和食を無形文化遺産に指定しましたか。

2013 年後半に，ユネスコ（UNESCO）は和食，すなわち日本料理を無形文化遺産に指定しました。日本料理はそのおいしい味わい，栄養バランス，そして季節の材料を使う点で認められたのです。この動きから得られた評判によって，日本食への関心が大いに高まってきました。今日では，世界中で日本料理のレストランの開店が相次いでいます。農林水産省によると，海外における日本料理レストランの数は過去 10 年間でほぼ 4 倍に増えました。

和食を特別なものにしているのは，新鮮で自然のままの材料からもたらされる，その繊細な味わいです。多くの国々の料理が風味付けに油を使うのに対して，日本料理は旨み，すなわち海藻の昆布や魚の削り節から生まれる独特の味わいを土台にしています。それには豊かな味わいがありますが，カロリーはとても低いので，そのことが日本食は健康的であると称賛されてきた理由なのです。

Words & Phrases

- ℓ.1 designate ~ (as) ...「～を…に指定する」
- ℓ.2 Intangible Cultural Heritage「無形文化遺産」 参 Tangible Cultural Heritage「有形文化遺産」
- ℓ.2 be recognized for ~「～で認められる，～で評価される」
- ℓ.3 nutritional「栄養の」
- ℓ.3 ingredient「材料」
- ℓ.4 lead to ~「～につながる」
- ℓ.6 the Ministry of Agriculture, Forestry and Fisheries「農林水産省」
- ℓ.7 fourfold「4 倍の」 -fold で「～倍」の意味。
- ℓ.12 seaweed「海藻」

1100　1200　1300　1400　1500

□ターゲット文を言った

76 Lately, I've been really into Japanese *washoku* style breakfasts.

☑☑ 和食について話す

Q According to Jim, is the meal delivery service expensive for him? (→ p.303)

Jim: **Lately**, I've **been** really **into** Japanese *washoku* style breakfasts.

Rie: Really? What's so **impressive** about them?

Jim: Well, **for starters**, they look really nice and colorful.

Rie: I guess that's true! **What else?**

Jim: Well, a lot of the techniques and ingredients are super healthy, too.

Rie: Oh, **you mean** the methods of cooking are actually healthier**?**

Jim: Yeah, like **grilling** or **steaming** foods, rather than **deep-frying** them in oil.

Rie: Wow, Jim. I don't know how you find the time to cook a complex breakfast like that every morning!

Jim: Actually... I'm using a meal **delivery** service. I have a **membership**, so it's not that expensive.

(99 words)

1076 ☐	**lately**★ [léɪtli]	副 最近；近頃
1077 ☐	**be into ～**	～に夢中になっている，～に熱中している ※カジュアルな表現。
1078 ☐	**impressive** [ɪmprésɪv]	形 印象的な；素晴らしい 派 **impréss** 他 を感動させる；によい印象を与える
1079 ☐	**for starters** 💬	まず最初に，第一に
1080 ☐	**What else?** 💬	他には？；他に何があるというのか？
1081 ☐	**You mean ...?** 💬	それって（つまり）…ということですか。 ※相手の発言内容を確認したいときに用いる。
1082 ☐	**grill** [gríl]	他 を網焼きにする

100 200 300 400 500 600 700 800 900 1000

76 最近，私は日本の和食スタイルの朝食にとても夢中になっています。

Q ジムによると，彼にとって食事の配達サービスは高くつきますか。

ジム：最近，僕は日本の和食スタイルの朝食にとても夢中になっているんだ。
リエ：そうなの？ 和食の何がそんなに素晴らしいの？
ジム：そうだな，まず最初に，和食は見た目が本当にすばらしく，色彩に富んでいるよ。
リエ：その通りだと思う！ 他には？
ジム：うん，技術（調理法）や材料の大部分がものすごく健康的でもあるね。
リエ：ああ，それって料理方法が実際に，より健康的だということね？
ジム：そう，食べ物を油で揚げるよりむしろ，網焼きにするとか蒸すとかね。
リエ：わあ，ジム。毎朝そのような手間のかかる朝食を料理する時間を，あなたがどうやって作っているのかわからない！
ジム：実を言うと…食事の配達サービスを利用しているんだ。僕は会員資格があるから，それほど高くないんだ。

1083 ☐	**steam** [stíːm]	他 を蒸す
1084 ☐	**deep-fry** [díːp fràɪ]	他 を（たっぷりの熱い油で）揚げる
1085 ☐	**delivery** [dɪlívəri]	名 配達　delivery service（配達サービス） 派 **delíver** 他 を配達する
1086 ☐	**membership** [mémbərʃɪp]	名 会員権，会員資格；会員

Tips 情報を確認する形で，Oh, you mean ... と話を促しています。確認しながら話を進めると，すれ違わずに話を深められます。

1100 1200 1300 1400 1500

□ ターゲット文を言った
□ ロールプレイの練習をした

Quiz Chapter 8

空所にあてはまる単語を選びましょう。

【1】

First, we put the cooked rice into a bowl. Then we pour in the (1) — sushi vinegar that's mixed with sugar and salt. Now, we're ready for the (2). The choices are up to you. Today you can choose from: boiled shrimp, flaked tuna, (3) ham, crab sticks, avocado, cucumber, and lettuce. What fillings would you like?

(1) (a) cuisine (b) flavor (c) seasoning (d) stir-fry
(2) (a) fillings (b) portions (c) shelves (d) stalks
(3) (a) distinct (b) diverse (c) impressive (d) sliced

【2】

Jim : What does he cook?
Ann : One of my favorites is his Asian Beef Stir-Fry.
Jim : Really? How does he make it?
Ann : First, he (1) some garlic and red pepper in a small amount of olive oil in the frying pan. Then, he (2) an onion, some celery stalks and some cabbage leaves, and he fries them with (3) strips of beef. He pours some soy sauce over it, and cooks it a little more. Finally, he serves it with brown rice.

(1) (a) flavors (b) heats (c) contacts (d) seasons
(2) (a) chops (b) offers (c) serves (d) wraps
(3) (a) lean (b) reputable (c) seasonal (d) talented

Answers

【1】No.70 参照
(1) (c) (2) (a) (3) (d)
【2】No.72-2 参照
(1) (b) (2) (a) (3) (a)

【3】

Waiter : Is everything to your (1)?

Sue : Yes. We're glad we took our friend's advice on ordering the prawns. They were outstanding.

Waiter : I'm glad to hear that. We have a (2) with a very (3) supplier.

(1) (a) decade	(b) occasion	(c) publicity	(d) satisfaction
(2) (a) bill	(b) contract	(c) delivery	(d) sommelier
(3) (a) casual	(b) delicate	(c) reputable	(d) traditional

【4】

Jim : Lately, I've been really into Japanese *washoku* style breakfasts.

Rie : Really? What's so impressive about them?

Jim : Well, (1), they look really nice and colorful.

Rie : I guess that's true! What else?

Jim : Well, a lot of the techniques and ingredients are super healthy, too.

Rie : Oh, you mean the methods of cooking are actually healthier?

Jim : Yeah, like grilling or (2) foods, rather than (3) them in oil.

(1) (a) for starters	(b) nearly	(c) in addition	(d) immediately
(2) (a) sharing	(b) steaming	(c) stocking	(d) tasting
(3) (a) confirming	(b) attending	(c) pouring	(d) deep-frying

8 Quiz

【3】 No.74-3 参照

(1) (d) (2) (b) (3) (c)

【4】 No.76 参照

(1) (a) (2) (b) (3) (d)

77 How is your challenge going?

☑☑ カフェイン抜きの取り組みについて話す

Q **What does Ben drink instead of coffee now?** (→ p.303)

Sofia: Hey, Ben! **How is** your 'No Caffeine for a Month' **challenge going?**

Ben: Pretty good! **Honestly**, it has more benefits than I expected. I am less stressed out and I sleep better.

Sofia: Really? What else have you noticed **so far**?

Ben: Well, **for example**, I used to drink coffee **first thing in the morning**. I couldn't wake up otherwise. And I kept drinking it all day long!

Sofia: But now?

Ben: Now I drink a lot of water, and I feel way less **sluggish**. **Ironically**, I think I have more energy now!

Sofia: I heard that when you're **dependent** on caffeine, you need more and more to get the same effect.

Ben: I think that's true. This **experiment** is like a reset for my body. You should try it, too!

(124 words)

1087 ☐	**How is ～ going?**	～はどんな具合ですか。
1088 ☐	**challenge** [tʃǽlɪndʒ]	名 挑戦；試練　他 に挑む；に異議を唱える
1089 ☐	**honestly** [ɑ́:nəstli]	副 正直に言って
1090 ☐	**so far**	今までのところ
1091 ☐	**for example**	例えば
1092 ☐	**first thing in the morning**	朝一番に，まず第一に
1093 ☐	**sluggish** [slʌ́gɪʃ]	形 だるい；怠惰な
1094 ☐	**ironically** [aɪrɑ́:nɪkəli]	副 皮肉にも 派 **irónic** 形 皮肉の 派 **írony** 名 皮肉

77 あなたの挑戦はどうなっていますか？

Q 現在ベンはコーヒーの代わりに何を飲んでいますか。

ソフィア：あら，ベン！ あなたの「1カ月カフェイン抜き」の挑戦の進み具合はどう？

ベン：かなりいいよ！ 正直に言って，これには期待したよりもずっとメリットがあるんだ。ストレスで疲れ切っていることが減っているし，しかもよく眠れるんだよ。

ソフィア：本当？ 今までのところ，その他に気づいたことは何？

ベン：そうだな，例えば，僕はよく朝一番にコーヒーを飲んでいた。そうしないと目が覚めなかったんだ。さらに一日中コーヒーを飲み続けていたんだよ。

ソフィア：だけど今は？

ベン：今は水をたくさん飲んでいて，だるさがかなり減っている気がする。皮肉なことに，今は自分に一段と活力があると思うんだ！

ソフィア：カフェインに依存していると，同じ効果を得るためにますます必要になると聞いたわ。

ベン：それは本当だと思うよ。この実験は，自分の体を元の状態に戻すようなものなんだ。君もやってみたほうがいいよ！

1095 ☐	**dependent** [dɪpéndənt]	形 依存している，頼っている 反 **independent** 派 **depénd** 自〈depend on ～で〉～に頼る；～次第である
1096 ☐	**experiment** 名 [ɪkspérəmənt, eks-] 動 [-mènt]	名 実験 自 実験をする，試みる

Words & Phrases

ℓ.2 be stressed out「ストレスがたまっている，疲れ切っている」

ℓ.8 way「とても」≒ very 副詞で，less sluggish を修飾している。

Tips 会話を始めるきっかけとして，“How is your ～ going?” のように，話し相手や共通の知り合いが取り組んでいることの進捗状況を尋ねるのもよいでしょう。

1100 1200 1300 1400 1500

☐ターゲット文を言った
☐ロールプレイの練習をした

78-1 This kind of overeating can lead to serious health problems.

☑ ☑ 低脂肪の食事の問題について話す

Q Is it dangerous to remove all fats from the diet? (→ p.303)

I am here today to talk to you about the **risks** of low-fat **diets**. It is a **widespread** belief among dieters that the fastest way to lose body fat is to **remove** all fats from the diet. This is not only difficult, but also potentially dangerous; you can **seriously damage** your health.

One problem with low-fat diets is that most low-fat processed foods contain **massive** amounts of sugar. Since these **products** are low in fat, people tend to think they can consume as much of them as they want without any **harmful** effects. **The fact is,** this kind of overeating can **lead** to all kinds of potentially serious health problems. (110 words)

1097 ☐	**risk** [rísk]	名 危険（性） 1098 ☐ **at any risk** どんな危険を犯してでも 1099 ☐ **at one's own risk** 自分自身の責任で
1100 ☐	**diet** [dáɪət]	名 食事；ダイエット 1101 ☐ **be on a diet** ダイエットをしている
1102 ☐	**widespread** [wáɪdspréd]	形 広く行き渡った，普及した
1103 ☐	**remove**★ [rɪmúːv]	他 を取り除く（to take sb/sth off or a way） 派 **remóval** 名 除去
1104 ☐	**seriously** [síəriəsli]	副 ひどく；深刻に 派 **sérious** 形 深刻な
1105 ☐	**damage**★ [dǽmɪdʒ]	他 に損害を与える，を傷つける 名 被害，損害 The damage is done.（もう手遅れだ。）
1106 ☐	**massive** [mǽsɪv]	形 大規模な，大きな massive increase in prices（大幅な値上げ） 派 **máss** 名 大量
1107 ☐	**product** [prάːdəkt, -ʌkt]	名 製品，生産物 派 **prodúce** 他 を生産する **próduce** 名 農産物 派 **prodúction** 名 生産

78-1 こうして食べすぎることは深刻な健康問題を引き起こしかねません。

Q 食事からすべての脂肪を取り除くことは危険ですか。

本日は皆さんに低脂肪の食事の危険性についてお話したいと思います。ダイエットをしている人たちの間では，体脂肪を減らす最も早い方法は，食事からすべての脂肪を取り除くことだと広く考えられています。これは困難であるだけでなく，場合によっては危険なものです。皆さんの健康をひどく害するかもしれないのです。

低脂肪の食事に潜む問題の一つは，ほとんどの低脂肪加工食品には大量の糖分が含まれているということです。こうした製品には脂肪が少ないことから，皆さんは何の悪影響もなく，好きなだけ食べることができると考えがちです。実は，このようにして食べすぎることが，深刻になり得るあらゆる健康問題を引き起こしかねないのです。

1108 ☐	**harmful** [há:rmfl]	形 有害な 派 **hárm** 名 害 他 を傷つける
1109 ☐	**The fact is, ...**	実は… ※書き言葉では The fact is (that) ... となる。
1110 ☐	**lead**★ [lí:d]	自（～を）引き起こす〈to〉(to have sth as a result) 他 を導く

Words & Phrases

ℓ.1 low-fat「（食べ物・料理などが）低脂肪の」

ℓ.8 without any harmful effects「何の悪影響もなく」

ℓ.8 overeat「食べすぎる」

Tips “One problem with low-fat diets is ...” とあることで，聞き手は２つ以上の問題があると予測し，聞く準備ができます。また，話し手が次の問題を話し忘れた場合，聞き手が「もう一つの問題は何ですか。」と質問し，話し手は説明を追加する機会を得ることもできます。

78-2 In my opinion, any healthy diet must include healthy fats.

☑☑ 低脂肪の食事の問題について話す

Q What have many low-fat dieters experienced? (→ p.303)

Another thing that dieters often don't **consider** is the **fact** that there are good fats and bad fats. We should **limit** the bad fats, but consume more of the good fats. Good fats are **essential** for the body to **function** properly, and they actually help to **burn** unhealthy fat. Low-fat diets may also have a **negative** effect on the **brain**, which, you may be surprised to learn, is 67 percent fat. Many low-fat dieters have experienced **depression** and a loss of energy **as a result of** their eating habits.

So, before you believe what you hear about low-fat diets, it's a good idea to check the facts first. In my opinion, any healthy diet must include healthy fats. (118 words)

1111 ☐	**consider** [kənsídər]	他 を考慮する，を検討する（to think about sth carefully, often before making a decision） 派 **considerátion** 名 考慮，検討 1112 ☐ **take ～ into consideration** ～を考慮に入れる 派 **consíderate** 形 思いやりのある
1113 ☐	**fact** [fǽkt]	名 事実，真実 派 **fáctual** 形 事実の
1114 ☐	**limit** [límət]	他 を制限する（to keep sb/sth within or below a certain amount, size, degree or area）
1115 ☐	**essential** [ɪsénʃəl, es-]	形 不可欠の 名 本質的要素 派 **éssence** 名 本質
1116 ☐	**function**★ [fʌ́ŋkʃən]	自 機能する，働く 名 機能
1117 ☐	**burn** [bə́ːrn]	他 を燃やす 自 燃える
1118 ☐	**negative** [négətɪv]	形 マイナスの；否定の 反 positive

78-2 私の考えでは，健康的な食事には，身体によい脂肪が含まれていなければなりません。

Q 低脂肪ダイエットをしている人たちの多くは何を経験しましたか。

ダイエットをしている人たちが，あまり考慮しないもう一つの問題は，よい脂肪と悪い脂肪があるという事実です。悪い脂肪を制限しなければなりませんが，よい脂肪はもっと摂取するべきなのです。よい脂肪は身体が正常に機能するために不可欠であり，実は身体に悪い脂肪を燃焼させるのに役立ちます。低脂肪の食事は脳にマイナスの影響を及ぼす恐れもあります。知って驚かれるかもしれませんが，脳はその67パーセントが脂肪でできています。低脂肪ダイエットをする人々の多くが，その食習慣の結果として，気分がふさいだり気力が低下したりしています。

ですから，低脂肪の食事に関して耳にすることを信じる前に，事実をまず確認するべきです。私の考えでは，健康的な食事には，身体によい脂肪が含まれていなければなりません。

1119 ☐	**brain** [bréɪn]	名 脳
1120 ☐	**depression** [dɪpréʃən]	名 憂鬱；不景気 派 **depréssed** 形 落胆した
1121 ☐	**as a result of ～**	～の結果として 1122 ☐ **resúlt**★ 名 結果 final result（最終結果）

Words & Phrases

ℓ.2 consume「（食べ物など）を摂取する」

ℓ.5 negative effect on the brain「脳へのマイナスの影響」

ℓ.5 which, you may be surprised to learn, is 67 percent fat　コンマで区切られた you may ... learn は挿入節。

Tips 前のページの One problem with low-fat diets is ... に続いてもう一つの問題を挙げています。

79 Now, let's move on to discussing specific nutrients.

☑☑ 健康的な食事について話す

Q Do we need to eat meat every day? (→ p.303)

In our first **session**, we talked about the importance of **variety** in your diet. Your body is a complex machine. It needs a variety of foods **in order to operate** at its best. A diet with **plenty of** vegetables, fruits and whole grains will give your body a rich supply of the **nutrients** needed for good health.

Now, let's **move on** to discussing **specific** nutrients. First of all, **protein**. Protein is essential for human life. Good sources of protein are lean beef and the white meat in poultry. However, you don't have to eat meat every day. There are other ways to get the protein you need. Foods that also provide protein include low-fat **dairy** products, seafood, and beans and peas.

(121 words)

1123 ☐	**session** ★ [séʃən]	名 講義；（ある活動の）集まり
1124 ☐	**variety** [vəráɪəti]	名 多様性；変化　a variety of ～（さまざまな種類の～） 派 **várious**　形 さまざまな
1125 ☐	**in order to ...**	…するために
1126 ☐	**operate** ★ [ɑ́:pərèɪt]	自 機能する，動く　他 を動かす；を経営する 派 **operátion**　名 業務；手術 1127 ☐ **in operation**　稼働中で
1128 ☐	**plenty of ～**	たくさんの～，多くの～　類 a lot of ～
1129 ☐	**nutrient** [n(j)ú:triənt]	名 栄養素，栄養物
1130 ☐	**move on**	（～に）移る，先へ進む〈to〉
1131 ☐	**specific** [spəsífɪk]	形 具体的な；特定の　specific example（具体的な例） 派 **specífically**　副 具体的に言えば；特に
1132 ☐	**protein** [próʊti:n, -tiən]	名 タンパク質

79 さて，具体的な栄養素の話題に移りましょう。

Q 肉を毎日食べる必要はありますか。

最初の講義で，私たちは日々の食事において種類の豊富さが大事であるということについて話しました。皆さんの体は複雑な機械なのです。それが最良の状態で機能するためには，さまざまな食べ物が必要です。野菜や果物，そして全粒粉が豊富な食事は，良好な健康状態のために必要な栄養素をあなたの体に豊富に供給してくれるでしょう。

さて，具体的な栄養素の話題に移りましょう。最初はタンパク質です。タンパク質は人の命に必須のものです。良質なタンパク源は，赤身の牛肉や鶏の胸肉です。そうは言っても，毎日肉を食べる必要はありません。必要なタンパク質を摂取する他の方法があるのです。タンパク質を摂れる食べ物には，低脂肪乳製品，海産物，インゲン豆やエンドウ豆もあります。

1133 ☐ **dairy** [déəri]　形 牛乳から作られる　名 搾乳場
※発音に注意。

Words & Phrases

- ℓ.2 complex「複雑な」
- ℓ.3 at one's best「最良〔最高〕の状態で」
- ℓ.3 whole grain「全粒粉」
- ℓ.7 lean beef「赤身の牛肉」 類 red meat「赤身の肉（牛肉·羊肉など）」 反 white〔light〕meat「白身の肉（鶏の胸肉など）」
- ℓ.8 poultry「（食用の）鳥；鶏肉」
- ℓ.10 dairy products「乳製品」
- ℓ.10 bean「豆」インゲン豆，ソラ豆，大豆などを指す。
- ℓ.11 pea「エンドウ豆」

Tips “Now, let's move on to ...”（さて，…に移りましょう。）と語りかけられると，聞く側も準備ができます。聞く側の状況を確認してから移りたい場合は，“Shall we move on to the next topic?”（次の話題に移りましょうか。）と質問する方法もあります。

80 That's why so many doctors recommend walking.

☑☑ ウォーキングのメリットについて読む

Q What are the health benefits of walking? (→ p.303)

Walking is not only an enjoyable activity, but one that also has many health **benefits**. This website will help you to understand more about what walking can do for you.

Did you know that walking can **actually** help **increase** the number of years you live, **even if** you begin only when you are older? That's why so many doctors recommend it, especially for **senior citizens** or other people who get little **exercise**.

Walking helps **strengthen** bones. It can also be an **effective** way to **reduce blood pressure** and make your heart stronger. Walkers **are** less **likely to** fall and break bones and less likely to develop heart **disease**.

(108 words)

1134 ☐	**benefit** ★ [bénəfɪt]	名 利点，利益　他 のためになる 派 **benefícial** 形 有益な
1135 ☐	**actually** [ǽktʃuəli, ǽktʃəli]	副 実際に 派 **áctual** 形 実際の
1136 ☐	**increase** 動 [ɪnkríːs] 名 [ˊ–]	他 を増やす　自 増える　名 増加　反 **decrease** 1137 ☐ **on the increase** 増加して
1138 ☐	**even if ...**	たとえ…でも
1139 ☐	**senior citizen** [síːnjər sítəzn]	高齢者，年金受給者 1140 ☐ **sénior** 形 年上の　名 先輩，高齢者 1141 ☐ **cítizen** 名 市民
1142 ☐	**exercise** [éksərsàɪz]	名 運動，練習　自 運動する　他 を行使する
1143 ☐	**strengthen** [stréŋkθn]	他 を強くする (to make sth stronger) 派 **stréngth** 名 力，長所
1144 ☐	**effective** [əféktɪv]	形 有効な，効果的な 派 **efféct** 名 効果

80 そういうわけで実に多くの医者がウォーキングを勧めるのです。

Q ウォーキングの健康面のメリットは何ですか。

ウォーキングは楽しい活動であるだけでなく，健康面のメリットもたくさんあります。このウェブサイトを読めば，ウォーキングのよさについて理解を深めることができるでしょう。

ウォーキングには，たとえ年を取ってから始めても，実際に寿命を延ばす効果があることを知っていましたか。特に高齢者あるいは運動をほとんどしない人々に対して，実に多くの医者がウォーキングを勧めるのにはそうした理由があるからです。

ウォーキングをすると骨が丈夫になります。また，血圧を下げたり心臓を強くしたりするのにも有効な方法になり得ます。ウォーキングをする人は，転んで骨を折ったり心臓の病気になったりすることが少ないようです。

1145 ☐	**reduce** ★ [rɪd(j)úːs]	他 を減少させる，を下げる 派 **redúction** 名 減少
1146 ☐	**blood pressure** [blʌ́d prèʃər]	血圧 1147 ☐ **préssure** 名 圧力
1148 ☐	**be likely to ...**	…しそうである　be less likely to ...（…する可能性が低いようである）
1149 ☐	**disease** [dɪzíːz]	名 病気 派 **diséased** 形 病気の

Words & Phrases

ℓ.2 what walking can do for you「ウォーキングがどのように役立つのか」

ℓ.4 the number of years you live「寿命」the number of ～ で「～の数」の意味。

ℓ.7 get little exercise「運動をほとんどしない」little は「ほとんどない」ことを表す。これに対して，a little は「少しある」ことを表す。

81 She needs time to grieve.

☑☑ 悲しみへの対処法を話し合う

Q What does Paula recommend for Jane's mom? (→ p.303)

Jane: Ever since Dad's **funeral** last month, my mom has been **withdrawing** into herself. She's feeling **miserable** and has been **isolating** herself from others. She **is reluctant to** even go out of the house. I'm worried about her.

Paula: She needs time to **grieve**. She's **gone through** such a terrible loss, and now she needs to **heal**. My mother had a **similar** experience last year. Then I found this wonderful woman who does grief counseling.

Jane: Really? Did she help your mother **overcome** her **sorrow**?

Paula: Oh yes. She helped her **get in touch with** her feelings. **In fact**, the results are amazing. She's much better now. Why don't you encourage your mom to make an **appointment** with her?

(115 words)

1150 ☐	**funeral** [fjúːnərəl]	名 葬儀，葬式
1151 ☐	**withdraw** [wɪðdrɔ́ː, wɪθ-]	自 引きこもる 他（預金）を引き出す 派 **withdráwal** 名 払い戻し
1152 ☐	**miserable** [mízərəbl]	形 みじめな；ひどい miserable weather（ひどい天気）
1153 ☐	**isolate** [áɪsəlèɪt]	他 を孤立させる（to put or keep sb/sth separate from other people or things） 派 **isolátion** 名 隔離，孤立
1154 ☐	**be reluctant to ...**	…するのを嫌がる 類 be unwilling to ...（…するのに気が進まない） 1155 ☐ **relúctant** 形 嫌々ながらの
1156 ☐	**grieve** [gríːv]	自 深く悲しむ（feel great sadness especially about the death of sb you love） 他 を深く悲しませる 派 **gríef** 名 悲しみ 類 sorrow, sadness

100 200 300 400 500 600 700 800 900 1000

81 彼女には深く悲しむ時間が必要です。

Q ポーラはジェーンのお母さんに何を勧めていますか。

ジェーン：母がね，先月の父の葬儀以来ずっと自分の殻に閉じこもってしまっているの。苦しい思いをしていて，他の人との関わりを断ってしまっているのよね。家の外に出ることすら嫌がるのよ。母のことが心配だわ。

ポーラ：お母さんには深く悲しむ時間が必要なのよ。とてもつらい喪失を経験したんですもの，今は癒える必要があるの。私の母が昨年同じような経験をしたわ。その時にね，グリーフ・カウンセリングをしてくれる素晴らしい女性に出会ったのよ。

ジェーン：本当？ その人はあなたのお母さんが悲しみを乗り越える手助けをしてくれたの？

ポーラ：ええ，してくれたわよ。母が自分の感情を理解するのを手伝ってくれたわ。それどころか，すごい効果があったの。今では母の調子も，はるかによくなったもの。あなたのお母さんに，彼女と会う予約をするよう勧めたらどう？

1157 ☐	**go through ～**	～を経験する
1158 ☐	**heal** [híːl]	自 癒える 他（人・傷など）を治す；を癒やす
1159 ☐	**similar** [símələr]	形 似ている，同じような 派 **similárity** 名 類似；類似点
1160 ☐	**overcome** [òʊvərkʌ́m]	他 を克服する，に打ち勝つ（to manage to control or defeat sb/sth） 自 勝つ
1161 ☐	**sorrow** [sάːroʊ]	名（深い）悲しみ 類 **grief**
1162 ☐	**get in touch with ～**	～を理解する；～と連絡を取る
1163 ☐	**in fact** ★	それどころか；実際は
1164 ☐	**appointment** [əpɔ́ɪntmənt]	名（面会の）約束，予約 make an appointment（with ～）（（～と）会う約束をする） 派 **appóint** 他 を約束して決める；を指名する

1100 1200 1300 1400 1500

☐ターゲット文を言った
☐ロールプレイの練習をした

82 Ms. Morgan will give a lecture on aromatherapy.

☑☑ 講義の告知をする

Q Will the lecture be held in the morning? (→ p.303)

Coming Soon ...

WHO: Life Balancing **Expert** Serena Morgan, **therapist** and **well-known** author from Sedona, Arizona

WHAT: Ms. Morgan will **give a lecture** on “Aromatherapy: Bringing **Vitality** Back To Your Life.” She will explain how using the essence of several oils will help you **restore** the balance needed in your life. Her **extraordinarily** beneficial program will help you **prevent** illness, and overcome the **subtle** stresses in life we all **face**.

WHEN: Saturday, Oct. 7th at 8 p.m.

WHERE: Riverside High School **Auditorium**
Downtown Riverside

For more information, contact Riverside High School Administration Office at (800) 123-4567.

(96 words)

1165 ☐	**expert** ★ [ékspəːrt]	名 専門家 派 **expertíse** 名 専門的な意見，専門知識
1166 ☐	**therapist** [θérəpɪst]	名 セラピスト 派 **thérapy** 名（薬や手術を用いない）治療，療法
1167 ☐	**well-known** [wél nóʊn]	形 よく知られた 類 **famous** 反 **unknown**
1168 ☐	**give a lecture**	講義をする，講演をする 1169 ☐ **lécture** 名 講義，講演 自（～について）講義する 他 を講義する 派 **lécturer** 名 講師；講演者
1170 ☐	**vitality** [vaɪtǽləti]	名 活力，元気 類 **spirit** 派 **vítal** 形 極めて重要な 派 **vítalize** 他 に活力〔生命〕を与える
1171 ☐	**restore** [rɪstɔ́ːr]	他 を復活させる，を修復する (to put sb/sth back into his/her/its former condition or position) 派 **restorátion** 名 元に戻すこと
1172 ☐	**extraordinarily** [ɪkstrɔ́ːrdənèrəli, eks-]	副 非常に 派 **extraórdinary** 形 並外れた

100 200 300 400 500 600 700 800 900 1000

82 モーガン先生はアロマセラピーについての講義を行う予定です。

Q 講義は午前中に行われますか。

近日開講

講師：ライフバランシングの専門家，セリーナ・モーガン
　　アリゾナ州セドナ市出身のセラピストで著名な作家

内容：モーガン先生が「アロマセラピー：生活に活力を取り戻す」と題して講義を行う予定です。何種類かのオイルのエッセンスを使用して生活に必要なバランスを回復させる方法を説明します。モーガン先生の極めて有益なプログラムは，病気を予防し，誰もが直面する微妙なストレスを克服するのに一役買ってくれるでしょう。

日時：10月7日（土）午後8時

場所：リバーサイド・ハイスクール講堂
　　ダウンタウン・リバーサイド

詳細については，リバーサイド・ハイスクール事務室，電話（800）123-4567までご連絡ください。

1173 ☐	**prevent**★ [prɪvént]	他 を防ぐ（to stop sth happening or to stop sb doing sth） 1174 ☐ **prevent ～ from ...ing** 〜が…するのを防ぐ 類 1175 ☐ **keep ～ from ...ing** 派 **prevéntion** 名 予防
1176 ☐	**subtle** [sʌ́tl]	形 微妙な，かすかな，とらえがたい
1177 ☐	**face** [féɪs]	他 に直面する（to have to deal with sth unpleasant） 自 面する　名 顔
1178 ☐	**auditorium** [ɔ̀:dətɔ́:riəm]	名 講堂

Words & Phrases

ℓ.8 we all face「誰もが向き合う」subtle stresses を修飾している。

ℓ.13 for more information「詳細については」

83 I'm calling about the aromatherapy lecture.

☑☑ 講義について問い合わせをする

Q Are the participants encouraged to buy the lecturer's books? (→ p.303)

Clerk: Hello, Riverside High School Administration Office.

Jane: I'm calling about the aromatherapy lecture.

Clerk: Yes, what would you like to know?

Jane: Will the lecturer **address** how aromatherapy works in the body? And **precisely** how it helps us **deal with** stress and prevent future illness?

Clerk: Ms. Morgan, who is a licensed health practitioner, will discuss how the oils **stimulate** nerves and **interact** with the body's hormones to produce the desired effect.

Jane: Will there be any pressure to buy the oils or her books?

Clerk: No, this is just an informational session. We encourage everyone to come and listen. You will be able to learn about this **alternative** health care **treatment** which has been practiced in Europe for years. It has been **enormously** successful there. (123 words)

1179 ☐	**address** ★ [ədrés]	他 を扱う；に演説する 名 住所；演説
1180 ☐	**precisely** [prɪsáɪsli]	副 正確に
1181 ☐	**deal with ～** ★	～に対処する 1182 ☐ **déal** 自 扱う；対処する 他 を配る 名 取引
1183 ☐	**stimulate** [stímjəlèɪt]	他 を刺激する 派 **stímulating** 形 刺激的な，興奮させる 派 **stímulus** 名 刺激
1184 ☐	**interact** [ìntərǽkt]	自 相互に作用し合う，触れ合う 派 **interáction** 名 相互作用 派 **interáctive** 形 相互に作用する，双方向の
1185 ☐	**alternative** [ɔːltə́ːrnətɪv]	形 代替の；代わりの 名 代わりの手段 派 **álternate** 形 代替の；交互の alternate plan（代案）

83 アロマセラピーの講義についてお電話しています。

Q 参加者は講演者の書籍を買うことを勧められていますか。

事務員：はい，リバーサイド・ハイスクール事務室です。
ジェーン：アロマセラピーの講義についてお電話しているのですが。
事務員：はい，どのようなご質問でしょうか。
ジェーン：講師の方は，アロマセラピーが体にどのように作用するかということを述べられる予定でしょうか。それから，私たちがストレスに対処したり，将来の病気を予防したりするのに，正確にはどのように役立つのかということもお話されますか。
事務員：保健専門医の免許を持つモーガン先生が，望ましい効果を引き出すために，アロマオイルがどのように神経を刺激し，体のホルモンと相互に作用するか，ということについて話をすることになっています。
ジェーン：そのオイルやモーガン先生の書籍を購入するよう強く勧められるようなことがあるのでしょうか。
事務員：いいえ，今回は情報を提供するだけの会ですので。皆さんに聞きに来ていただけるようお勧めしています。ヨーロッパで何年にもわたって実施されてきている，この代替の健康管理法について学ぶことができると思います。現地では非常に効果が上がってきているんです。

1186	**treatment** [tríːtmənt]	名 治療（法），手当て
1187	**enormously** [ɪnɔ́ːrməsli]	副 非常に 派 **enórmous** 形 非常に大きい 類 **huge, tremendous**

Words & Phrases

ℓ.4 how ~ works「～がどのような働きをするか」
ℓ.5 And precisely ...? 前の質問文に続いており，Will the lecturer address precisely how it helps us deal with ...? ということ。
ℓ.7 licensed「免許を持つ」
ℓ.10 pressure to ...「…しようとする圧力」
ℓ.11 informational「情報を提供する」

1100 1200 1300 1400 1500

□ターゲット文を言った
□ロールプレイの練習をした

84 What an improvement!

☑☑ サッカー観戦の感想を話す

Q When were the fans excited at the soccer match? (→ p.303)

Paul and Nami are talking about a soccer match they saw on TV.

Paul: That was an exciting match last night, wasn't it?

Nami: Yes, it was! Our guys were really **struggling** in the first half, though, weren't they?

Paul: Yeah, it was **rough**. Their defense was so poor. It was **painful** to **witness**.

Nami: I know. I was really concerned when Jones missed that penalty kick. I thought it was **all over** then.

Paul: Me too. I couldn't believe how they were able to **turn** it **around** in the second half. What an **improvement**! The fans were **screaming** when Rivera **scored** that **tie-breaking** goal.

Nami: I guess we shouldn't have doubted the team. I just wish they would **work on** playing more consistently. It makes me too nervous when they play badly. (127 words)

1188 ☐	**struggle** ★ [strʌ́gl, ʃtrʌ́gl]	[自] 奮闘する；もがく
1189 ☐	**rough** [rʌ́f]	[形] つらい；荒れた；大ざっぱな
1190 ☐	**painful** [péɪnfl]	[形] 苦痛を与える；痛い [派] **páin** [名] 苦痛；痛み
1191 ☐	**witness** [wítnəs]	[他] を目撃する [名] 目撃者；証人
1192 ☐	**all over**	完全に終わって
1193 ☐	**turn ～ around**	～を好転させる；～の向きを変える
1194 ☐	**improvement** [ɪmprúːvmənt]	[名] 改善，向上 [派] **impróve** [他] を改善する (to make something better than before) [自] よくなる [反] **worsen**

84 すごい改善ぶりだったね！

Q ファンがこのサッカーの試合で興奮したのはいつですか。

ポールとナミはテレビで見たサッカーの試合について話しています。

ポール：昨夜はドキドキする試合だったよね。

ナミ：ええ，そうだったわ。私たちが応援する選手たちは，前半は本当に悪戦苦闘していたけどね，そうじゃない？

ポール：ああ，あれはきつかったね。彼らの守備はやけにお粗末だったし。見ているのが苦痛だったよ。

ナミ：そうよね。ジョーンズがあのペナルティーキックを外した時は，とても心配になった。あの時すっかり終わったと思ったもの。

ポール：僕もさ。後半，どうやって立て直すことができたのか，信じられなかったよ。すごい改善ぶりだったね！ リヴェラがあの勝ち越しのゴールを決めた時は，ファンのみんなが叫んでいたよ。

ナミ：私たちはチームのことを疑うべきじゃなかったんでしょうね。私はただ，彼らがもっと一貫してプレーすることに取り組んでくれることを願うばかりよ。彼らが下手なプレーすると，あまりにも不安になってしまう。

9

健康・スポーツ

1195 ☐	**scream** [skríːm]	自 叫ぶ；金切り声を出す
1196 ☐	**score** [skɔ́ːr]	他（勝利・成功など）を得る，（得点・点数）を取る 自 得点する　名 得点，点数
1197 ☐	**tie-breaking** [táɪbrèɪkɪŋ]	形 同点〔均衡〕を破る
1198 ☐	**work on ～**	～に取り組む

Words & Phrases

ℓ.12 we shouldn't have doubted the team「私たちはチームのことを疑うべきではなかった（のに疑った)」 should have ＋過去分詞（…するべきだった（のにしなかった)）の否定形。過去のことについて言う。

1100　1200　1300　1400　1500

☐ ターゲット文を言った
☐ ロールプレイの練習をした

85 I promise you it will be worth it.

☑☑ 試合観戦に行くことについて話す

Q Will Tommy accompany Hannah to the game tomorrow? (→ p.303)

Hannah: Hey, are you still going to **accompany** me to the game tomorrow?

Tommy: Sure. Who's playing again?

Hannah: England versus Scotland. They're showing it at the King's Head Pub. It's the worldwide **broadcast** of the Six Nations Rugby **Tournament**.

Tommy: What time does it start?

Hannah: 5 a.m. So we'll need to leave by 4:30.

Tommy: 4:30? I'm sorry, but I can't get up that early — **at least** not **willingly**!

Hannah: Where's your spirit? I **promise** you it will be worth it.

Tommy: **No way**!

Hannah: If you don't go I won't wash your uniform.

Tommy: (sigh) I guess I have no **choice**. (94 words)

1199 ☐	**accompany**★ [əkʌ́mpəni]	他 と一緒に行く
1200 ☐	**broadcast** [brɔ́:dkæ̀st]	名 放送，放送番組　他 を放送する　自 放送する
1201 ☐	**tournament** [túərnəmənt]	名 トーナメント，勝ち抜き試合
1202 ☐	**at least**★	少なくとも
1203 ☐	**willingly** [wíliŋli]	副 進んで，快く　反 **unwillingly** 1204 ☐ **be willing to ...** 喜んで…する
1205 ☐	**promise** [prɑ́:məs]	他 を約束する　名 約束 派 **prómising** 形 前途有望な

85 その価値はあると約束します。

Q トミーは明日の試合にハンナと一緒に行きますか。

ハンナ： ねえ，明日の試合へは私と一緒に行ってくれるつもりでいるわよね？

トミー： もちろん。もう一度聞くけどどこのチームの試合だっけ？

ハンナ： イングランド対スコットランドよ。キングズヘッドパブで見られるって。シックスネーションズ・ラグビートーナメントを世界中で放送するのよ。

トミー： 開始時間は何時なの？

ハンナ： 朝の5時よ。だから4時半までに家を出なくちゃ。

トミー： 4時半だって？ ごめん，そんなに早く起きられないよ。少なくとも自分から進んでは無理！

ハンナ： あなたのやる気はどこへいったの？ 早起きする価値はあるって約束するわ。

トミー： 無理だよ！

ハンナ： 行かないならユニフォームは洗ってあげないわよ。

トミー： （ため息）他に選択肢はないみたいだな。

1206 ☐	**no way**	とんでもない（definitely not） ※強い否定を表す。「うそだ」の意味でも使われる。
1207 ☐	**choice** [tʃɔ́ɪs]	名 選択権，選択 1208 ☐ **by one's own choice** 自分で選んだ 1209 ☐ **without choice** 無差別に

Words & Phrases

ℓ.3 Who's playing again?「もう一度聞くけどどこのチームの試合だっけ」again は，一度聞いたけれど，もう一度教えてほしいという意味で使われている。

ℓ.4 versus「対」vs. と略されることも多い。

ℓ.11 I promise you it will be worth it.「早起きする価値はあるって約束するわ。」it は早起きをすること（getting up early）を指している。

☐ ターゲット文を言った
☐ ロールプレイの練習をした

1100 1200 1300 1400 1500

9 健康・スポーツ

86 What kind of sports do you like to watch?

☑☑ 好きなスポーツ観戦について話す

Q Does Jeff like watching basketball? (→ p.303)

Amy: What kind of sports do you like to watch?

Jeff: I like watching curling. It **involves** such **precision** to **manipulate** the stone and **orient** it to a good location. I think there's **a good deal of strategy** involved, just like in chess.

Amy: I agree! I personally like figure skating. It **combines athletic** strength with graceful beauty. A talented skater can make it look almost **effortless**. I find it an absolute joy to watch.

Jeff: I like watching basketball, too. It's such a fast-moving sport. The team members play so **vigorously**. It never gets dull.

Amy: Speaking of sports, I really should start getting some exercise!

(102 words)

1210 ☐	**involve** ★ [ɪnvɑ́ːlv, -vɔ́ːlv]	他 を必要とする，を含む
1211 ☐	**precision** [prɪsíʒən]	名 精度，正確さ　with precision（正確に） 派 **precíse** 形 正確な；明確な
1212 ☐	**manipulate** [mənípjəlèɪt]	他 を巧みに扱う（to use, move or control sth with skill） 派 **manipulátion** 名 巧みな操作
1213 ☐	**orient** [ɔ́ːriənt]	他 を向ける
1214 ☐	**a good deal of ～** [díːl]	多量の～，たくさんの～　類 a great deal of ～
1215 ☐	**strategy** [strǽtədʒi]	名 戦略，作戦　類 way 派 **stratégic** 形 戦略の
1216 ☐	**combine** [kəmbáɪn]	他 を兼ね備える；を組み合わせる〈with〉 派 **combinátion** 名 組み合わせ，結合

86 何のスポーツを観戦するのが好きですか。

Q ジェフはバスケットボールの観戦が好きですか。

エイミー：何のスポーツを観戦するのが好き？

ジェフ：僕はカーリングを見るのが好きだな。カーリングでは，ストーンを巧みに操作してよい位置に向かわせるのに，大変な精度を必要とするんだ。チェスと同じで，かなりの戦略が必要だと思うよ。

エイミー：その通りね！ 私は個人的にフィギュアスケートが好きよ。フィギュアスケートは運動競技としての力強さと上品な美しさを兼ね備えているの。才能のあるスケート選手は，あたかもフィギュアスケートが楽であるかのように見せることができるわ。私にとってフィギュアスケートを見るのは，究極の喜びよ。

ジェフ：僕はバスケットボール観戦も好きだよ。バスケットボールは動きの速いスポーツで，精力的にプレーするんだ。全然退屈しないな。

エイミー：スポーツと言えば，私も何か運動を始めたほうが絶対いいわよね！

1217 ☑	**athletic** [æθlétɪk]	形 運動競技の；運動が得意な
1218 ☑	**effortless** [éfərtləs, -lɪs]	形 楽な，努力を要しない 派 **éffort** 名 努力 類 **endeavor**
1219 ☑	**vigorously** [vígərəsli]	副 精力的に，力強く 派 **vígorous** 形 精力的な

Words & Phrases

- ℓ.4 just like ~「まさに~のように」
- ℓ.5 combine ~ with ...「~と…を兼ねる」
- ℓ.7 find it ~ to ...「…するのは~だと思う」
- ℓ.9 dull「退屈な」
- ℓ.10 get some exercise「運動をする」

1100 1200 1300 1400 1500

□ターゲット文を言った
□ロールプレイの練習をした

87 Be sure to take it easy at first.

☑☑ ランニングについての記事を読む

Q How many runners are there in Japan? (→ p.303)

Running and jogging have been favorite methods of exercise in Japan for many years. The **exact** number is unknown, but several reports guess that there are between 10 million and 20 million runners in Japan. **Nowadays** many young runners, especially women, have decided not to **merely** walk or jog in their local neighborhood; but instead they are **taking part in official** running competitions. In Japan, the marathon running on a course in Tokyo's **downtown** area is popular.

If you are a novice runner, you should take care to **minimize** any **strain** on your body. Proper footwear will prevent your feet from getting **sore**. And be sure to take it easy at first, **otherwise** your **knees** may **ache** from the strain.

(120 words)

1220 ☐	**exact** [ɪgzǽkt, egz-]	形 正確な；まさにその 派 **exáctly** 副 正確に；ちょうど
1221 ☐	**nowadays** [náuədèɪz]	副 今日では，最近は 類 **today** 反 **formerly**（かつては）
1222 ☐	**merely** [míərli]	副 単に…にすぎない 類 **only** 派 **mére** 形 ほんの，単なる，まったく…にすぎない
1223 ☐	**take part in ～**	～に参加する 類 **participate in ～**
1224 ☐	**official** [əfíʃəl]	形 公式の；公の
1225 ☐	**downtown** [dáuntáun]	形 都心の，町の中心部の
1226 ☐	**minimize** [mínəmàɪz]	他 を最小限にする 反 **maximize** 派 **mínimum** 形 最少の，最低の 名 最少量，最低限 反 **maximum**
1227 ☐	**strain** [stréɪn]	名 負担；緊張 他（筋肉・体の部分）を痛める

87 最初は必ず気楽にやるようにしましょう。

Q 日本には何人のランナーがいますか。

ランニングやジョギングは，長年にわたり日本で好まれてきた運動の方法です。正確な数字は不明ですが，いくつかの調査は日本には 1,000 万人から 2,000 万人のランナーがいると推測しています。今日では，多くの若いランナー，とりわけ女性は，近所をただ単に歩いたりジョギングしたりするのはやめようと考えるようになり，その代わりに公式なランニング競技会に参加するようになっています。日本では東京都心部を走るマラソンが人気です。

初心者のランナーは，体に対するあらゆる負担を最小限にするよう気をつけなければなりません。自分に合った靴を履くと，足が痛くなるのを防いでくれるでしょう。さらに最初は必ずゆっくり走るようにしましょう。そうしないと，負担で膝が痛むかもしれません。

1228 ☐	**sore** [sɔ́ːr]	形 痛い 派 **sórely** 副 ひどく，非常に
1229 ☐	**otherwise** [ʌ́ðərwàɪz]	副 そうでなければ；その他の点では
1230 ☐	**knee** [níː]	名 膝
1231 ☐	**ache** [éɪk]	自 痛みを感じる 名 痛み **dull ache（鈍い痛み）**

Words & Phrases

ℓ.2 unknown「知られていない」
ℓ.5 instead「その代わりに」
ℓ.8 novice「初心者」名詞だが，ここでは形容詞的に用いている。
ℓ.8 take care to ...「…するように気をつける」
ℓ.9 prevent ~ from ...ing「～が…するのを防ぐ」
ℓ.10 take it easy「気楽にやる」ここでは「ゆっくり走る」というニュアンス。

88 I try to stay active.

☑☑ 運動することについて話す

Q What are some of the benefits of yoga? (→ p.303)

Asami and Mark are talking in a café during lunch.

Asami: What do you like to do **in your free time**, Mark?

Mark: I try to **stay active**. I usually go jogging at least three times a week. For me, a good run is very **enjoyable** and **relaxing**, especially when I'**m stressed out**. How about you?

Asami: **To be honest**, I don't like jogging. I prefer going to the **gym**. I even have a **professional trainer** who helps me to **build up** my muscle strength.

Mark: Wow! That's interesting. I would rather stretch my muscles in a yoga class. It helps me **stay in shape** and improves my **concentration**.

Asami: You must be very flexible. By the way, do you play any sports?

Mark: Yes. I play tennis on weekends.

Asami: Me, too! Maybe we can play sometime. I'll warn you, though, I'm very **competitive**!

(138 words)

1232 ☐	**in one's free time**	空き時間に，暇なときに
1233 ☐	**stay active**	活動的でいる，活動的に過ごす
1234 ☐	**enjoyable** ★ [ɪndʒɔ́ɪəbl]	形 楽しい，愉快な
1235 ☐	**relaxing** [rɪlǽksɪŋ]	形 くつろがせる，ほっとする 反 **stressful**
1236 ☐	**be stressed out**	ストレスで疲れ切っている
1237 ☐	**to be honest**	正直に言うと
1238 ☐	**gym** [dʒím]	名 ジム，スポーツクラブ
1239 ☐	**professional** ★ [prəféʃənl]	形 プロフェッショナルな；職業上の 名 専門家 派 **profésssion** 名 職業；専門職

88 私は活動的でいるようにしています。

Q ヨガのメリットのいくつかは何ですか。

アサミとマークは昼食をとりながらカフェで話をしています。

アサミ：マーク，あなたは時間がある時にどんなことをするのが好きなの？

マーク：活動的でいるようにしているよ。たいていは週に少なくとも3回はジョギングに行く。僕にとって，ちゃんと走ることは，すごく楽しいし，くつろいだ気分にしてくれるんだ。特にストレスで疲れ切っている時にはね。君はどうなの？

アサミ：正直言って，私はジョギングは好きではないの。ジムに行くほうが好き。筋力を鍛える手助けをしてくれるプロのトレーナーについてもいるの。

マーク：へえ！ それは興味深いね。僕はヨガの教室で筋肉を伸ばすほうがいいな。そうすることで，体型を保ったり自分の集中力を高めたりしてくれるよ。

アサミ：あなたは体がとても柔らかいに違いないわね。ところで，何かスポーツはするの？

マーク：うん。毎週末にテニスをしているよ。

アサミ：私も！ もしかしたらいつか2人でできるかもしれないね。でも，言っておくけど，私はとても負けず嫌いだからね！

1240 ☐	**trainer** [tréɪnər]	名 トレーナー，訓練をする人 派 **tráin** 他 を鍛える；を訓練する
1241 ☐	**build up 〜**	〜(体)を鍛え上げる，〜を増強する
1242 ☐	**stay in shape**	体型〔体調〕を維持する
1243 ☐	**concentration** [kɑ̀ːnsəntréɪʃən, -sen-]	名（精神・注意の）集中，集中力
1244 ☐	**competitive** [kəmpétətɪv]	形 競争心の強い；競争の激しい 派 **compéte** 自 競争する

Words & Phrases

ℓ.9 would rather ...「…するほうがいい，むしろ…したい」

ℓ.13 on weekends「毎週末に」漠然と複数の週末を指している。on the weekend は「その週末に」の意味で，特定の週末を指す。

1100 1200 1300 1400 1500

☐ターゲット文を言った
☐ロールプレイの練習をした

Quiz Chapter 9

空所にあてはまる単語を選びましょう。

【1】

Ben : Well, for example, I used to drink coffee first thing in the morning. I couldn't wake up otherwise. And I kept drinking it all day long!

Sofia : But now?

Ben : Now I drink a lot of water, and I feel way less (1). Ironically, I think I have more energy now!

Sofia : I heard that when you're (2) on caffeine, you need more and more to get the same effect.

Ben : I think that's true. This (3) is like a reset for my body. You should try it, too!

(1) (a) enjoyable (b) harmful (c) specific (d) sluggish
(2) (a) dependent (b) effective (c) essential (d) harmful
(3) (a) concentration (b) experiment (c) fact (d) risk

【2】

Jane : Will there be any pressure to buy the oils or her books?

Clerk : No, this is just an informational session. We encourage everyone to come and listen. You will be able to learn about this (1) health care (2) which has been practiced in Europe for years. It has been (3) successful there.

(1) (a) alternative (b) rough (c) senior (d) subtle
(2) (a) broadcast (b) choice (c) sorrow (d) treatment
(3) (a) enormously (b) merely (c) vigorously (d) willingly

Answers

【1】No.77 参照

(1) (d) (2) (a) (3) (b)

【2】No.83 参照

(1) (a) (2) (d) (3) (a)

【3】

Paul : That was an exciting match last night, wasn't it?

Nami : Yes, it was! Our guys were really struggling in the first half, though, weren't they?

Paul : Yeah, it was rough. Their defense was so poor. It was painful to (1).

Nami : I know. I was really concerned when Jones missed that penalty kick. I thought it was all over then.

Paul : Me too. I couldn't believe how they were able to turn it around in the second half. What an improvement! The fans were (2) when Rivera (3) that tie-breaking goal.

(1) (a) consider (b) damage (c) reduce (d) witness
(2) (a) burning (b) isolating (c) operating (d) screaming
(3) (a) accompanied (b) increased (c) scored (d) withdraw

9

Quiz

【4】

Amy : What kind of sports do you like to watch?

Jeff : I like watching curling. It involves such precision to (1) the stone and (2) it to a good location. I think there's a good deal of strategy involved, just like in chess.

Amy : I agree! I personally like figure skating. It combines athletic strength with graceful beauty. A talented skater can make it look almost (3). I find it an absolute joy to watch.

(1) (a) manipulate (b) prevent (c) remove (d) stimulate
(2) (a) address (b) orient (c) restore (d) strengthen
(3) (a) effortless (b) massive (c) negative (d) official

【3】No.84 参照

(1) (d) (2) (d) (3) (c)

【4】No.86 参照

(1) (a) (2) (b) (3) (a)

89 Are you making good progress?

☑☑ 進捗確認をする

Q When will Jeremy's story be ready to review? (→ p.303)

In the Newsroom

Ms. Lee: Say, how's your story **coming along** on the use of artificial intelligence in health care? Are you **making good progress**?

Jeremy: I'm still very much **on schedule**. Today I'll be **going over** my notes from yesterday's **press conference**. And tomorrow I'll be interviewing Dr. Samuels, the lead medical researcher on the project.

Ms. Lee: Sounds good. When do you think you'll have a finished article for me to **review**?

Jeremy: **I'd say no later than** noon on Saturday.

Ms. Lee: Oh, that's perfect. Even if we need to make a few **modifications**, we should be able to run it in the early Sunday **edition**.

Jeremy: Yeah, I think so.

Ms. Lee: OK. But, if you do **run into** any problems, let me know as soon as you can.

Jeremy: **Will do.**

(124 words)

1245 ☐	**come along**	〈仕事などが〉進展する，はかどる，うまくいく
1246 ☐	**make good progress**	順調に進む 1247 ☐ **progress**★ 名 進展，進歩 自 進歩する；前進する
1248 ☐	**on schedule**	予定通りに ahead of schedule（予定より早く），behind schedule（予定より遅れて）
1249 ☐	**go over ～**★	～を見直す；～をよく調べる
1250 ☐	**press conference**★	記者会見
1251 ☐	**review**★ [rɪvjúː]	他 を校閲する；をよく調べる；を批評する 自 書評を書く；復習する 名 レビュー，批評，書評
1252 ☐	**I'd say ...**	…だろうと思う，…といったところです ※控えめに言う表現。
1253 ☐	**no later than ～**	遅くとも～までに

100 200 300 400 500 600 700 800 900 1000

89 順調に進んでいますか。

Q ジェレミーの記事は，いつ校閲する準備が整いますか。

ニュース編集室にて

リー氏：ねえ，医療における人工知能の使用についてのあなたの記事は，どう進んでいるかしら。順調に進んでいますか。

ジェレミー：今までのところ十分に予定通りですよ。今日は，昨日の記者会見のメモを見直すつもりです。それから明日は，このプロジェクトの主任医学研究者であるサミュエル博士に話を聞くことになってます。

リー氏：了解。私が校閲する完成記事はいつできるとあなたは思う？

ジェレミー：遅くとも土曜日の正午までにはできると思います。

リー氏：ああ，それは申し分ないわね。少し修正をする必要があるとしても，日曜日の早版にそれを載せることができるはずね。

ジェレミー：ええ，そう思います。

リー氏：いいでしょう。だけど，実際に何か問題に遭遇したら，できるだけ早く私に知らせてね。

ジェレミー：了解しました。

1254 ☐	**modification** [mɑ̀:dəfikéɪʃən]	名 修正，変更 派 **módify** 他 を修正する
1255 ☐	**edition**★ [ɪdíʃən]	名（刊行物の）版
1256 ☐	**run into ～**	～に出くわす〔遭遇する〕；～にぶつかる
1257 ☐	**Will do.**	了解しました。，やっておきます。 ※I will do. を省略した形。相手がお願いしたことに対して賛同する時に言う。同僚や親しい上司に対して用いる。

Words & Phrases

ℓ.6 lead「先導する，最も重要な」lead researcher で「主任研究者」の意味。

ℓ.12 run「〈新聞・雑誌などに〉～を掲載する」

☐ ターゲット文を言った
☐ ロールプレイの練習をした

1100 1200 1300 1400 1500

90 I'd like to talk to you in person.

仕事で面会の約束をする

Q **Why does Jim want to get together with Ann?** (→ p.303)

The phone rings.

Ann: **Accounting** department. This is Ann. How can I help you?

Jim: Hi Ann, this is Jim Osborne in **Marketing**. **Can you spare me** about 30 minutes of your time today**?** I'd like to talk to you **in person** about some **additional markets** that we're considering **expanding into**. I need to decide **whether** it makes sense financially for us to do so.

Ann: Sure, we can do that. However, I'll be in meetings most of the morning. Could we do it in the afternoon?

Jim: **That's fine with me.** Any time in the afternoon would work for me.

Ann: **Let's make it** around 1:30.

Jim: OK. I'll **drop by** your office then... and thanks! Your input will help me prepare for my **face-to-face** meeting next week with the CEO about my budget.

Ann: Glad to help. See you then.

(135 words)

1258	**accounting** [əkáuntɪŋ]	名 経理，会計
1259	**marketing** [mɑ́ːrkətɪŋ]	名（会社の）マーケティング部；マーケティング
1260	**Can you spare me ～?**	（時間を）少しいいですか。
1261	**in person** ★	直接会って；（代理ではなく）自分で ※「実際に会う」ことを意味する。一方，directly は実際に会う他に，メールや電話で直接やりとりする場合にも使う。
1262	**additional** [ədíʃənl]	形 追加の
1263	**market** ★ [mɑ́ːrkət]	名 市場 他 を市場に出す

100 200 300 400 500 600 700 800 900 1000

90 あなたに直接お話をしたいのです。

Q ジムはなぜアンと面会したいのですか。

電話が鳴る。

アン：経理部です。こちらはアンです。どのようなご用件でしょうか。

ジム：こんにちは，アン，こちらはマーケティング部のジム・オズボーンです。今日，30 分ほどお時間を割いていただけますか。我々が進出することを検討しているいくつかの追加の市場について，あなたに直接お話をしたいのです。そうすることが財政面で理にかなっているかどうか，判断する必要があるのです。

アン：ええ，できますよ。ただし，午前中はほとんど会議中です。午後にしていただけますか。

ジム：私はそれで結構です。午後ならいつでも大丈夫ですよ。

アン：1時半頃にしましょう。

ジム：わかりました。その時にあなたのオフィスに立ち寄ることにします…それと，感謝しています！ 来週，予算について最高経営責任者と対面での会議があるのですが，あなたの情報提供はその準備をするのに役立つでしょう。

アン：お役に立てて嬉しいです。それではまた。

1264 ☐	**expand into ～**	～に進出する 1265 ☐ **expánd**★ 自 広がる，拡大する 他 を拡大させる；を膨張させる 派 **expánsion** 名 拡大，展開
1266 ☐	**whether**★ [wéðər]	接 …かどうか
1267 ☐	**That's fine with me.**	それで大丈夫です。，それで問題ありません。
1268 ☐	**Let's make it ～**	～にしましょう make it（予定・約束などの日程を決める）
1269 ☐	**drop by ～**	～にちょっと立ち寄る
1270 ☐	**face-to-face** [fèɪstəféɪs]	形 対面の 副 対面で，面と向かって

Tips このように言ってもらえると，お願いがしやすくなるでしょう。"in the afternoon" の代わりに，before 6 o'clock / after lunch / in the morning などがよく使われます。

1100 1200 1300 1400 1500

☐ターゲット文を言った
☐ロールプレイの練習をした

91 Those are all good ideas.

☑ ☑ 社内で打ち合わせをする

Q What did Nami suggest for reducing cost? (→ p.303)

Paul and Nami are in a meeting with their boss, Ann.

Ann: OK. Please share the results of your brainstorming session. What are some **cost-saving** ideas that we can **implement** immediately?

Paul: Well, we can ask our **vendors** for better prices on **office supplies**. Why not negotiate a **discount** by buying **in bulk**? If they don't agree, we can switch to other vendors.

Nami: This might be basic, but we can also save money if we **conserve** energy. For example, we can use **low-cost** lighting and **lower** the office temperature a few degrees.

Paul: We need to **upgrade** our computers soon, but we can use **second-hand** office furniture. We're going to buy desks and chairs for the new staff, aren't we? We can get used ones that are **low-priced** but as good as new ones.

Ann: Those are all good ideas. I will **coordinate internally** so that these **proposals** can be implemented. (147 words)

1271 ☐	**cost-saving** [kɔ́ːstsèɪvɪŋ]	形 経費削減の
1272 ☐	**implement** ★ 動 [ímpləmènt] 名 [-mənt]	他（計画など）を実行する 名 道具
1273 ☐	**vendor** ★ [véndər]	名 供給元，売り主
1274 ☐	**office supply** [ɑ́ːfəs səplàɪ]	事務用品
1275 ☐	**discount** 名 [dískaʊnt] 動 [⸗–, –⸗]	名 値引き，割引 他 を割引きする
1276 ☐	**in bulk**	大量に，大口で，全部まとめて

91 どれもみんな素晴らしい考えです。

Q ナミは費用削減のために何を提案しましたか。

ポールとナミは彼らの上司のアンと会議中です。

アン：さてそれでは。あなたたちがブレインストーミングの時間で得られたことを教えてください。私たちが直ちに実行することができる，経費削減の考えとはどのようなものですか。

ポール：ええと，事務用品については，当社の供給元にもっと有利な価格にしてもらうよう頼むことができます。大量に購入することで，値引きの交渉をしたらどうでしょうか。もし彼らが同意しなければ，他の業者に切り替えることができます。

ナミ：これは基本かもしれませんが，エネルギーを大切に使うと，費用も節約することができます。たとえば，低費用の照明を使ったり，事務所の室温を数度下げたりすることができます。

ポール：ここのコンピュータはまもなく高性能のものにする必要がありますが，中古のオフィス家具を使うことができます。新しいスタッフのための机と椅子を購入する予定ですよね？ 低価格なのに新品同様の中古品を手に入れることができますよ。

アン：どれもみんな素晴らしい考えですね。これらの提案を実行できるように，社内で調整することにします。

1277 ☐	**conserve** [kənsə́ːrv]	他 を大切に使う，を保護する
1278 ☐	**low-cost** [lóukɔ́ːst]	形 低費用の
1279 ☐	**lower** [lóuər]	他 を下げる，を下ろす 類 reduce
1280 ☐	**upgrade**★ 動 [ʌ̀pgréɪd, ⌣⌣] 名 [ʌ́pgrèɪd, ⌣⌣]	他 の品質をよくする，をアップグレードする，を改良する 名 アップグレード，改良
1281 ☐	**second-hand** [sékəndhǽnd]	形 中古の 類 used

☐ ターゲット文を言った
☐ ロールプレイの練習をした

1282 ☐	**low-priced** [lóupráist]	形 低価格の，安価な
1283 ☐	**coordinate** [kouɔ́:rdənèit]	自（～と）連携〔協調，調和〕する〈with〉 他（複数の物・事）を調整する
1284 ☐	**internally** [intə́:rnli]	副 内部で，内部に
1285 ☐	**proposal**★ [prəpóuzl]	名 提案；申し込み 派 **propóse** 他 を提案する 自 結婚を申し込む

Words & Phrases

ℓ.6 switch to ～「～に切り替える」

ℓ.7 save「～（金・時間など）を節約する」

ℓ.12 used ones「中古品」 過去分詞の used が ones（= desks and chairs）を修飾している。

100 200 300 400 500 600 700 800 900 1000

More! 基本動詞を使った熟語（1）

1286 ☐ **come about** 〈(特に予想外な）事が〉起こる，生じる 類 happen
How did the accident come about?（なぜ事故は起きたのですか。）

1287 ☐ **come across ～** ～に偶然出会う；（ものや人）をたまたま見つける
I came across my old friend this morning.（今朝，私は旧友に偶然会いました。）

1288 ☐ **come out** 〈本などが〉出版される；〈真実などが〉明るみに出る；〈結果が〉出る
When does his new book come out?（彼の新しい本はいつ出ますか。）

1289 ☐ **come to ...** …するようになる
I came to realize worrying doesn't solve any problems.
（私は，心配しても問題の解決にはならないことがわかるようになりました。）

1290 ☐ **come up with ～** ～（考え，アイディアや解決策など）を思いつく
Did you come up with anything?（何か思いつきましたか。）

1291 ☐ **get over ～** （困難など）を乗り越える；（病気など）から回復する
You've got to get over it.（君はそれを乗り越えなくてはいけないよ。）

1292 ☐ **get through ～** （困難など）を切り抜ける；～を通り抜ける
She got through the difficult situation.（彼女は困難な状況を切り抜けました。）

1293 ☐ **give in** （～に）屈する，降参する〈to〉
We didn't gave in and kept fighting.（私たちはあきらめず，戦い続けました。）

1294 ☐ **give out ～** ～を配る；〈力などが〉尽きる
They're giving out leaflets to passers-by.（彼らは通行人にチラシを配っています。）

1295 ☐ **go ahead** （仕事・話などを）進める〈with〉；〈命令文で〉（許可を表して）どうぞ；お話しください
We will go ahead with this project.（私たちはこのプロジェクトを進めるつもりです。）

1296 ☐ **go by (～)** 〈時間などが〉経過する；～に従う
Time goes by so fast.（時間が経つのはとても早い。）

1297 ☐ **go into ～** （職業など）につく；～に入る；～を（徹底的に）調べる
I'm thinking of going into business.（私は実業界に入りたいと思っています。）

1298 ☐ **go on** （～を）続ける〈with〉；（…し）続ける〈...ing〉；〈事・状況が〉続く
I'll go on with my work after lunch.（私は昼食後に仕事を続けるつもりです。）

92 Keep contact with all your old friends.

☑☑ 同窓会報を読む

Q Who is doing genetic research at UC Berkeley? (→ p.303)

Hey Class of 2015! It's time to **catch up with** your high school friends! What are they doing now? Amy Smith, who **used to** write for our school newspaper, became an **editor** for a fashion magazine. Paula Welsh, the "science whiz," is **currently** doing **genetic** research at UC Berkeley. Michele Evers is a **secretary** in the **county treasurer**'s office. And Paulette Chavez **works for** a travel **agency** in San Francisco.

And remember Sister Beatrice? She played such an important role in our lives. She's retired from teaching now, but helps **immigrant** children in the inner city. Still an inspiration to all of us!

Keep contact with all your old friends. Send us your information, too.

(115 words)

1299	**catch up with ～**	～と久々に会って話す ㊀ **keep up with ～**（～に遅れない）
1300	**used to ...**	かつては…したものだ
1301	**editor** [édətər]	名 編集者 派 **édit** 他 を編集する 派 **edítion** 名 版
1302	**currently** [kə́ːrəntli]	副 現在は 類 **at present** 派 **cúrrent** 形 今の；流通している
1303	**genetic** [dʒənétɪk]	形 遺伝子(学)の 派 **géne** 名 遺伝子
1304	**secretary** [sékrətèri]	名 事務官；秘書
1305	**county** [káunti]	名（アメリカの）郡，（イギリス，アイルランドの）州
1306	**treasurer** [tréʒərər]	名 財務部長，会計係

92 昔の友人みんなと連絡を取り続けましょう。

Q カリフォルニア大学バークレー校で遺伝子研究をしているのは誰ですか。

こんにちは，2015 年の卒業生の皆さん！ そろそろ高校の友人たちと旧交を温める頃ですね！ 皆さんは今どうしているのでしょうか？ エイミー・スミスは私たちの学校新聞に寄稿していましたが，ファッション雑誌の編集者になりました。「科学の天才」だったあのポーラ・ウェルシュは今や，カリフォルニア大学バークレー校で遺伝子研究をしています。ミシェル・エバーズは郡の財務局の事務官です。それからポーレット・シャベズはサンフランシスコの旅行代理店で働いています。

そしてシスター・ベアトリスのことは覚えていますか？ シスターは私たちの人生において，とても重要な役割を果たしてくださいました。今では教職を退いておられますが，都市のスラム街で移民の子どもたちの援助をされているのです。相変わらず私たちみんなの励みになってくださる方ですよね！

昔の友人みんなと連絡を取り続けましょう。私たちにあなたのことも知らせてください！

1307 ☐	**work for ～**	～で働く
1308 ☐	**agency** [éɪdʒənsi]	名 代理店；（行政上の）機関　類 **organization** 派 **ágent**　名 代理人，代理店 real estate agent（不動産業者）
1309 ☐	**immigrant** [ímɪgrənt]	名 移民　反 **emigrant**（（外国への）移民，出国者）
1310 ☐	**keep contact with ～**	～との連絡を保つ

Words & Phrases

- ℓ.1 Class of ～（西暦の年）「～年の卒業生〔同窓生〕」
- ℓ.1 it's time to ...「…する時である」
- ℓ.4 science whiz「科学の天才」whiz は「天才，達人」の意味。
  例：computer whiz「コンピュータの達人」
- ℓ.8 retire from ～「～から退く，～を辞める」
- ℓ.9 inner city　都市の中心部のスラム街を指す。

93 I'm going to give it a try.

☑ ☑ 副業について話す

Q **Why does Mark need to earn a little extra cash?** (→ p.303)

Mark is considering taking a side job.

Mark: Hey, Asami, have you ever thought about taking a side job?

Asami: Personally, no, but the employee **manual** says we're allowed to have a side job if we get **permission** from the company. Anyway, I don't think I'd be able to. My **workload** is too heavy as it is.

Mark: I see. I **happened to** see an **advertisement** the other day for a **job opening** as an online tutor and thought it looked interesting.

Asami: Sounds like you can **make use of** your skills, but it will be **challenging** to **cope with** having both a full-time and a part-time job.

Mark: I think I can manage. My wife and I are expecting a new baby soon, and I'd like to earn a little extra cash. I'm going to **give it a try**.

Asami: Good luck, then, with your work and your family! (144 words)

1311	☐	**manual** [mǽnjuəl]	名 マニュアル，説明書　形 手を使う；手動の
1312	☐	**permission** [pərmíʃən]	名 許可 派 **permít** 他 を許可する　permit ～ to ... (～が…するのを許す)
1313	☐	**workload** [wə́ːrklòud]	名 仕事量
1314	☐	**happen to ...**	たまたま…する
1315	☐	**advertisement** [æ̀dvərtáɪzmənt, ⌐−⌐−]	名 広告，宣伝
1316	☐	**job opening**	求人
1317	☐	**make use of ～**	～を利用する，～を使う

93 試しにやってみるつもりです。

Q マークはなぜ少し臨時収入を稼がなければならないのですか。

マークは副業をしようかと考えています。

マーク：ねえ，アサミ，君は副業をすることについて考えたことはある？

アサミ：個人的にはないけれど，従業員マニュアルには会社からの許可を得れば，副業をすることが許される，と書いてあるわ。いずれにしても，私は自分ができるだろうとは思わないけれど。私の仕事量は今のままでも多すぎるんだもの。

マーク：なるほど。先日，オンライン家庭教師の求人広告をたまたま目にしてね，それでおもしろそうだなと思ったんだよ。

アサミ：あなたの能力を生かすことができそうね。でも常勤の仕事とアルバイトのかけ持ちをうまくこなすのは骨が折れるでしょうね。

マーク：何とかできると思うよ。妻と僕にはもうすぐ赤ちゃんが生まれる予定だから，少し臨時収入を稼ぎたいんだ。試しにやってみるつもりだよ。

アサミ：それなら，あなたの仕事とご家族の幸運を祈るわ！

1318 ☐	**challenging**★ [tʃǽlɪndʒɪŋ]	形 骨の折れる；やりがいがある
1319 ☐	**cope with ～**	～にうまく対処する
1320 ☐	**give it a try**	試しにやってみる

Words & Phrases

ℓ.2 side job「副業」
ℓ.5 as it is「今のままでも，現状でも」

Tips コミュニケーションの潤滑油として，“Good luck with ～!” と状況に応じて言えるように練習しておきましょう。
‘～’に入れる言葉の例：your new job / your exam

1100 1200 1300 1400 1500

☐ターゲット文を言った
☐ロールプレイの練習をした

94 What's new with you?

☑☑ 互いの予定について話す

Q What did Patty and Helen talk about at the coffee shop? (→ p.303)

Patty : Mmm, this cappuccino really **hits the spot**.

Helen : And my cafe latte is just perfect.

Patty : So, **what's new with you?**

Helen : Well, I have some vacation time coming. And I've decided to take a Caribbean cruise.

Patty : What? That is SO **awesome**! Have you done this before?

Helen : No, never. I thought I would just be **adventurous** and **go for it**. **What about you?** Do you have anything you're looking forward to?

Patty : Well, this is a secret. Don't tell anyone back in the office yet. I've been searching for another job, **possibly** in **management**. I have some interviews coming up.

Helen : Really? Don't worry, your secret **is safe with** me. And I hope you find what you're looking for. But I'll miss you.

Patty : Hey, **no matter what happens**, we'll still **make time for** coffee together.

(130 words)

1321 ☐	**hit the spot**	(飲み物や食べ物が) 申し分ない, 満足させる
1322 ☐	**What's new with you?** 💬	変わったことはない?, どうしてる?
1323 ☐	**awesome** [ɔ́:səm]	形 〈口語〉素晴らしい, すごい
1324 ☐	**adventurous** [ədvéntʃərəs]	形 冒険好きな
1325 ☐	**go for it**	頑張る
1326 ☐	**What about you?** 💬	あなたはどうですか。
1327 ☐	**possibly** [pɑ́:səbli]	副 ひょっとしたら 派 **póssible** 形 可能な ; 起こり得る

94 何か変わったことはありますか。

Q パティとヘレンはコーヒーショップで何について話しましたか。

パティ：うーん，このカプチーノは本当に大満足だわ。
ヘレン：それに私のカフェラテといえばまさに申し分ない。
パティ：それで，何か変わったことはある？
ヘレン：それがね，これから休暇をとる予定なの。それでカリブ海の船旅をすることにしたのよ。
パティ：何ですって？ それはすごく素晴らしい！ これまでにそういう船旅をしたことがあるの？
ヘレン：いいえ，一度もないわ。ちょっと冒険好きになって，頑張ろうって思ったの。あなたはどう？ 何か楽しみにしていることはある？
パティ：ええとね，これは秘密よ。事務所に戻ってもまだ誰にも言わないでね。私は別の仕事をずっと探してきたの，もしかしたら管理職の可能性がある。もうすぐいくつか面接があるのよ。
ヘレン：本当に？ 心配しないで，あなたの秘密は誰にも言わない。そしてあなたが探しているものが見つかるといいね。でも寂しくなるな。
パティ：ねえ，たとえどんなことがあっても，今後も私たちが一緒にコーヒーを飲むための時間を作ろうね。

1328 ☑	**management** [mǽnɪdʒmənt]	名 管理者〔経営者〕側；経営，管理 派 **mánage** 他 を経営する；をうまく取り扱う 自 何とかやっていく
1329 ☑	**be safe with ～**	～に任せて安全である
1330 ☑	**no matter what happens**	どんなことがあっても
1331 ☑	**make time for ～**	～の時間を作る，～の都合をつける

Tips ここでは，自分の計画や考えなどを述べてから，“What about you?” と質問をして，会話のキャッチボールをしています。

1100 1200 1300 1400 1500

□ターゲット文を言った
□ロールプレイの練習をした

10 仕事・転職

95 It gives me great pleasure to introduce to you our newest faculty member.

☑☑ 新任教授を紹介する

Q Will Dr. Sarah Adams teach Social Psychology and Women's Studies?

(→ p.303)

Good afternoon, everyone. It gives me great **pleasure** today to **introduce** to you our newest **faculty** member, Dr. Sarah Adams. Sarah has been **hired** as an associate **professor**, and will teach several subjects, including Social Psychology and Women's Studies. She has done considerable **research** on the role of women in **society**. She will assume her official **duties** at the beginning of next month. Right now she and her family are just getting **settled**. I know you will join me in welcoming her to our school. Sarah, would you like to say a few words? (94 words)

1332 ☐	**pleasure** [pléʒər]	名 喜び，満足；喜びを与えるもの My pleasure.（どういたしまして。） It's a pleasure to meet you.（お会いできて光栄です。） 派 **pléase** 他 を喜ばせる 自 好む 1333 ☐ **be pleased with ～** ～に満足している 派 **pléasing** 形 気持ちのよい
1334 ☐	**introduce** [ìntrəd(j)úːs]	他 を紹介する；を導入する 派 **introdúction** 名 紹介；導入
1335 ☐	**faculty** ★ [fǽkəlti]	名 教職員，教授陣；（大学の）学部 Faculty of Law（法学部）
1336 ☐	**hire** ★ [háɪər]	他 を雇う 名 雇用
1337 ☐	**professor** [prəfésər]	名 教授
1338 ☐	**research** ★ [ríːsə̀ːrtʃ, rɪsə́ːrtʃ]	名 研究 自 研究する 類 **study** 派 **reséarcher** 名 研究者
1339 ☐	**society** [səsáɪəti]	名 社会 派 **sócial** 形 社会の，社交の 派 **sóciable** 形 社交的な

95 新任教職員を紹介することを大変うれしく思います。

Q サラ・アダムズ博士は社会心理学と女性学を教えますか。

皆さん，こんにちは。本日は当大学の新任教職員，サラ・アダムズ博士をご紹介できることを大変うれしく思います。サラは准教授として採用されており，これから社会心理学や女性学などいくつかの科目を教えることになります。彼女は，社会における女性の役割についてかなりの研究を行ってきました。正式な職務に就くのは来月頭の予定です。現在，サラとご家族の方々は新しい環境に落ち着きつつある段階です。皆さんにも喜んで彼女を当大学に迎えていただけると思います。サラ，何か一言お願いできますか。

1340 ☐	**duty** [d(j)ú:ti]	名 職務，義務
1341 ☐	**settle** [sétl]	他 を落ち着かせる；を解決する 自 決める；住み着く 派 **séttlement** 名 解決；定住

Words & Phrases

ℓ.3 associate professor「准教授」professor（教授）と assistant professor（助教）の中間の地位。

ℓ.7 be just getting settled「新しい環境に落ち着きつつある段階である」get settled は「落ち着く，居を定める」の意味。

ℓ.7 you will join me in welcoming her to our school　join ~ in ...ing は「~が…するのに加わる」という意味。

Tips 全体は新しい仲間を紹介する際に応用できる内容になっています。①紹介できる喜び，②新しい仲間についての情報，③聴衆への声かけ，④新しい仲間への声かけ，という構成。“ Sarah, would you like to say a few words?” と言ってあいさつを依頼しています。

96 Part-Time Assistant Needed

☑ ☑ 人材募集広告を読む

Q How many hours per week is the job? (→ p.303)

Part-Time Assistant Needed

I'm a British professor at a Japanese university **searching** for a **resourceful** individual to help me with various **administrative** duties, **preparation** of class materials and some Japanese language assistance. Must **possess** the following **qualifications**:

- Have some PC knowledge — capable of using Word, Excel and PowerPoint
- Be able to speak English and Japanese **fluently**
- Be able to **organize** materials effectively

Flexible hours. About 12 to 15 hours per week. Salary **depends on** experience.
If you want to **apply for** this job, please contact Prof. Smith at ABC University in Tokyo. My email address is: smith@abc.ac.jp (100 words)

1342	**search** [sə́ːrtʃ]	自 捜し求める〈for ～を〉 他 を捜す 名 捜索，検索 1343 **in search of ～** ～を捜して
1344	**resourceful** [riːsɔ́ːrsfl, rɪzɔ́ːrsfl]	形 機知に富んだ；資源に富んだ
1345	**administrative** ★ [ədmínəstrèɪtɪv, -trə-]	形 管理の 派 **admínister** 他 を運営する，を管理する 派 **administrátion** 名 管理
1346	**preparation** [prèpəréɪʃən]	名 準備 派 **prepáre** 他 を準備する（to get ready or to make sb/sth ready）
1347	**possess** ★ [pəzés]	他 を所有する 派 **posséssion** 名 所有 1348 **be in the possession of ～** ～に所有されている
1349	**qualification** [kwɑ̀ːləfɪkéɪʃən]	名 技能，資格 派 **quálify** 他 に資格を与える
1350	**fluently** [flúːəntli]	副 流暢に 派 **flúent** 形 流暢な

96 非常勤助手募集

Q その仕事は週何時間ですか。

非常勤助手募集

私は日本の大学のイギリス人教授で，さまざまな管理上の業務や授業用教材の準備，そして多少の日本語の援助といった面で私のお手伝いをしてくださる，機知に富んだ方を求めております。以下の技能を有する方に限ります。

- ある程度のパソコン知識があり，ワード，エクセル，パワーポイントを使うことができること。
- 英語と日本語を流暢に話すことができること。
- 効率的に資料を整理することができること。

フレックスタイム制。週に 12 時間から 15 時間程度の勤務。給与は経験に応じます。この仕事に応募したい方は，東京の ABC 大学のスミス教授までご連絡ください。私のメールアドレスは smith@abc.ac.jp です。

1351 ☐	**organize**★ [ɔ́ːrgənàiz]	他 を整理する，を系統立てる (to put or arrange things into a system or logical order)；を組織する 派 **organizátion** 名 組織，団体
1352 ☐	**depend on ～**	～による；～に依存する
1353 ☐	**apply for ～**	～に応募する，～に申し込む 1354 ☐ **applý** 他 を応用する 自 適用される；申し込む 派 **applicátion** 名 申し込み

Words & Phrases

ℓ.3 help ~ with ...「～が…するのを手助けする」
ℓ.4 Must possess ~「～を有する方に限ります」主語が省略されている。
ℓ.5 the following qualifications「以下の〔次の〕技能」
ℓ.10 flexible hours「フレックスタイム」

1100 1200 1300 1400 1500

☐ ターゲット文を言った

97 I'm ready for a role in leadership.

☑☑ 転職の面接を受ける

Q Why is good communication important for a leader? (→ p.303)

Aika is interviewing for a job at a video game company.

Interviewer: Your **CV** is very impressive, Ms. Yoshida. You seem very **qualified for** the **position**.

Aika: Thank you. I've worked on game software development teams for five years. I think I'**m ready for** a role in **leadership**.

Interviewer: Let's talk about your **personal strengths**. What **characteristics** would make you a good leader?

Aika: Well, I always **pay attention to** detail. Also, I believe in good **communication**. It helps to avoid **misunderstandings** and creates a more positive work environment.

Interviewer: Excellent. Now, let's talk about your **weaknesses**. Are there any areas where you feel you should improve?①

Aika: Oh, yes. In the past, I always wanted things to be **perfect**. That slowed me down sometimes. I'm learning to organize my time better.

Interviewer: That would be definitely helpful for meeting **deadlines**.② Well, thank you very much for coming in today. We will be in touch within a week.

(151 words)

1355 ☐	**CV** [síːvíː]	名 履歴書（curriculum vitae の略）
1356 ☐	**be qualified for ～**	～にふさわしい；～の資格を有する
1357 ☐	**position** ★ [pəzíʃən]	名 職，地位；位置；姿勢
1358 ☐	**be ready for ～**	～の準備ができている
1359 ☐	**leadership** [líːdərʃɪp]	名 指導者の地位；リーダーシップ
1360 ☐	**personal** [pə́ːrsənl]	形 個人的な，個人の持つ

100 200 300 400 500 600 700 800 900 1000

97 私はリーダーの立場の役割を担う準備ができています。

Q リーダーにとって良好な意思疎通はなぜ大事なのですか。

アイカは，あるビデオゲームの会社で就職の面接を受けています。

面接官：あなたの履歴書はたいへん素晴らしいですね，ヨシダさん。きわめてこの職に適任のようです。

アイカ：ありがとうございます。私はゲームのソフトウェア開発チームに5年間従事してきました。リーダーの立場の役割を担う準備はできていると思います。

面接官：あなた個人の強みについて話しましょう。あなたが優れたリーダーになるとしたら，どのような特性によるでしょうか。

アイカ：そうですね，私は常に細部に注意を払います。さらに，良好な意思疎通を大事に考えています。それが誤解を避けて，さらに前向きな職場環境を作り出すのに役に立つからです。

面接官：素晴らしいですね。それでは，あなたの弱点について話しましょう。ご自身が改善すべきだと感じていらっしゃる領域はありますか。

アイカ：ええ，はい。これまでは，私はいつも物事が完璧であってほしいと思っていました。そのことでときどき自分のペースを落としてしまったのです。もっと上手に自分の時間を調整することを学んでいます。

面接官：それは締切を守るのに間違いなく役に立つでしょうね。それでは，本日はお越しいただき，大変ありがとうございました。1週間以内にご連絡を差し上げます。

1361 ☐	**strength** [stréŋkθ]	名 強み，長所；力；体力
1362 ☐	**characteristic** [kèrəktərístɪk, kær-]	名 特徴，特質
1363 ☐	**pay attention to ～**	～に注意を払う
1364 ☐	**communication** [kəmjù:nəkéɪʃən]	名 コミュニケーション，意思の疎通 派 **commúnicate** 自 情報を伝え合う
1365 ☐	**misunderstanding** [mɪ̀sʌndərstǽndɪŋ]	名 誤解
1366 ☐	**weakness** [wí:knəs]	名 弱点，欠点；弱さ

1100 1200 1300 1400 1500

☐ターゲット文を言った
☐ロールプレイの練習をした

1367 ☐	**perfect** 形 [pə́ːrfɪkt] 動 [pərfékt]	形 完璧な，完全な 他 を完全にする
1368 ☐	**deadline**★ [dédlàɪn]	名 締切

Words & Phrases

ℓ.14 organize my time「自分の時間を調整する」

ℓ.17 come in「来る」面接などの約束があってやって来るというニュアンスがある。

ℓ.17 be in touch「連絡をとる」

Tips ① 面接でよく聞かれる質問です。他には "What are your weak points?" または "What are your weaknesses?" などと聞かれるので、準備をして面接に臨むといいでしょう。

② 緊張している時に，このようなポジティブな声かけをされたら安心するでしょう。

MEMO

98 I don't think we've met.

☑☑ 新しい従業員に話しかける

Q How long has Ahmad been in Japan? (→ p.303)

Emi and Ahmad meet for the first time in their company break room.

Emi: Hello, I don't think we've met. I'm Emi. I'm in charge of payroll.

Ahmad: Nice to meet you, Emi. I'm Ahmad. I'm the new salesperson from Jakarta. I'll be working with our Southeast Asian customers.

Emi: Excellent! Welcome aboard. I heard that we hired someone from Indonesia. I've been to Bali twice. It's so beautiful there. I hope to visit Jakarta sometime.

Ahmad: Jakarta is very nice, too. It has many historical attractions.

Emi: How are you adjusting to life in Japan, Ahmad?

Ahmad: So far, so good. I've only been here for a couple of weeks, so I'm still familiarizing myself with everything.

Emi: It's a big transition. Let us know if we can help with anything.

(125 words)

1369 ☐	**be in charge of ～**	～の責任者〔担当者〕である
1370 ☐	**payroll**★ [péɪròʊl]	名 給与支払業務，給与支払名簿
1371 ☐	**salesperson** [séɪlzpə̀ːrsn]	名 販売員，営業スタッフ
1372 ☐	**customer** [kʌ́stəmər]	名 (商店・企業の) 顧客
1373 ☐	**Welcome aboard.**	我が社へようこそ。；ご搭乗ありがとうございます。 ※新メンバーや乗客を迎える時の表現。
1374 ☐	**twice** [twáɪs]	副 2回，2度；2倍
1375 ☐	**historical** [hɪstɔ́ːrɪkl]	形 歴史的な，歴史の

98 お会いするのは初めてですね。

Q アハマドは日本に来てどれくらいですか。

エミとアハマドは会社の休憩室で初めて会います。

エミ：こんにちは。お会いするのは初めてかしら。私はエミです。私は給与支払業務を担当しています。

アハマド：はじめまして，エミ。僕はアハマドです。ジャカルタから来た新任の営業スタッフです。東南アジアの顧客を担当することになっています。

エミ：素晴らしいですね！ 我が社へようこそ。インドネシアから人を採用したと聞きました。私はバリに２回行ったことがありますよ。あそこはとても美しいですね。ジャカルタをいつか訪ねてみたいです。

アハマド：ジャカルタもとてもすてきですよ。歴史的名所がたくさんありますからね。

エミ：日本の生活にはどんなふうに慣れていっていますか，アハマド？

アハマド：今のところは順調です。ここに来て数週間しかたっていないので，まだすべてのことになじもうとしているところです。

エミ：大きな変化だものね。手伝えることは何でも私たちに言ってくださいね。

1376	**attraction** [ətrǽkʃən]	名 興味・関心を呼ぶ物・場所；魅力 派 **attráct** 他 を引きつける
1377	**So far, so good.**	今のところ順調です。
1378	**a couple of ～**	２，３の～，いくつかの～
1379	**familiarize oneself with ～**	～になじむ，～に慣れ親しむ
1380	**transition**★ [trænzíʃən]	名 変化，変遷

Tips エミは新任のアハマドに，エミだけではなくスタッフみんなに気楽に頼ってほしいという気持ちを伝えるために，“Let us know if we can help with anything.”（お手伝いできることがあれば，私たちに何でも言ってください。）と伝えています。

1100 1200 1300 1400 1500

□ターゲット文を言った
□ロールプレイの練習をした

99 I'm in.

☑☑ 社員研修について話す

Q **What event is the company planning for employees?** (→ p.303)

Anita: Have you heard about the **corporate retreat** the company will have in June? Are you planning to go?

Brad: I'm not sure yet.

Anita: Well, I really enjoyed it last year. I got to know my **co-workers** better. We did **team-building** activities that helped us when we returned to our **workplace**.

Brad: I see.

Anita: Our communication with each other improved a lot and, **overall**, we seemed to work together better. The retreat **enhanced** a sense of **cooperation** among all of us. **Most of all**, we just had so much fun.

Brad: That's interesting. You know, my friend said that they had a scavenger hunt and a barbecue on the beach. Is it like that?

Anita: Yes, just like that.

Brad: OK. **I'm in.**

Anita: I think you would **have a blast**.

Brad: I agree. Do I need to bring anything?

Anita: Just bring yourself and your friendly smile. (139 words)

1381 ☐	**corporate retreat**	研修旅行；社員旅行 ※ company retreat とも言う。
1382 ☐	**co-worker** [kóuwə̀ːrkər]	名 同僚
1383 ☐	**team-building** [tíːm bìldɪŋ]	名 チームビルディング（協働する集団を構築すること）
1384 ☐	**workplace** ★ [wə́ːrkplèɪs]	名 職場
1385 ☐	**overall** ★ 副 [òuvərɔ́ːl] 形 [´ `]	副 全体として，全般的に言えば 形 総合の，全体の
1386 ☐	**enhance** ★ [ɪnhǽns, en-]	他 を高める，を向上させる

100 200 300 400 500 600 700 800 900 1000

99 参加します。

Q 会社は従業員のために何の行事を計画していますか。

アニータ：会社が6月に開催する予定の社員研修について聞いた？ あなたは行くつもり？
ブラッド：まだわからないですね。
アニータ：えーと，私は去年とても楽しんだわ。同僚とより仲よくなれたし。私たちはチームビルディングの活動を行って，それが職場に戻った時に役立ったのよ。
ブラッド：なるほど。
アニータ：お互いのコミュニケーションもすごく向上して，全体的に見て，よりよく協力して取り組んだように思えた。その研修が，私たちみんなの協力意識を高めてくれたのよ。何よりも，私たちはとにかくとても楽しんだの。
ブラッド：それは興味深いですね。えーと，スカベンジャーハントや海岸でのバーベキューをしたと友人が言っていました。そんな感じですか。
アニータ：えぇ，まさにそんな感じよ。
ブラッド：わかりました。参加します。
アニータ：きっととても楽しい経験をすると思う。
ブラッド：そうですよね。何か持っていく必要がありますか。
アニータ：あなた自身と優しい笑顔を持っていくだけでいいわよ。

1387 ☐	**cooperation** ★ [kouὰ:pəréiʃən]	名 協力，協同 派 **coóperate** 自 協力する
1388 ☐	**most of all**	とりわけ，中でも
1389 ☐	**I'm in.**	参加します。 反 **I'm out.**（やめておく。） ※カジュアルな表現。
1390 ☐	**have a blast**	とても楽しい経験をする，盛り上がる

Words & Phrases

ℓ.1 retreat「退却，撤退；隠れ家，保養所」会社の行事としては「(会社から離れて会社の仲間と過ごす）研修〔合宿〕」というような意味で使われている。

ℓ.12 scavenger hunt「スカベンジャーハント」与えられた時間内に，一覧表にあるものを買わずに集めてくるゲーム。scavenger とは「ごみをあさる人」の意味。

1100 1200 1300 1400 1500

☐ターゲット文を言った
☐ロールプレイの練習をした

Quiz Chapter 10

空所にあてはまる単語を選びましょう。

【1】

Ann : OK. Please share the results of your brainstorming session. What are some (1) ideas that we can (2) immediately?

Paul : Well, we can ask our vendors for better prices on office supplies. Why not negotiate a (3) by buying in bulk? If they don't agree, we can switch to other vendors.

(1) (a) cost-saving (b) face-to-face (c) low-priced (d) second-hand
(2) (a) conserve (b) enhance (c) implement (d) settle
(3) (a) cooperation (b) discount (c) duty (d) research

【2】

Hey Class of 2015! It's time to catch up with your high school friends! What are they doing now? Amy Smith, who used to write for our school newspaper, became (1) for a fashion magazine. Paula Welsh, the "science whiz," is (2) doing genetic research at UC Berkeley. Michele Evers is a secretary in the county treasurer's office. And Paulette Chavez works for a travel (3) in San Francisco.

(1) (a) an editor (b) an immigrant (c) a professor (d) a trainer
(2) (a) currently (b) fluently (c) internally (d) overall
(3) (a) agency (b) edition (c) gym (d) market

Answers

【1】 No.91 参照

(1) (a) (2) (c) (3) (b)

【2】 No.92 参照

(1) (a) (2) (a) (3) (a)

【3】

I'm a British professor at a Japanese university searching for a (1) individual to help me with various administrative duties, (2) of class materials and some Japanese language assistance. Must (3) the following qualifications.

(1) (a) challenging	(b) historical	(c) relaxing	(d) resourceful
(2) (a) faculty	(b) pleasure	(c) preparation	(d) transition
(3) (a) hire	(b) possess	(c) review	(d) upgrade

【4】

Interviewer : Your CV is very impressive, Ms. Yoshida. You seem very qualified for the position.

Aika : Thank you. I've worked on game software development teams for five years. I think I'm ready for a role in (1).

Interviewer : Let's talk about your (2). What characteristics would make you a good leader?

Aika : Well, I always pay attention to detail. Also, I believe in good communication. It helps to avoid (3) and creates a more positive work environment.

(1) (a) deadline (b) corporate retreat
(c) leadership (d) workload

(2) (a) duties (b) personal strengths
(c) personal weaknesses (d) qualifications

(3) (a) co-workers (b) manuals
(c) misunderstandings (d) modifications

【3】 No.96 参照

(1) (d) (2) (c) (3) (b)

【4】 No.97 参照

(1) (c) (2) (b) (3) (c)

100 I see what you mean.

☑☑ 善意の示し方について話す

Q **Why does Paul say it is better to give money to charitable organizations?**
(→ p.304)

Nami and Paul are discussing a recent social trend.

Nami: Have you heard about the recent trend where **strangers** pay for other people's things? Like at the grocery store, someone will pay for the next person in line.

Paul: You mean paying it forward, right? I've read about it.① It sounds like a fun way to be **generous**. And I'm sure the **recipients** are **grateful**. What do you think?

Nami: I'm not so sure. I mean, it's a nice gesture, but I don't think we should **assume** someone needs our help. I would most likely **be annoyed** and a little **suspicious** if someone offered to pay for me.

Paul: I see what you mean.② It's probably better to donate to charitable **organizations instead**. They're able to **identify** which people are the **neediest** and help them **accordingly**.

Nami: Exactly. That way we can be confident our money is **going toward** a good cause.

(147 words)

1391 ☐	**stranger** [stréɪndʒər]	名 知らない人
1392 ☐	**generous** ★ [dʒénərəs]	形 寛大な，気前のよい；〈物などが〉たくさんの 反 **stingy** 派 **generósity** 名 寛大さ，気前のよさ
1393 ☐	**recipient** ★ [rɪsípiənt]	名 受取人；レシピエント
1394 ☐	**grateful** [gréɪtfl]	形 ありがたく思う，感謝する
1395 ☐	**assume** ★ [əs(j)úːm]	他 〈assume (that) ... で〉…だと思い込む〔想定する〕 派 **assúmption** 名 想定，仮定

100 200 300 400 500 600 700 800 900 1000

100 あなたの言いたいことはわかります。

Q ポールはなぜ慈善団体にお金を渡すほうがいいと言っているのですか。

ナミとポールは最近の社会的傾向について話し合っています。

ナミ：見ず知らずの人たちが他の人たちの物の代金を支払うという，最近の傾向について，あなたは聞いたことがある？ 例えば食料品店で，誰かが次に並んでいる人の食品の代金を払おうとするようなことよ。

ポール：つまり恩送りをするということだね。それについては読んだことがあるよ。寛大であるための楽しいやり方，という感じだね。しかも受け取った人がありがたく思うのは間違いないし。君はどう思う？

ナミ：よくはわからないわ。つまりね，それは粋な計らいだけれど，誰かが私たちの助けを必要としている，と思い込むべきだとは思わないの。もし誰かが私の分の代金を支払うと申し出たら，私ならきっと嫌な気持ちになったり，ちょっと疑い深く思ったりするでしょうね。

ポール：君が言いたいことはわかるよ。その代わりに，慈善団体に寄付するほうがおそらくいいだろうね。そうした団体は，どの人たちが最も困窮しているのかを見きわめて，それに応じて彼らを支援することができるから。

ナミ：その通りね。その方法なら，私たちは自分たちのお金が大義のために使われることになると確信できるわ。

1396 ☐	**be annoyed**	気分を害する，いらいらする 1397 ☐ **annóy** 他 をいらいらさせる 派 **annóying** 形（人を）いらいらさせる，嫌な
1398 ☐	**suspicious** [səspíʃəs]	形 疑わしい 派 **suspect** 他 を怪しいと思う 名 容疑者
1399 ☐	**organization** [ɔ̀ːrɡənəzéɪʃən]	名 団体，組織 派 **órganize** 他 を整理する，を系統立てる；を組織する
1400 ☐	**instead** [ɪnstéd]	副 その代わりに
1401 ☐	**identify** [aɪdéntəfàɪ, ɪdén-]	他 を特定する，を確認する（to recognize someone or something and say who or what they are） 派 **identificátion** 名 身元確認；身分証明（書）

1100 1200 1300 1400 1500

☐ターゲット文を言った
☐ロールプレイの練習をした

1402 ☐	**needy** [níːdi]	形 貧しい，困窮している ※ the needy で「貧しい人々」。the poor の婉曲表現。
1403 ☐	**accordingly** ★ [əkɔ́ːrdɪŋli]	副 それに応じて
1404 ☐	**go toward ～**	〈金が〉～のために使われる

Words & Phrases

ℓ.4 in line「列になって，並んで」

ℓ.5 pay it forward「恩送りをする」 誰かから受けた恩を別の人に送ること。

ℓ.8 a nice gesture「気の利いた行為，粋な計らい」 gesture は意思を伝える行為のこと。人に対して It's a nice gesture. と言うと「気が利いているね」というほめ言葉になる。

ℓ.9 most likely「ほぼ確実に」

ℓ.11 donate to ～「～に寄付する」

ℓ.11 charitable「慈善の（ための）」

ℓ.15 good cause「正当な理由，大義」

Tips ① "I've read about it." と伝えることで，その話題について読んだことがあり，関心があることが伝わるでしょう。

② 最初，ポールとナミは意見が違いましたが，ポールはナミの話を聞いて "I see what you mean." と伝えました。相手の話を理解した上で意見を述べると，話し合いが深まります。

100 200 300 400 500 600 700 800 900 1000

More! 基本動詞を使った熟語（2）

1405 **keep up with ～**　（遅れないで）～について行く；～と連絡をとり続ける

He tries to **keep up with** the current events.
（彼は最新の出来事に遅れずについていこうとしています。）

1406 **look up to ～**　～を尊敬する

I've always **looked up to** her as a role model.
（私はいつも彼女をロールモデルとして尊敬しています。）

1407 **make up for ～**　（不足など）を埋め合わせる

I'm sorry. Please let me **make up for** it somehow.
（ごめんなさい。何らかの方法でその埋め合わせをさせてください。）

1408 **make up one's mind**　（…しようと）決心する〈to *do*〉

Both look good — I can't **make up my mind**.（どちらもよさそうで，決心がつかない。）

1409 **put down ～**　（考え・名前など）を書き留める；～を下に置く

Please **put** your name **down** on the list.（リストにお名前を書いてください。）

1410 **put off ～**　～を延期する

They **put off** the meeting till tomorrow.（彼らは会議を明日に延期しました。）

1411 **take away ～**　（痛み・食欲）を取り除く；～を片付ける；～を取り上げる〈from〉

The news **took away** my appetite.（その知らせを聞いて食欲がなくなりました。）

1412 **take in ～**　～をだます；～を取り入れる；～を理解する

Don't be **taken in** by his words.（彼の言葉にだまされないで。）

1413 **take over ～**　～を引き継ぐ

I **took** the business **over** from my grandfather.（私は祖父から事業を引き継ぎました。）

1414 **take the place of ～ / take one's place**　～の代わりをする，～に取って代わる

My boss couldn't attend the meeting so I **took her place**.
（上司が会議に出られなかったので，私が彼女の代わりを務めました。）

101 As a matter of fact, I'm interested in volunteering.

☑☑ ボランティアについて話す

Q How often is the Rescue Squad planning to hold blood drives? (→ p.304)

Jeff: Hey, Betty. What's that shirt you're wearing?

Betty: It's for the **annual** blood drive by the Rescue Squad, a **charity** group that gives **first aid**. We invite people to give blood so it can be used **in the event of** an **earthquake** or other natural **disaster**.

Jeff: I didn't know you volunteered with them. What do you do?

Betty: I work at the **registration** desk, **taking down** the names and addresses of people who donate. And I **hand out** juice and **refreshments**.

Jeff: As a matter of fact, I'm interested in volunteering. Can I join?

Betty: Sure! The Rescue Squad is planning to hold blood drives every month, so they'll need more volunteers. **Sign up**! (110 words)

1415 ☐	**annual**★ [ǽnjuəl]	形 年に1度の annual checkup（年に1度の健康診断） 派 **ánnually** 副 年に1度；毎年
1416 ☐	**charity** [tʃérəti]	名 慈善（事業）
1417 ☐	**first aid**	救急処置 1418 ☐ **áid** 名 援助 他 を援助する
1419 ☐	**in the event of ～**	～の際に
1420 ☐	**earthquake** [ə́ːrθkwèɪk]	名 地震
1421 ☐	**disaster** [dɪzǽstər]	名 災害，惨事 natural disaster（自然災害）
1422 ☐	**registration** [rèdʒəstréɪʃən]	名 登録 派 **régister** 他 を記録する 自 登録する
1423 ☐	**take down ～**	～を書き留める，～を記録する

101 実を言うと，ボランティアに興味があります。

Q レスキュースクワッドは献血イベントをどのくらいの頻度で開こうとしていますか。

ジェフ：あれ，ベティ。君が着ているそのシャツは何？

ベティ：これはね，救急処置を施す慈善団体のレスキュースクワッドが開催する，年に１度の献血イベントのものよ。私たちは，地震やその他の自然災害の際に使えるように，人々に献血を呼びかけるの。

ジェフ：君があの団体でボランティアをしているとは知らなかったよ。どういうことをしているの？

ベティ：私は登録受付所で働いていて，献血をしてくれる人たちの名前や住所を書き留めているわ。そしてジュースや茶菓を手渡すのよ。

ジェフ：実を言うと，僕はボランティアに興味があるんだ。参加できるかな？

ベティ：もちろんよ！ レスキュースクワッドは毎月献血イベントを開こうと計画しているから，ボランティアがさらに必要になるわ。登録してね！

1424	**hand out ～**★	～を配布する
1425	**refreshment** [rɪfréʃmənt]	名 茶菓，軽食 派 **refrésh** 他 を活気づける 自 元気を回復する
1426	**sign up**	入会手続きをする

Words & Phrases

ℓ.2 blood drive「献血イベント」

ℓ.2 Squad ここでは固有名詞なので大文字になっている。「隊，チーム」の意味。

Tips ベティの T シャツをきっかけに会話を始めたジェフは，“As a matter of fact” と気持ちを打ち明けました。ベティは “Sure! ... Sign up!” と温かく受け入れ，ボランティアの必要性を説き，ジェフの次なる行動につながるような声かけをしました。会話上手な２人です。

1100 1200 1300 1400 1500

□ターゲット文を言った
□ロールプレイの練習をした

102 Would you be willing to help out by making a small donation?

☑☑ 寄付のお願いをする

Q How much does Makoto need? (→ p.304)

Good afternoon. My name is Makoto Ishikawa. I am one of a group of Japanese university students who are going to do **volunteer** work in Africa for one year. We will be offering **assistance** to children who have **been infected with** the HIV virus. In many **cases**, the children have been **abandoned** by their families, or their parents are dead. In order to take part in this program, I must collect enough **funds** to pay my own travel and living **expenses** — **approximately** $7,000. **Would you be willing to help out** by making a small **donation**? Thank you for your **generosity**!

(100 words)

1427 ☐	**volunteer** [vɑ̀ːləntíər]	名 ボランティア 派 **vóluntary** 形 自発的な
1428 ☐	**assistance** [əsístəns]	名 援助 派 **assíst** 他 を助ける 自 援助する，助ける
1429 ☐	**be infected with ～**	～に感染している 1430 ☐ **inféct** 他 に感染させる 派 **inféction** 名 感染
1431 ☐	**case** [kéɪs]	名 場合 1432 ☐ **in any case** とにかく 1433 ☐ **in no case** いかなる場合でも…ない
1434 ☐	**abandon** [əbǽndən]	他 を捨てる（to leave sb/sth that you are responsible for） 類 **give up ～** 派 **abándoned** 形 見捨てられた
1435 ☐	**fund** ★ [fʌ́nd]	名 資金，基金 他 に資金を供給する 類 **finance**
1436 ☐	**expense** ★ [ɪkspéns, eks-]	名 費用，経費 living expense（生活費） 1437 ☐ **at the expense of ～** ～を犠牲にして 派 **expénsive** 形 高価な

100 200 300 400 500 600 700 800 900 1000

102 少額の寄付をすることで，どうか手助けをお願いできませんか。

Q マコトはいくら必要としていますか。

こんにちは。私の名前はイシカワ・マコトです。アフリカで一年間，ボランティアの仕事をすることになっている日本人大学生のグループのメンバーです。我々はHIVウイルスに感染した子どもたちに援助を提供します。多くの場合，子どもたちは家族に見捨てられてしまったか，あるいは親が亡くなっています。このプログラムに参加するには，自分の渡航や生活の費用である約7,000ドルを支払えるだけの資金を集めなければなりません。少額の寄付をすることで，どうか手助けをお願いできませんか。ご厚意に感謝いたします！

1438 ☑	**approximately**★ [əprɑ́:ksəmətli]	副 約，だいたい 類 **roughly** 派 **appróximate** 形 おおよその
1439 ☑	**Would you be willing to ...?**	どうか…してくださいませんか。 ※とても丁寧な依頼表現。
1440 ☑	**help out**	（難しい状況で）手伝う，援助する
1441 ☑	**donation** [dounéiʃən]	名 寄付，寄贈 派 **dónate** 他 を寄付する 自 寄付する 派 **dónator** 名 寄付者
1442 ☑	**generosity** [dʒènərɑ́:səti]	名 気前のよさ，寛大さ 派 **générous** 形 気前のよい；たっぷりの

Words & Phrases

ℓ.3 children who have been infected with the HIV virus「HIVウイルスに感染した子どもたち」

ℓ.5 in order to ...「…するために」

ℓ.8 make a (small) donation「（少額の）寄付をする」

103-1 I wanted to tell you the latest about Mandy.

☑☑ 手紙を書く

Q Did Mandy enjoy the attention from the elderly patients? (→ p.304)

Dear Mom,

I wanted to tell you the **latest** about Mandy. You know what a faithful and **devoted** companion she's been to me over the years. Well, I **recently** read about "therapy dogs" helping others. So I **decided** to train her to become one. She learned quickly, and this Saturday we visited the nursing care **facility** in our **neighborhood**. You should have seen the effect that she had on the elderly **patients** there. Everyone was **genuinely** delighted, and wanted a chance to interact with her. And Mandy loved all the attention, too. I think we are going to go there again in a few weeks from now.

Well, I'll write to you again soon. I hope everything is fine with you. Please take care.

Love,
Maria (and Mandy, too)

(129 words)

1443 ☐	**latest** [léɪtɪst]	形 最新の，〈the latest で〉最新ニュース
1444 ☐	**devoted** [dɪvóʊtɪd]	形 献身的な，熱心な 派 **devótion** 名 献身 派 **devóte** 他 をささげる
1445 ☐	**recently** [ríːsntli]	副 最近 派 **récent** 形 最近の 類 **latest**
1446 ☐	**decide** [dɪsáɪd]	他 と決める 類 **determine, conclude** 派 **decísion** 名 決定 派 **decísive** 形 決定的な
1447 ☐	**facility** ★ [fəsíləti]	名 施設，設備 派 **facílitate** 他 を容易にする，を促進する
1448 ☐	**neighborhood** ★ [néɪbərhùd]	名 近所；近所の人々 派 **néighbor** 名 近所の人

103-1 マンディーに関する最新ニュースを報告したかったのです。

Q マンディーはお年寄りの患者から注目されることを楽しみましたか。

親愛なるママへ

マンディに関する最新ニュースを報告したかったの。何年もあの子が忠実で献身的な友達でいてくれていることは知っているでしょう。それで最近，人を助ける「セラピードッグ」について読んだの。そこでマンディをセラピードッグにするために訓練しようと決めたのよ。マンディは飲み込みが早くて，この間の土曜日には近所の介護施設に行ってきたの。そこにいるお年寄りの患者さんたちにあの子が与えた影響をママにも見せたかったわ。みんなは心から喜んでくれて，マンディと触れ合いたがったの。しかも，マンディもみんなに注目されてとてもうれしがっていた。これから数週間のうちに，私たちはもう一度あそこに行くつもりよ。

じゃあ，またすぐお手紙書くわね。ママのほうはすべて順調だといいけれど。身体を大事にしてね。

愛を込めて
マリア（それにマンディもね）

1449 ☐	**patient** [péɪʃənt]	名 患者　形 忍耐強い　反 **impatient** 派 **pátience**　名 忍耐（力），我慢 派 **pátiently**　副 辛抱強く
1450 ☐	**genuinely** [dʒénjuɪnli]	副 本当に，心から 派 **génuine**　形 本物の；誠実な

Words & Phrases

ℓ.6 you should have seen の 'should + have +過去分詞' は「…すべきだった（にもかかわらずしなかった）」の意味。

ℓ.9 in a few weeks from now「これから数週間のうちに」'in +期間' で「（今から）～後に」という意味。ここでは「～たたないうちに」の意味で用いられている。

☐ターゲット文を言った

103-2 I'm so proud of you.

☑☑ 手紙の返信を書く

Q Does Maria's mom think that Maria's experience will be rewarding? (→ p.304)

Dear Maria,

Thanks for your letter. It was good to hear from you. You never **cease** to **amaze** me. What an **innovative** idea for you and that **precious** dog of yours to donate your time to help others! I can just imagine the nursing home patients' enthusiastic **reaction** to Mandy. It must be a real boost to their morale. You're also helping them stay **alert** and **active**. I'm sure it will be a really **rewarding** experience for you, and that you will have an **impact** on the lives of so many people. I'**m** so **proud of** you.

All is fine here at home. Dad sends his love, too.

As always,
Mom

(111 words)

1451 ☑	**cease** [síːs]	他 をやめる，を中止する 自 やめる 類 **stop**
1452 ☑	**amaze** [əméɪz]	他 を驚かせる 派 **amázing** 形 見事な，驚くべき 派 **amázingly** 副 驚くほど
1453 ☑	**innovative**★ [ínəvèɪtɪv]	形 画期的な，革新的な 派 **ínnovate** 自 刷新する 他 を取り入れる 派 **innovátion** 名 革新 派 **ínnovator** 名 改革する人
1454 ☑	**precious** [préʃəs]	形 大切な，貴重な
1455 ☑	**reaction** [riǽkʃən]	名 反応 派 **reáct** 自 反応する
1456 ☑	**alert**★ [əlɜ́ːrt]	形 機敏な；油断なく気を配っている 他 に警報を出す

103-2 あなたをとても誇りに思います。

Q マリアの母親は，マリアの経験はやりがいがあると考えていますか。

愛するマリアへ

お手紙ありがとう。お便りをもらってうれしかったわ。あなたは決してママを驚かせるのをやめないのね。あなたとあなたの大切な犬にとって，人助けに時間をささげるとは，なんて画期的な考えなんでしょう。介護施設の患者さんたちがマンディに熱烈に反応してくれるのがはっきりと目に浮かびます。患者さんたちの気力を大いに高めているのでしょうね。あなたも患者さんたちが機敏で活発にいられるように力を貸しているのね。それはあなたにとってまぎれもなくやりがいのある経験となるでしょうし，あなたは多くの人々の人生に影響を与えるでしょうね。あなたをとても誇りに思うわ。

こちらはすべて順調です。パパも愛しているって。

またね
ママ

1457 ☑	**active** [ǽktɪv]	形 活動的な 派 **actívity** 名 活動 intellectual activity（知的活動） 派 **áctivate** 他 を作動させる
1458 ☑	**rewarding** [rɪwɔ́ːrdɪŋ]	形 やりがいがある 派 **rewárd** 名 報酬 他 に報いる；に報酬を与える
1459 ☑	**impact**★ 名[ímpækt] 動[ɪmpǽkt, ＿＿]	名 影響 類 effect 他 に影響を与える 類 affect 自 影響を与える
1460 ☑	**be proud of ～**	～を誇りに思う

Words & Phrases

ℓ.2 hear from ～「～から連絡をもらう」

ℓ.9 All is fine here at home.「こちらはすべて順調です。」all をひとまとまりでとらえているので，all を受ける be 動詞は are でなく is となる。

104 We especially welcome new members and volunteers.

☑☑ 団体の紹介をする

Q **What is the goal of *Adopt A Pet*?** (→ p.304)

ABOUT US

Adopt A Pet is a **private** organization that is **dedicated** to the **rescue**, care and adoption of homeless pets.

Adopt A Pet was **founded** in 1981, when a group of **concerned** citizens came together to deal with the problem of unwanted pets in our **community**. We provide animals with **temporary** loving homes, with the goal of placing them in carefully-screened **permanent** homes. It is our **policy** never to allow an animal to be killed unless it is **suffering from** an incurable illness. We **make no exceptions**.

Adopt A Pet is open every day 10:00 a.m.-5:00 p.m.. Please stop by for a visit or call us at (800) 123-4567. We especially welcome new members and volunteers. Contact us!

(117 words)

1461 ☐	**private** [práɪvət]	形 民間の；私用の，私有の 派 **prívacy** 名 プライバシー
1462 ☐	**dedicate** [dédəkèɪt]	他（時間・精力など）をささげる dedicate oneself to ～（～に専念する）
1463 ☐	**rescue** [réskjuː]	名 救出，救助 rescue party（救助隊） 他 を救出〔救助〕する
1464 ☐	**found** [fáʊnd]	他 を設立する，を創設する 派 **foundátion** 名 設立
1465 ☐	**concerned** [kənsə́ːrnd]	形 関心を持った，懸念した 1466 ☐ **be concerned about ～** ～について心配である
1467 ☐	**community** [kəmjúːnəti]	名 地域社会
1468 ☐	**temporary** [témpərèri]	形 一時的な，臨時の temporary job（臨時の仕事）
1469 ☐	**permanent**★ [pə́ːrmənənt]	形 永久の 派 **pérmanently** 副 永久に

104 特に新会員やボランティアの方々を歓迎します。

Q 「ペットを引き取ろう」の目標は何ですか。

当団体について

「ペットを引き取ろう」は，飼い主のいないペットを救出し，世話をして引き取ることに専念する民間団体です。

「ペットを引き取ろう」が設立されたのは 1981 年，問題意識を持った市民グループが地域の厄介者扱いのペットに関する問題に対処しようと集まった時のことでした。私たちは慎重に選んだ永久のすみかへ動物たちを移すことを目標として，一時的な愛情のある家を動物たちに提供しています。不治の病気に苦しんでいる場合を除いて，動物が殺される事態を決して許さないというのが私たちの方針です。例外は認めていません。

「ペットを引き取ろう」は，年中無休で 10 時から 17 時まで営業しています。どうぞお立ち寄りいただくか，(800) 123-4567 までお電話ください。特に新会員やボランティアの方々を歓迎します。ご連絡をお待ちしています！

1470 ☐	**policy** ★ [pá:ləsi]	名 方針，政策
1471 ☐	**suffer from ～**	～に苦しむ
1472 ☐	**make no exception(s)**	例外を設けない 1473 ☐ **excéption** 名 例外 1474 ☐ **make an exception** 例外とする 派 **excéptional** 形 非凡な；例外の

Words & Phrases

ℓ.5 come together「集まる，団結する」

ℓ.5 unwanted「厄介な，不要な」

ℓ.9 incurable illness「不治の病気」

ℓ.10 stop by「立ち寄る」drop by や swing by などとも言う。

105 That sounds like a difficult theme.

☑☑ 授業の課題について話す

Q What is Cindy researching for Mr. Wilson's class? (→ p.304)

Tom: Hi, Cindy. What are you working on?

Cindy: I'm researching education in developing countries. I need to complete the **assignment** for Mr. Wilson's class.

Tom: That sounds like a difficult theme. What's the **situation** right now?

Cindy: It's quite unfortunate. So many children are **denied** education for various reasons. Girls especially face a lot of **discrimination**, **according to** UNICEF.

Tom: A few years ago my friend Angela was a volunteer for an NPO in Zimbabwe. She said that even basic education was a **luxury** for most children. It's hard enough for children to **survive**, **let alone** learn reading and writing.

Cindy: The latest report from one agency makes some proposals. I'll send it to you if you're interested.

(113 words)

1475 ☐	**assignment** [əsáɪnmənt]	名 課題；任務 派 **assígn** 他 を任命する
1476 ☐	**situation** [sìtʃuéɪʃən]	名 状況，状態
1477 ☐	**deny** [dɪnáɪ]	他 を与えない，を拒む；を否定する 派 **deníal** 名 否定；拒否
1478 ☐	**discrimination** [dɪskrìmənéɪʃən]	名 差別，識別 派 **discríminate** 自 差別待遇をする；区別する 他 を区別する
1479 ☐	**according to ～**★	～によると
1480 ☐	**luxury** [lʌ́gʒəri, lʌ́kʃəri]	名 贅沢品，贅沢
1481 ☐	**survive** [sərváɪv]	自 生き残る；何とかやっていく 他 を切り抜ける 派 **survíval** 名 生き残ること 派 **survívor** 名 生存者

105 難しそうなテーマですね。

Q シンディーはウィルソン先生の授業のために何について調べていますか。

トム：やあ，シンディ。何に取り組んでいるんだい？

シンディ：発展途上国の教育について調べているのよ。ウィルソン先生の授業の課題を仕上げなければならないの。

トム：難しそうなテーマだね。現在はどんな状況なの？

シンディ：実に嘆かわしいのよ。さまざまな理由で，とても大勢の子どもたちが教育を与えられずにいるわ。国連児童基金（UNICEF）によると，とりわけ女子は数々の差別に直面しているの。

トム：何年か前に，僕の友人のアンジェラがジンバブエの非営利団体（NPO）のボランティアをしていたんだ。基礎教育でさえほとんどの子どもたちには贅沢なものだと彼女は言っていたよ。子どもたちにとって，読み書きを学ぶことはもちろん，生き延びることすら大変なんだ。

シンディ：ある機関の最新の報告でいくつか提案がされているの。もし関心があるなら，あなたにそれを送るわ。

1482 ☐ **let alone ～** 〈通例否定の文脈で〉～はもちろんのこと

Words & Phrases

- ℓ.2 developing countries「発展途上国」 反 developed〔advanced〕countries「先進国」
- ℓ.5 unfortunate「嘆かわしい，不幸な」
- ℓ.6 for various reasons「さまざまな理由で」
- ℓ.6 face「～に直面する」

Key Point ユニセフ

ユニセフ（UNICEF）は，1946年に設立された国際連合児童基金（United Nations Children's Fund）の略称で，世界約190の国と地域で，子どもの保健，栄養，衛生，教育などに関わる支援活動を行っている。1990年に発効された「子どもの権利条約」にうたわれている子どもたちの「差別の禁止」「子どもの最善の利益」「生命，生存及び発達に対する権利」「子どもの意見の尊重」の実現を目指す。

☐ ターゲット文を言った
☐ ロールプレイの練習をした

106 Such purchasing decisions are known as "ethical consumption."

☑☑ 倫理的な消費についての記事を読む

Q Does ethical consumption involve buying energy-efficient light bulbs?

(→ p.304)

Every time you go shopping, you can influence **positive** changes in our world. How? By using the power of your wallet. Buy products that are "made ethically." This means that producing these items brings no harm to **human beings**, animals or the environment. Likewise, you can **reject** products that do harm. Such purchasing decisions are known as "**ethical consumption**."

For example, ethical consumers would buy "**fair trade**" coffee, cage-free eggs or energy-efficient light bulbs. They would not buy big cars that need lots of gas. **Neither** would they buy cheap clothes made under unfair **labor** conditions. The "fair trade" label on products tells you that workers were given fair pay and reasonable working conditions. Lately more **corporations** are **responding** to consumers' wants, and are moving towards greater social responsibility. (129 words)

1483 ☐	**every time ...**	…する時はいつも
1484 ☐	**positive** [pá:zətɪv]	形 プラス方向の；積極的な；前向きな 反 **negative**
1485 ☐	**human being**	人間
1486 ☐	**reject** [rɪdʒékt]	他 を拒絶する 派 **rejéction** 名 拒絶，拒否
1487 ☐	**ethical consumption**	倫理的な消費，エシカル消費
1488 ☐	**fair trade**	フェアトレード，公正な取引 1489 ☐ **fáir** 形 公正な
1490 ☐	**neither** [ní:ðər]	副 ～もまた…しない
1491 ☐	**labor** [léɪbər]	名 労働
1492 ☐	**corporation** [kɔ̀:rpəréɪʃən]	名 法人

106 そうした購買の決定は「倫理的な消費」として知られています。

Q 倫理的な消費は，エネルギー効率の優れた電球を購入することを含みますか。

買い物に行くたびに，あなたはこの世の中に好ましい変化を与えることができます。どのようにしてでしょうか？ あなたが持っているお金の力を使うことによってです。「倫理的に作られている」製品を購入しましょう。これは，そのような商品を製造することは，人間，動物，あるいは環境に害をもたらさない，ということを意味します。同じように，あなたは害を及ぼす製品を拒否することができます。そうした購買の決定は，「倫理的な消費」（エシカル消費）として知られています。

例を挙げると，倫理的な消費者は「フェアトレード」（公正な取引）のコーヒー，平飼いの鶏卵，あるいはエネルギー効率の優れた電球を購入しようと考えます。彼らは大量のガソリンを必要とする大型の自動車を購入しようとは思いません。また，不当な労働条件のもとで製作された安価な衣服を買うこともしないのです。製品についた「フェアトレード」という表示は，労働者たちに公正な報酬と正当な労働条件が与えられたことを教えてくれます。最近では，より多くの企業が消費者の望むものに応え，またこれまで以上に大きな社会的責任を果たすようになりつつあります。

1493 ☐ **respond** ★ [rɪspɑ́:nd]
自 応える 類 reply；反応する
派 **respónse** 名 応答，反応 類 answer

Words & Phrases

ℓ.2 the power of your wallet「あなたの財布の力」すなわち「あなたが持っているお金の力」
ℓ.4 likewise「同じように」前の文を受けて，「それと同様に」という意味を表す。
ℓ.7 cage-free egg「平飼いの鶏卵」ケージに入れず，地面に放し飼いの状態で飼育される鶏の卵。
ℓ.13 social responsibility「（企業の）社会的責任」社会の持続可能な発展に貢献する責任。

Key Point フェアトレード

開発途上国の製品等を適正な価格で継続的に購入し，生産者の自立や生活の向上を目指す，貿易のしくみ。

107 I'm trying to be a more careful consumer.

☑☑ 買い物について話す

Q What can fast fashion contribute to? (→ p.304)

Mia: Hey! Check out these new clothes I **ordered** online!

Lily: Wow, they're cute! What kind of store did you order from?

Mia: **I'm not sure**, actually... I wasn't really paying attention to the details.

Lily: Hmm... **Just so you know**, a lot of those popular online shopping sites **promote wasteful** buying practices. Lately, I'm trying to be a more careful **consumer**.

Mia: Oh, really? I usually just buy **whatever** is trendy. But I don't want to **cause harm to** the environment.

Lily: "Fast fashion" can also **contribute to** unfair conditions for workers.

Mia: Oh, no... I don't want to support businesses like that. But where should I shop, then?

Lily: Luckily, there are a lot of **resources** online that list fair-trade, **eco-friendly** shopping sites!

(117 words)

1494 ☐	**order** [ɔ́ːrdər]	自 注文する 他 を注文する 名 注文
1495 ☐	**I'm not sure.** 💬	わからない。, 自信がない。
1496 ☐	**just so you know** 💬	一応言っておくと, ちなみに
1497 ☐	**promote** [prəmóut]	他 を促進する；を昇進させる；を宣伝する 派 **promótion** 名 昇格；販売促進活動；促進
1498 ☐	**wasteful** [wéɪstfl]	形 むだの多い, 浪費的な
1499 ☐	**consumer** [kəns(j)úːmər]	名 消費者 派 **consúme** 他 を消費する

107 私はもっと注意深い消費者になろうとしています。

Q ファストファッションは何の一因になり得ますか。

ミア：ねえ！ 私がインターネットで注文した，この新しい服を見てみて！

リリー：わあ，かわいいわ！どんなお店で注文したの？

ミア：本当のところ，よくわからない…。細かいことはあまり気に留めていなかったの。

リリー：ふうん…。一応言っておくけれど，こういう人気のあるインターネットの買い物サイトの多くは，むだの多い購買行動を助長しているの。最近，私はもっと注意深い消費者になろうとしているところなの。

ミア：えっ，本当に？ 私は普段，はやっているものは何でもただ買ってしまうの。でも，環境に害を及ぼしたくはないな。

リリー：「ファストファッション」も，労働者にとって不当な条件の一因になりかねないのよ。

ミア：えー，うそでしょ…。そんな事業を支援したくはない。だけど，それならどこで買い物をすればいいの？

リリー：幸い，フェアトレードの，環境に配慮した買い物サイトを載せている情報源がインターネット上にたくさんあるよ。

1500 ☐	**whatever** [wʌtévər]	代 …するもの〔事〕は何でも
1501 ☐	**cause harm to ～**	～に害を及ぼす ※ do harm to ～ とも言う。
1502 ☐	**contribute to ～**	～の一因となる；～に寄与する 1503 ☐ **contríbute** 自 寄与する；寄付する 他 を与える
1504 ☐	**resource**★ [ríːsɔːrs, -sɔ́ːrs]	名 供給源；資源；資産 派 **resóurceful** 形 資源に富んだ；機知に富んだ
1505 ☐	**eco-friendly** [éːkou fréndli]	形 環境に配慮した〔優しい〕

☐ ターゲット文を言った
☐ ロールプレイの練習をした

Quiz Chapter 11

空所にあてはまる単語を選びましょう。

【1】

Paul : You mean paying it forward, right? I've read about it. It sounds like a fun way to be generous. And I'm sure the recipients are grateful. What do you think?

Nami : I'm not so sure. I mean, it's a nice gesture, but I don't think we should (1) someone needs our help. I would most likely be (2) and a little suspicious if someone offered to pay for me.

Paul : I see what you mean. It's probably better to donate to charitable organizations instead. They're able to identify which people are the neediest and help them (3).

(1) (a) abandon	(b) amaze	(c) assume	(d) contribute
(2) (a) annoyed	(b) ceased	(c) founded	(d) rejected
(3) (a) accordingly	(b) approximately	(c) neither	(d) recently

【2】

What an (1) idea for you and that precious dog of yours to donate your time to help others! I can just imagine the nursing home patients' enthusiastic reaction to Mandy. It must be a real boost to their morale. You're also helping them stay (2) and active. I'm sure it will be a really (3) experience for you, and that you will have an impact on the lives of so many people. I'm so proud of you.

(1) (a) abandoned	(b) annual	(c) eco-friendly	(d) innovative
(2) (a) alert	(b) devoted	(c) needy	(d) permanent
(3) (a) concerned	(b) generous	(c) rewarding	(d) temporary

Answers

【1】No.100 参照

(1) (c)　(2) (a)　(3) (a)

【2】No.103-2 参照

(1) (d)　(2) (a)　(3) (c)

【3】

Tom : Hi, Cindy. What are you working on?

Cindy : I'm researching education in developing countries. I need to complete the (1) for Mr. Wilson's class.

Tom : That sounds like a difficult theme. What's the situation right now?

Cindy : It's quite unfortunate. So many children are (2) education for various reasons. Girls especially face a lot of (3), according to UNICEF.

(1) (a) assignment (b) charity (c) donation (d) facility
(2) (a) dedicated (b) denied (c) funded (d) rescued
(3) (a) discrimination (b) generosity (c) patient (d) policy

【4】

Lily : Hmm... Just so you know, a lot of those popular online shopping sites promote (1) buying practices. Lately, I'm trying to be a more careful (2).

Mia : Oh, really? I usually just buy whatever is trendy. But I don't want to cause harm to the environment.

Lily : "Fast fashion" can also (3) to unfair conditions for workers.

(1) (a) grateful (b) positive (c) wasteful (d) suspicious
(2) (a) consumer (b) patient (c) recipient (d) volunteer
(3) (a) contribute (b) order (c) respond (d) survive

【3】No.105 参照
(1) (a) (2) (b) (3) (a)

【4】No.107 参照
(1) (c) (2) (a) (3) (a)

Answers

各英文のＱ＆Ａの解答例を掲載しています。数字は英文番号に対応しています。

1 They are addressed to whoever contributed to the meal.
（それらは食事に貢献した人になら誰に対しても向けられています。）

2 She read about different remedies for a cold in the world.
（彼女は世界中にある風邪のさまざまな治し方について読みました。）

3 Mark is skeptical about superstitions, but Ginny is not.
（マークは迷信について懐疑的ですが，ジニーはそうではありません。）

4 Because they contain seeds inside their fruit.
（バナナはその果実の中に種を含んでいるからです。）

5 Surface tension.（表面張力です。）

6 No, they can't.（いいえ，できません。）

7-1 Yes, they do.（はい，します。）

7-2 It means the cat is ready for affection and play.
（猫が愛情や遊びの準備ができていることを意味します。）

8 Yes, they can.（はい，できます。）

9 Energy does. For example, the energy from wind, severe weather, or gravity.
（エネルギーです。例えば，風，厳しい気象，重力からくるエネルギーです。）

10 Thirty percent.（30 パーセントです。）

11 Yes, they will.（はい，そうなります。）

12 It's better for her mentally, because she is less likely to fail.
（失敗する可能性が低いので，彼女には精神的によいからです。）

13 He should ask the staff at the ticket counter.
（彼は切符売り場の係員に聞いたほうがよいです。）

14 Courtney says they are.（コートニーはそうだと言っています。）

15 It's four years old.（4 年落ちです。）

16 It offers specials from 9-11 in the morning.（午前 9 時から 11 時に割引を提供しています。）

17 They are in effect today only from 6 p.m. to midnight.
（本日の午後 6 時から夜 12 時までのみ有効です。）

18 It was to take it slow.（ゆっくり進めることでした。）

19 He has been thinking about having financial security when he retires.
（彼は退職時に経済的安定を手にすることについて考えています。）

20 Yes, she does.（はい，そうです。）

21 She wants to be the chief of police.（彼女は警察署長になりたいです。）

22 No, they haven't.（いいえ，まだです。）

23 He proposed to her when they were walking along the beach.
（彼はビーチを歩いているときに彼女にプロポーズしました。）

24-1 No, it isn't.（いいえ，違います。）

24-2 It implies the personality traits of one's enemies or competitors.
（敵や競争相手の性格の特徴を示唆しています。）

25 She says he gains the ability to understand himself more deeply.
（彼は自分自身をさらに深く理解する力を得る，と彼女は言っています。）

26 No, she doesn't.（いいえ，飲みません。）

27 It was based on one's favorite colors.（自分の好きな色に基づいています。）
28 Yes, they are.（はい，そうです。）
29 Their boss said, "A mistake is an opportunity to learn something new."
（主任は「間違いは何か新しいことを学ぶ機会である」と言いました。）

30 It is located on the island of Kauai.（カウアイ島にあります。）
31 They were discovered in 1869.（1869 年に発見されました。）
32-1 They should get foreign currency before leaving.（出発前に外国通貨を手に入れるべきです。）
32-2 They should go to their gate at least 30 minutes before the flight is due to depart.
（飛行機が出発する予定時刻の少なくとも 30 分前までに搭乗ゲートに行くべきです。）
33 He will learn about folk legends at a Celtic village.
（彼はケルト族の村で民間伝説について学びます。）
34 Yes, there are three seats available.（はい，3 席の空きがあります。）
35-1 No, the prices were reasonable.（いいえ，価格は手頃でした。）
35-2 No, they were absolutely spectacular.（いいえ，本当に素晴らしかったです。）
36 Yes, she is.（はい，そうです。）
37 It will concentrate on conversational English and American culture.
（口語英語とアメリカ文化に重点を置きます。）
38-1 She explained how to use the bath.（浴室の使い方を説明しました。）
38-2 They made cranes.（鶴を折りました。）

39 She wants to get tickets of her favorite band's world tour.
（彼女は大好きなバンドの世界ツアーのチケットを手に入れたがっています。）
40 They recycle things and use them as musical instruments.
（彼らは物を再生利用して，それらを楽器として活用します。）
41 The writer loves the way Stevie Wonder connects with the audience.
（書き手はスティービー・ワンダーの観客とのつながり方が好きです。）
42 He highlighted dissonant chords.（彼は不協和音を強調しました。）
43 They are going to the Museum of Contemporary Art.（彼らは現代美術館へ行きます。）
44 They showed daily life in Kyoto and other simple subjects.
（京都の日常生活やその他の素朴な題材が描かれていました。）
45 Western artists adopted many *ukiyo-e* compositional styles and techniques in their paintings.（西洋の芸術家は，多くの浮世絵の構図形式や手法を彼らの絵画に取り入れました。）
46 Yes, but the clerk recommends that guests stay with the tour until the end.
（はい，しかし案内係はお客に最後まで見学に参加することを勧めています。）
47 He seemed to absorb the abstract concepts of African art.
（彼はアフリカの芸術の抽象的な概念を取り入れたようです。）
48 It conveys the more spiritual nature of existence.（それはより深い精神性を伝えます。）
49 She was most enthusiastic about the photo art displays.
（彼女はアート写真の展示に一番夢中になりました。）

50 She thanked Robert Watson.（ロバート・ワトソンに感謝しました。）
51-1 It will be held from April 6th to 10th.（4 月 6 日から 10 日まで開催されます。）
51-2 Yes, they are.（はい，あります。）
52-1 Yes, he does.（はい，しています。）

52-2 Richard Rodgers did.（リチャード・ロジャースです。）
53 They are extremely believable and well-developed.
（彼らはとても真実味があり，よく考え抜かれています。）
54 Alex Cross, the detective / psychologist.
（刑事であり心理学者でもあるアレックス・クロスです。）
55 It is to seek happiness through a positive attitude.
（前向きな姿勢で幸せを求めることです。）
56-1 It is a social book review game, where groups of readers come together to introduce books.（それは書評合戦で，複数の読者グループが集まり，書籍を紹介します。）
56-2 Because there's something valuable in it for everyone.
（なぜならそれには誰にとっても価値のあることが書かれているからです。）
57 They will soon disappear.（それらはまもなく姿を消すでしょう。）
58 Manga is enjoyed by people of all ages, including children and adults.
（マンガは，子どもや大人を含む，あらゆる年齢の人たちに楽しまれています。）

59 They are places of worship for two completely different religions — Shintoism and Buddhism.（それらは神道と仏教という 2 つのまったく異なる宗教のための礼拝所です。）
60 It is to understand local greeting customs.（地域の挨拶の慣習を理解することです。）
61 It's a very relaxing experience and it's good for one's health.
（それはとてもくつろげる経験であり，人の健康のためになることです。）
62 They can learn the Japanese sense of beauty or *wabi-sabi*.
（彼らは日本の美意識，すなわち侘び寂びを学ぶことができます。）
63 They are comparing the Japanese tea ceremony with British afternoon tea.
（彼らは日本の茶会とイギリスのアフタヌーンティーを比較しています。）
64 Eating pork and drinking alcohol are forbidden.
（豚肉を食べたりお酒を飲んだりすることが禁じられています。）
65 It sold two copies.（2 冊売れました。）
66 Columbus thought he had arrived in India and that the people living here were Indians.（コロンブスは自分がインドに到着していて，ここに住んでいる人々はインド人だと思ったからです。）
67 It was built for broadcasting TV and radio signals.
（テレビやラジオの信号を送信するために建設されました。）
68-1 He was fascinated by Charlie Chaplin.（彼はチャーリー・チャップリンに魅了されました。）
68-2 He helped evacuate hundreds of Jewish orphans to safety in Switzerland.
（彼は何百人ものユダヤ人孤児を，スイスの避難所に避難させる手伝いをしました。）

69-1 They want to learn how to make sushi and other traditional Japanese dishes.
（彼らは寿司やその他の伝統的な日本料理の作り方を習いたいです。）
69-2 She offers cooking lessons in their home.（彼女は自宅で料理教室を開いています。）
70 It's about how to make *temaki zushi*.（手巻き寿司の作り方についてです。）
71 Yes, it is.（はい，そうです。）
72-1 He cooks most weekdays, and she cooks on the weekends.
（平日は夫が，週末は彼女が料理をします。）
72-2 He cooks beef with vegetables and soy sauce.（彼は牛肉を野菜と醤油で調理します。）
73-1 Yes, it is.（はい，そうです。）

73-2 It was more than tasty.（非常においしかったです。）
74-1 No, she doesn't.（いいえ，していません。）
74-2 Yes, she did.（はい，しました。）
74-3 Her friend did.（彼女の友人です。）
75 Yes, it did.（はい，しました。）
76 No, Jim has a membership, so it's not that expensive.
（いいえ。ジムは会員資格があるので，それほど高くはありません。）

77 He drinks a lot of water.（彼は水をたくさん飲んでいます。）
78-1 Yes, it is.（はい，そうです。）
78-2 They have experienced depression and a loss of energy.
（彼らは気分がふさいだり，気力が低下したりしました。）
79 No, we don't.（いいえ，ありません。）
80 Walking helps strengthen bones, reduce blood pressure, and make heart stronger.
（ウォーキングは骨を強くし，血圧を下げ，心臓を強くします。）
81 She recommends grief counseling.（彼女はグリーフ・カウンセリングを勧めています。）
82 No, it won't.（いいえ，行われません。）
83 No, they aren't.（いいえ，勧められません。）
84 When one of the players scored a tie-breaking goal.
（選手の１人が勝ち越しのゴールを決めた時です。）
85 Yes, he will.（はい，行きます。）
86 Yes, he does.（はい，好きです。）
87 Several reports guess that there are between 10 million and 20 million runners.
（いくつかの調査では 1,000 万人から 2,000 万人いると推測しています。）
88 Yoga stretches your muscles, helps you stay in shape, and improves your concentration.（ヨガは筋肉を伸ばし，体型を保ったり集中力を高めたりするのに役に立ちます。）

89 It should be ready by noon on Saturday.（土曜日の正午までに準備ができるはずです。）
90 He wants to discuss whether adding new markets makes sense financially.
（彼は新しい市場を追加することが，財政的に理にかなっているかどうか，話し合いたいのです。）
91 She suggested conserving energy.（彼女はエネルギーを大切に使うことを提案しました。）
92 Paula Welsh is.（ポーラ・ウェルシュです。）
93 He and his wife are expecting a new baby soon.
（彼と彼の妻にはまもなく赤ちゃんが生まれるからです。）
94 They talked about some plans that they have.
（自分たちが持っている計画について話しました。）
95 Yes, she will.（はい，そうです。）
96 About 12 to 15 hours per week.（週に 12 時間から 15 時間程度です。）
97 It helps to avoid misunderstandings and creates a more positive work environment.（それが誤解を避け，さらに前向きな職場環境を作り出すのに役に立つからです。）
98 He has been in Japan for a couple of weeks.（彼は日本に来て数週間です。）
99 They are planning a corporate retreat.（社員研修を計画しています。）

100 They can identify and help the neediest people.
(そうした団体は最も困窮している人を見きわめ，支援することができるからです。)

101 Every month. (毎月です。)

102 He needs approximately 7,000 dollars. (彼は約 7,000 ドルを必要としています。)

103-1 Yes, she did. (はい，楽しんでいました。)

103-2 Yes, she does. (はい，そうです。)

104 It is to place homeless pets in permanent homes.
(飼い主のいないペットを永久のすみかへ移すことです。)

105 She is researching education in developing countries.
(彼女は発展途上国における教育について調べています。)

106 Yes, it does. (はい，そうです。)

107 It can contribute to unfair conditions for workers.
(労働者にとって不当な条件の一因になりかねません。)

INDEX

赤太字：見出し語（＝英文中でチェックボックスが付いている語）
黒太字：単語欄で出てきた派生語
※数字はページ数を表します。

A

INDEX

B

INDEX

INDEX

INDEX

H

I

INDEX

J

K

N

P

INDEX

U

【参考文献】

[辞書]
『ウィズダム英和辞典』（三省堂）
『エースクラウン英和辞典』（三省堂）
『オーレックス英和辞典』（旺文社）
『ジーニアス英和辞典』（大修館書店）
『新英和中辞典』（研究社）
『スーパー・アンカー英和辞典』（学研プラス）
『プログレッシブ英和中辞典』（小学館）
『マイスタディ英和辞典』（旺文社）
『ロングマン英和辞典』（桐原書店）

[参考サイト]
Cambridge Dictionary Online
Collins Dictionary Online
Longman Dictionary of Contemporary English Online
Weblio英和辞典・和英辞典

[参考資料]
『CEFR-J Wordlist Version 1.6』東京外国語大学投野由紀夫研究室.（URL: https://www.cefr-j.org/data/CEFRJ_wordlist_ver1.6.zip#back より2023年10月ダウンロード）

【編著者略歴】

松本　茂（まつもと・しげる）

東京国際大学言語コミュニケーション学部教授。立教大学名誉教授。コミュニケーション教育学専攻。「松本茂のはじめよう英会話」「リトル・チャロ 2」「おとなの基礎英語」など長らくNHKのテレビ・ラジオ番組の講師および監修者を務めてきた。現在はNHKラジオ「中学生の基礎英語レベル2」講師（2023年4月より），東京都英語村（TGG）プログラム監修者も務めている。著作：『速読速聴・英単語』シリーズ（Z会，監修），『英単語Issue』シリーズ（Z会，監修），『会話がつづく！ 英語トピックスピーキング』（Z会），『頭を鍛えるディベート入門』（講談社）他，多数。

Gail K. Oura（ゲイル・K・オーウラ）

英文ライター。サンタクララ大学卒業。ハワイ大学大学院修士課程修了（コミュニケーション学専攻）。東海大学講師，上智短期大学助教授などを経て現職。著作：『速読速聴・英単語 Basic 2400』，『速読速聴・英単語 Core 1900』，『速読速聴・英単語 Opinion 1100』，『速読速聴・英単語 Business 1200』，『速読速聴・英単語 Advanced 1100』，『TOEIC® TEST 速読速聴・英単語 STANDARD 1800』，『TOEIC® TEST 速読速聴・英単語 GLOBAL 900』（Z会，共著）。

Robert L. Gaynor（ロバート・L・ゲイナー）

英文ライター。ルイス&クラーク大学卒業。ポートランド州立大学大学院修士課程修了（TESOL 専攻）。東海大学講師などを経て現職。著作：『速読速聴・英単語 Basic 2400』，『速読速聴・英単語 Core 1900』，『速読速聴・英単語 Opinion 1100』，『速読速聴・英単語 Business 1200』，『速読速聴・英単語 Advanced 1100』，『TOEIC® TEST 速読速聴・英単語 STANDARD 1800』，『TOEIC® TEST 速読速聴・英単語 GLOBAL 900』，『会話がつづく！ 英語トピックスピーキング Story 2 英語で仕事！編』（Z会，共著）

Anya Floris（アニャ・フロリス）

ナショナル大学卒業（グローバルスタディーズ専攻）。韓国にて，ライブラジオ番組「English GO! GO!」や英語教育番組などのホストを務めた経験を持つ。その後日本にて，ボイスタレント，アクトレス，シンガーとしてコマーシャルやゲームなど多方面にて活動。英語教材の制作にも数多く関わる。現在，NHKラジオ「中学生の基礎英語レベル2」のスタジオパートナーを担当。

【音声吹き込み】

Howard Colefield（アメリカ）
Lae（アメリカ）
Anya Floris（アメリカ）
Peter von Gomm（アメリカ）
Hannah Grace（アメリカ）
Jack Merluzzi（アメリカ）
Carolyn Miller（アメリカ）

書籍のアンケートにご協力ください

抽選で図書カードを
プレゼント！

Ｚ会の「個人情報の取り扱いについて」はＺ会
Webサイト（https://www.zkai.co.jp/home/policy/）
に掲載しておりますのでご覧ください。

速読速聴・英単語　Daily 1500 ver. 4

初版第 1 刷発行…………………… 2006 年 10 月 10 日
ver. 2 第 1 刷発行…………………… 2010 年　3 月 20 日
ver. 3 第 1 刷発行…………………… 2016 年　3 月 10 日
ver. 4 第 1 刷発行…………………… 2024 年　7 月 10 日
監修者…………………………………… 松本茂
発行人…………………………………… 藤井孝昭
発行……………………………………… Ｚ会

〒 411-0033　静岡県三島市文教町 1-9-11
【販売部門：書籍の乱丁・落丁・返品・交換・注文】
TEL 055-976-9095
【書籍の内容に関するお問い合わせ】
https://www.zkai.co.jp/books/contact/
【ホームページ】
https://www.zkai.co.jp/books/

執筆協力……………………………… 松本祥子（株式会社そうだね）
翻訳協力……………………………… 西田直子
編集協力……………………………… 株式会社 シー・レップス
校閲協力……………………………… 堀田史恵（株式会社にこにこ），山下友紀
装丁…………………………………… 犬飼奈央
録音・編集…………………………… 高速録音株式会社
印刷・製本…………………………… シナノ書籍印刷株式会社

定価はカバーに印刷してあります
乱丁・落丁はお取り替えいたします
ISBN978-4-86290-473-7 C0082